国家出版基金项目
NATIONAL PUBLICATION FOUNDATION

国家出版基金项目
“十四五”时期国家重点出版物出版专项规划项目

高速铁路基础研究与技术创新丛书

工程施工与组织系列

高速铁路路基沥青混凝土防水封闭结构

本丛书编委会　总主编
蔡德钩　闫宏业　楼梁伟　石越峰　等　著
季　节　主　审

中国铁道出版社有限公司

2023年·北　京

内容简介

本书为“高速铁路基础研究与技术创新丛书”之分册。本书对高速铁路路基沥青混凝土防水封闭结构进行了系统的论述，包括高速铁路路基沥青混凝土结构形式、列车与温度荷载作用下沥青混凝土结构服役行为、沥青混凝土材料力学特性分析与改性技术、沥青混凝土结构破坏模式与设计方法、高速铁路沥青混凝土施工与质量控制技术等内容。本书内容基于作者团队多年科研成果和实践，涵盖高速铁路路基沥青混凝土结构的基础理论、关键技术及示范应用的最新研究成果，为我国高速铁路路基防水封闭提供了长效解决方案。

本书适合高速铁路铁道工程领域科研人员、工程技术人员参考，也可供高校铁道工程专业师生参考。

图书在版编目(CIP)数据

高速铁路路基沥青混凝土防水封闭结构/蔡德钧等著．—北京：中国铁道出版社有限公司，2023.4

(高速铁路基础研究与技术创新丛书．工程施工与组织系列)

“十四五”时期国家重点出版物出版专项规划项目

ISBN 978-7-113-30033-3

Ⅰ.①高…　Ⅱ.①蔡…　Ⅲ.①高速铁路-铁路路基-沥青混凝土-防水　Ⅳ.①U213.1

中国国家版本馆 CIP 数据核字(2023)第 047105 号

书　　名：高速铁路路基沥青混凝土防水封闭结构

作　　者：蔡德钧　闫宏业　楼梁伟　石越峰　等

策　　划：刘　霞

责任编辑：刘　霞　　**编辑部电话：**(010)51873017　　**电子邮箱：**604105550@qq.com

封面设计：高博越　刘　莎　　**丛书标识设计：**崔丽芳

责任校对：安海燕

责任印制：高春晓

出版发行：中国铁道出版社有限公司(100054，北京市西城区右安门西街 8 号)

网　　址：http://www.tdpress.com

印　　刷：北京联兴盛业印刷股份有限公司

版　　次：2023 年 4 月第 1 版　2023 年 4 月第 1 次印刷

开　　本：787 mm×1 092 mm　1/16　**印张：**11.25　**字数：**212 千

书　　号：ISBN 978-7-113-30033-3

定　　价：85.00 元

高速铁路基础研究与技术创新丛书

编　辑　组

组　长： 王　滨

副组长： 杨新阳

策　划：（以姓氏笔画为序）

王　健　王风雨　王明容　亢嘉豪　田　甜　朱敏洁　刘　霞
江新锡　李小军　李润华　李嘉懿　杨　哲　时　博　邱金帅
张　婕　陈小刚　金　锋　徐　艳　徐　清　黄　璐　曹艳芳
崔忠文　傅希刚　曾露平　熊安春　黎　琳　薛丽娜

编　辑：（第二期，以姓氏笔画为序）

王　烁　王　健　冯海燕　朱敏洁　刘　霞　李小军　李润华
李嘉懿　时　博　邱金帅　陈小刚　赵雅敏　胡娟娟　徐　清
高　楠　黄　璐　黎　琳

统　筹： 李小军　刘　霞

序

我国高速铁路起步晚、发展快、后劲足,经过几代人的不懈努力,通过原始创新、集成创新、引进消化吸收再创新,成功地走出了一条符合中国国情路情、具有中国特色的自主创新之路。我国已系统掌握各种复杂地质和气候条件下高速铁路建造成套技术;在工务工程、列车运行控制、牵引供电、动车组等高速铁路核心技术方面实现自主化;形成了复杂路网条件下处理跨线运行的运营管理成套技术,构建了人防、物防、技防三位一体的主动安全保障机制。我国已成为全球高速铁路运营里程最长、在建规模最大、运营速度最快、技术体系最全、运营和管理经验最丰富的国家。我国高速铁路技术已走在世界前列,成为推动世界高速铁路发展的重要力量。

为贯彻落实中共中央、国务院《交通强国建设纲要》,推进国铁集团《新时代交通强国铁路先行规划纲要》的落地,系统总结、梳理我国高速铁路各领域前沿理论和技术,向我国乃至世界高速铁路科研工作者和工程技术人员提供一套前沿性的参考书,中国国家铁路集团有限公司铁道出版社公司特组织编著出版"高速铁路基础研究与技术创新丛书"。

丛书以习近平新时代中国特色社会主义思想为指导,以国家自然科学基金课题、国家基金委-国铁集团高铁联合基金课题、国家"973"课题、国家重点研发计划课题等科研成果为支撑,从高速铁路前沿研究、补短板技术、核心技术、技术发展趋势等方向组织选题,涵盖动车组、供电、通信与信号、列控与检测、工程勘察与设计、智能建造、运营与管理、现代信息技术、安全和维护等领域,规模为100册,是全面系统论述我国高速铁路基础研究与技术创新成就的大型系列原创性科技著作。

丛书力求突出制高点、原创性、权威性、全覆盖特色。丛书各册内容以作者团队长期从事高速铁路科学研究的成果为依托,多数成果居于国内领先水平甚至世界先进水平,多种成果荣获国家科学技术奖一等奖、二等奖,国家技术发明奖一等奖、二等奖,茅以升科学技术奖,詹天佑铁道科学技术奖,铁道科技进步奖等奖项,丛书内容体现了我国当今最新、最前沿以及展现未来发展趋势的高速铁路相关研究成果和应用技术。丛书包括动车组、供电、工程施工与组织等十个系列，基本实现高速铁路各领域全覆盖。

丛书由编委会总负责。编委会阵容强大，认真负责。编委会各成员都是长期从事我国高速铁路科研、技术、生产和管理的一流专家学者，是所从事领域的翘楚，其中包括高速铁路及其相关领域的四位院士。编委会多次开会商讨丛书的体系、内容特色、作者条件及质量保障机制；分工负责，精心审订和修改各册编写提纲；多次遴选选题，先从 150 多个选题意向中遴选出 100 个选题，后又剔除了内容特色不太鲜明的 8 个选题，还对 10 多个选题提出了较大的改进意见，补充了 8 个关键技术和弥补技术空白的选题；最后邀请专人对各册内容进行审定，从而保证了各册内容的正确性和先进性。

2021 年年底，国家新闻出版署经过严格评审，“高速铁路基础研究与技术创新丛书”(100 册)成功入选“‘十四五’时期国家重点出版物出版专项规划——重大出版工程”。这是对本丛书项目的认可，也是对编委会、作者和编辑等人员前期工作的认可，更是一种鞭策。我们相信，本丛书的出版，将助力于《交通强国建设纲要》的贯彻落实，推动我国乃至世界高速铁路事业的发展，也将为铁路领域的科研工作者、工程技术人员、管理人员，以及高校相关专业师生提供一套高水平、原创性、权威性、全覆盖的大型高铁科技精品著作。

中国工程院院士
“高速铁路基础研究与技术创新丛书”编委会主任 卢春房
2022 年 2 月

前言

本书为“高速铁路基础研究与技术创新丛书”之分册，按照丛书要求，力图体现高速铁路路基沥青混凝土防水封闭结构研究前沿性、创新性、原创性特色。

防水封闭层作为防止天然降水侵入路基的外部屏障，是高速铁路轨道-路基结构良好服役的重要保障。我国高速铁路路基防水封闭层主要采用水泥基材料，并以纤维混凝土防水封闭层应用最为广泛，其主要形式是路肩和线间局部封闭。我国高速铁路沿线气候差异大，在严酷气候环境与高速列车荷载作用下，局部区段出现封闭层开裂及嵌缝材料老化失效，路基长效防水封闭面临巨大挑战。表水侵入路基导致冻胀、上拱、沉降、翻浆冒泥等病害，影响线路平顺性。因此，亟须开展耐候型高速铁路路基沥青混凝土防水封闭结构研究。

中国铁道科学研究院集团有限公司高速铁路路基沥青混凝土防水封闭结构技术研究得到国家自然科学基金(41972299)、中国国家铁路集团有限公司科技研究开发计划(K2020G032、J2019G003、2017G008-B)、中国铁道科学研究院集团有限公司科研项目(2019YJ054、2019YJ184、2015YJ030)的支持。本书基于笔者团队多年科研成果和实践，内容涵盖高速铁路路基沥青混凝土结构形式、列车与温度荷载作用下沥青混凝土结构服役行为、沥青混凝土材料力学特性分析与改性技术、沥青混凝土结构破坏模式与设计方法、高速铁路沥青混凝土施工与质量控制技术等。本书内容涉及高速铁路路基沥青混凝土结构的基础理论、关键技术及示范应用的最新研究成果，为我国高速铁路路基防水封闭提供了长效解决方案。高速铁路路基沥青混凝土结构进一步提升了复杂服役环境下高速铁路路基防水封闭能力和服役品质，尤其在寒冷、严寒、多雨地区或膨胀岩土、湿陷性黄土等特殊土地段新建高速铁路工程具有更加明显的优势，可为更高时速等级高速铁路建设与中国高速铁路“走出去”战略、“一带一路”倡议实施提供有力支撑，经济与社会效益显著，推广应用前景广阔。

本书由蔡德钩、闫宏业、楼梁伟、石越峰等著，北京建筑大学季节教授主审。感谢周镜院士对本书创作的悉心指导。感谢东南大学、中国铁路建设管理有限公司、北京铁科特种工程技术有限公司、郑万铁路客运专线河南有限责任公司、黑龙江铁路发展集团有限公司、京张城际铁路有限公司、中铁工程设计咨询集团有限公司、中铁第四勘察设计院集团有限公司、中国铁路设计集团有限公司、中铁二院工程集团有限责任公司、北京交通大学、同济大学等单位及课题组成员的大力支持。感谢韩自力、陈先华、仲新华、张千里、姚建平、魏少伟、吕宋、李泰灃、渠亚男、徐刚、符庆宏、李竹庆、刘景宇、张新冈、裘智辉、刘瑞、刘艳磊等对本书相关研究成果整理、内容撰写给予的大力支持与帮助。

本书撰写过程中参考引用了课题组多年来的部分研究成果及国内外同行的研究成果，笔者尽可能地在参考文献部分列出，在此一并表示感谢。

由于水平有限，书中难免有不足之处，恳请广大读者批评指正。

著　者

2023 年 3 月

目　录

第1章 绪　　论

高速铁路是世界轨道交通发展的潮流，具有速度高、能耗低、污染小等突出特点。高速铁路的高安全性和高平顺性，对路基的稳定性和耐久性提出了极高的要求。众所周知，路基含水率变化是影响路基坚固和稳定的关键因素之一。根据《铁路路基病害分类》(TB/T 2818—2016)，运营高速铁路路基的多种病害(如冻胀、翻浆冒泥、湿陷下沉、膨胀上拱等)，其发生和发展均与路基含水率的变化有关。因此，为保证路基的坚固和稳定，做好路基的防排水工作十分重要。

1.1 研究背景与意义

路基防水封闭结构作为防止天然降水侵入路基的外部屏障，是保证高速铁路路基长期服役性能的关键措施之一。目前，我国高速铁路无砟轨道路基防水封闭层主要采用水泥基材料(如素混凝土、纤维混凝土、混凝土加钢筋网片等)，并以纤维混凝土防水封闭层应用最为广泛，其主要形式是路肩和线间局部封闭，有砟轨道路基通过采用防水性级配碎石解决路基面的防排水问题。但在应用过程中个别工点存在“裂”和“缝”两大主要问题，如图1-1～图1-3所示。“裂”是指由于水泥基材料脆性大、变形适应能力差等特点，致使纤维混凝土防水封闭层产生的不规则开裂或级配碎石的开裂。“缝”是指纤维混凝土防水封闭层与轨道结构之间存在沿线路通长的纵向结构缝，以及纤维混凝土防水封闭层每隔一定距离设置的横向伸缩缝。截至2022年底，我国高速铁路营业里程达4.2万km，其中，路基里程超过1.0万km，路基封闭层面积超过5 000万m^2、结构缝长度超过3 800万m。如此数量庞大的结构缝和伸缩缝需采用嵌缝材料进行封闭，不仅费用昂贵，更重要的是嵌缝材料在服役期内存在失效风险。“裂”和“缝”两大风险极大地降低了纤维混凝土防水封闭层的防水效果，导致路基冻胀、翻浆冒泥、沉降、膨胀上拱等问题，进而劣化轨道结构服役状态。

相比水泥基材料，沥青混凝土是一种兼具强度与柔性的黏弹性材料，在多个领域中应用。在公路领域，沥青路面作为道路工程中最直接承受行车荷载和环境作用的部分，经过长期的工程实践积累，其路面材料种类、设计理论、施工工艺等日趋完善、体系完整，并以热拌沥青混凝土作为主要铺面材料得到了广泛应用。在水利领域，随着大型水利工程相继建设，沥青混凝土防渗技术主要应用于水坝面板、水坝心墙、蓄水库防渗护面等结构中。在房建领域，普遍采用沥青防水卷材作为屋面防水措施。

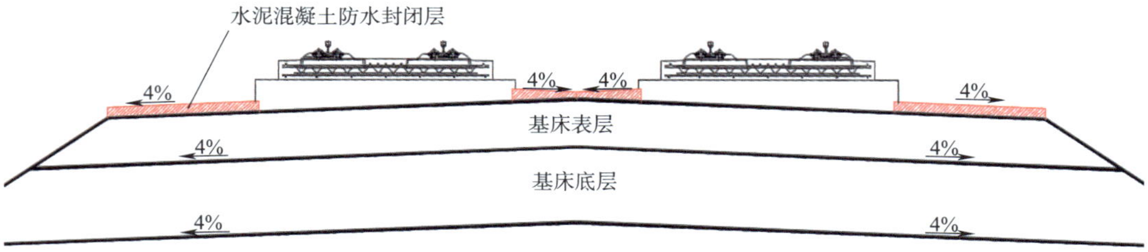

图 1-1　水泥混凝土防水封闭层典型结构

图 1-2　防水封闭层开裂

图 1-3　结构缝封堵失效

沥青混凝土具有良好的黏弹性、不透水性和耐久性，是路基面防排水的理想材料。国际上，德国、法国、意大利、美国、日本等国均有将其应用在铁路工程中的先例，并取得了较好的应用效果。在我国高速铁路建设的初期，沥青混凝土也被期望应用于路基面防排水，并在遂渝试验线、京津城际、武广客运专线和哈大成高子试验段铁路进行了部分工程应用。然而，该时期沥青混凝土应用的效果并不理想，沥青混凝土出现了诸如开裂、剥落等病害，导致防水功能的部分丧失。和国际上相比，反思该时期我国沥青混凝土应用有三个显著差别：

(1)应用的结构部位不同。我国沥青混凝土主要应用于路肩和线间路基暴露部位，而不是国际上普遍应用的全断面路基或轨道结构底部。

(2)选用的沥青混凝土材料不同。我国先后应用过热拌热铺沥青混凝土、冷拌乳化沥青混凝土、稀浆封层冷拌乳化沥青混凝土和表面处治沥青混凝土等，而国外一般只采用热拌热铺沥青混凝土。

(3)采用的施工工艺不同。以相同的热拌热铺沥青混凝土为例，我国采用的是在路肩和线间铺筑沥青混凝土的方式，由于施工作业面狭窄，只能采用人工摊铺以及采用小型设备碾压，而国外全断面路基或轨道结构底部施工时，均采用配套机械摊铺和碾压，摊铺质量和碾压作用力具有显著差别。由于未取得预期效果，且短期内无法解决配套机械施工问题，沥青混凝土在路肩和线间的应用被迫搁置。

上述技术问题可按照以下思路解决：继续采用线间和路肩封闭的形式，将沥青混凝土材料由碾压密实调整为自密实沥青混凝土，避免大型碾压机械作业空间不足的难题；继续采用碾压密实沥青混凝土，将线间和路肩封闭的形式调整为在路基面全断面铺设，可满足大型机械摊铺与压实作业需要。

此外，路基表层设置全断面沥青混凝土结构，可为沥青混凝土的全面机械施工提供条件，大型机械施工方能保证沥青混凝土的强度、空隙率和防水性能等符合预期要求，从而保证沥青混凝土长期有效的防排水功能；轨道结构下部铺设沥青混凝土，可起到改善基床结构受力、轨道与路基结构振动特性的作用，实现路基基床表层的强化，进而为优化轨道与路基结构提供有力支撑，是高速铁路技术深化研究的重要内容，为保持我国高速铁路路基建造技术领先地位提供理论支撑，也为中国高速铁路“走出去”提供了坚实的保障。

1.2　高速铁路路基防水封闭层设计与使用现状

根据我国现行《高速铁路设计规范》(TB 10621—2014)，无砟轨道线间排水应结合线路纵坡、桥涵等工程条件和环境条件系统设计，当采用集水井方式时，集水井设置间隔应根据汇水面积和当地气象条件计算确定。

1.2.1　无砟轨道线间排水规定

现行《高速铁路设计规范(条文说明)》中关于不同地段、不同结构形式无砟轨道线间排水的规定如下。

1. 路基排水

目前在建的、开通运营的高速铁路线路，尤其是无砟轨道，路基面设置了防排水层，其目的是防止路面水流下渗至路基本体内。

无砟轨道线间排水尽可能采用横向直排方式。横向直排方式无法满足要求时考虑采用集水井排水方式，使用时特别注意其排水通道通畅并采取可靠的防渗措施。

2. CRTS Ⅰ 型板式无砟轨道

路基地段 CRTS Ⅰ 型板式无砟轨道，温暖地区可以采取集水井排水方式；寒冷地区线间排水设计考虑防冻要求，在保证横向排水管畅通、不会因冻胀影响底座结构安全的前提下，可以采取在底座内埋设横向排水管等措施，线间填筑级配碎石，表面混凝土封闭；严寒地区线间排水设计需结合气候条件、线下工程设计情况等系统研究，确保各结构物的安全可靠。

桥梁地段 CRTSⅠ型板式无砟轨道，由于相邻底座板间伸缩缝过窄（一般为 20 mm）及凸形挡台的影响，桥面泄水孔设计需采用三列排水方式，对于严寒地区，排水管等需考虑防冻措施。

3. CRTSⅡ型板式无砟轨道

路基地段 CRTSⅡ型板式无砟轨道，温暖地区直线地段可采用经轨道板顶面向线路两侧横向排水的技术方案，即线间填充级配碎石和 C25 混凝土封闭层，利用轨道板表面横向排水坡进行横向排水；寒冷地区直线地段线间排水设计建议采用经轨道板顶面向线路两侧横向排水的技术方案。曲线地段受轨道超高设计的影响，线间排水采用设集水井的横向排水技术方案。

桥梁地段 CRTSⅡ型板式无砟轨道，由于轨道系统为纵连结构，无横向排水通道，桥面泄水孔设计需采用三列排水设计。

4. CRTSⅢ型板式无砟轨道

路基地段 CRTSⅢ型板式无砟轨道，温暖地区可采取集水井排水方式；寒冷地区线间排水设计考虑防冻要求，在保证横向排水管畅通、不会因冻胀影响底座结构安全的前提下，可采取在底座内埋设横向排水管等措施，线间填筑级配碎石，表面混凝土封闭；严寒地区线间排水设计需结合气候条件、线下工程设计情况等系统研究，确保各结构物的安全可靠。

桥梁地段 CRTSⅢ型板式无砟轨道，由于相邻底座板间伸缩缝较窄，无横向排水通道，桥面泄水孔设计需采用两列或三列排水方式，对于严寒地区，排水管等需考虑防冻措施。

5. 双块式无砟轨道

路基地段双块式无砟轨道，温暖地区一般采取设集水井方式，寒冷地区建议采用经道床板顶面向线路两侧横向排水的技术方案，线间填筑级配碎石，表面用 C25 混凝土封闭。

桥梁地段双块式无砟轨道，由于道床板和底座间设有宽 100 mm 的间隔缝，可以作横向排水通道，桥面泄水孔设计需采用两列排水设计，对于寒冷地区，排水管等需考虑防冻措施。

1.2.2 无砟轨道线间防排水技术措施

经过实地考察和调研，总结我国现行无砟轨道线路线间防排水技术措施主要有两种方式：横向直排和集水井排水方式。

1. 直线地段填平处理

横向直排就是将两线无砟轨道之间的线间区域进行填平处理，使线间封闭层顶面与无砟轨道的轨道板顶面同高，并对封闭层顶面向线路两侧设置人字形排水坡；相应道床板顶面设置向线路外侧的单面排水坡，将线间水引到线路两侧，再引入路基排水系统，从而达到线间排水目的。

2. 设置集水井

两线间填平处理的排水方法一般适用于严寒地区直线地段无砟轨道线间排水；在曲线地段由于外轨设置超高而无法采用线间填平的方式进行排水，故需设置集水井。

直线和曲线地段路基线间排水采用集水井，再通过埋设于路基内的横向排水管将水引出路堤坡脚外或排水沟、路堑侧沟内。

3. 设置横向排水通道

为满足线间排水要求，根据所在区域雨水计算流量情况，沿线路纵向一定间隔的两线上分别设置一处横向排水通道，将线间水排到线路外侧，再引入路基排水系统。

排水通道处两线底座单元端部与对应轨道板对齐设置，利用相邻底座间缝隙形成横向排水通道。排水通道处的底座下设置钢筋混凝土搭板。搭板沿线路纵向长约 2 m，横向与底座等宽，搭板表面向线路外侧设置不小于 2%的横向排水坡。盘营客运专线、沈丹客运专线 CRTSⅢ型板式无砟轨道路基地段线间排水采取了该种设计。

4. 伸缩缝处采用弹性材料封闭

CRTSⅠ型板式和 CRTSⅢ型板式无砟轨道，底座采用单元结构，且相邻结构单元相接处设横向伸缩缝。为避免伸缩缝处渗水对下部路基、桥梁、隧道结构产生影响，应对伸缩缝进行封填密封处理。

除了无砟轨道单元之间的伸缩缝要进行封填密封处理外，无砟轨道结构与路基顶面线间、线路两侧路肩混凝土封闭层之间的纵向伸缩缝也应采用密封胶进行封闭处理。通过将无砟轨道自身的结构伸缩缝与路基结构的伸缩缝进行密封处理，对外界水形成一道防护屏障，以最大限度的控制外界水渗入路基体，保证路基结构的稳定。

1.3 高速铁路沥青混凝土研究现状

铁路沥青混凝土应以保证设计使用年限内的结构性和功能性要求为原则进行设计。轮轨力通过轨道结构传递至沥青混凝土层，在列车循环动荷载作用下，沥青混凝土层可能会出现疲劳开裂破坏。若沥青混凝土层产生较大永久变形，容易产生裂纹，也会使下部路基的变形量相应增大。在低温条件下，沥青混凝土产生的应力超过该温度下材料的允许应力时，就有可能产生裂缝。目前的结构验算主要集中在疲劳开裂验算、永久变形验算、材料低温开裂验算。

1.3.1 设计方法

1. 疲劳开裂验算

我国沥青路面设计方法建立了荷载作用次数与沥青混凝土层层底拉应变之间的关系，关系中考虑了疲劳加载模式、沥青混凝土材料特性和结构层厚度等因素的影响，最终以疲劳作用次数来进行沥青混凝土的疲劳开裂验算。美国 AASHTO 沥青路面设计方法中，基于 Miner 的破坏积累法则，各级荷载每作用一次，即消耗一定的材料疲劳寿命，最终以在各级荷载作用下的材料的综合疲劳损伤为评判依据，预测并评价沥青混凝土的抗疲劳开裂性能。美国沥青协会(Asphalt Institute，AI)采用沥青混凝土层底部的水平拉应变控制疲劳开裂，考虑了试验室与野外条件的差异，建立了标准沥青混凝土(沥青体积为 11%，空隙率为 5%)和非标准沥青混凝土的疲劳方程，以便进行疲劳开裂验算。壳牌石油公司提出的 Shell 设计方法认为沥青混凝土的疲劳寿命取决于其组成、沥青混凝土的性质和加载条件，建立了疲劳应变与疲劳作用次数、沥青含量和沥青混凝土劲度模量的关系。计算程序中所依据的诺模图是由 13 种世界范围内常用的不同种类沥青混凝土用应变控制法所测得的疲劳结果。美国肯塔基大学基于有限元方法开发了铁路道床结构设计程序 Kentrack。该程序考虑了两种类型的破坏分析：沥青混凝土层层底的拉应变计算和路基顶部的压应力计算，前者用来控制沥青混凝土层的疲劳开裂，后者则用来控制道床结构的永久变形。在材料特性方面，该程序考虑了沥青胶结料的 PG 分级，沥青混凝土的模量则采用 Witczak 动态模量预测模型。日本 TA 设计方法考虑轨道结构形状的影响，采用有限元方法替代传统的多层弹性层状体系理论，针对沥青混凝土层的疲劳破坏和基床的永久变形进行检算。有限元计算中，应按春夏秋冬四季分别计算，分别求得沥青混凝土层底面的拉应变，通过计算沥青混凝土层的疲劳破坏损伤度进行疲劳开裂的验算，损伤度应在 1 以下，反之应调整沥青混凝土层厚度或提高材料弹性模量。

我国《公路沥青路面设计规范》、壳牌 Shell、美国 AASHTO、美国 AI 等设计方法的疲劳验算主要面向于公路沥青路面，由于公路的荷载形式与铁路有较大差异，上述设计方法不适用于铁路沥青混凝土防水封闭结构的验算。美国铁路道床结构设计程序 Kentrack 主要适用于美国重载有砟线路的沥青混凝土底砟层的验算。日本 TA 设计方法在铁路沥青基床表层设计上，参考道路沥青铺装的设计思路，考虑轨道结构形状的影响，采用有限元方法替代传统的多层弹性层状体系理论，针对沥青混凝土层的疲劳破坏进行检算。日本 TA 设计方法适用于无砟和有砟轨道沥青基床表层的结构设计，对本书结构设计方法的研究具有较高的借鉴意义。

2. 材料低温开裂验算

我国采用低温开裂指数 CI 来表征调查单元内的裂缝数量，可由路面低温设计温度、沥青胶结料的蠕变劲度和结构层厚度等因素推算低温开裂指数 CI，实现对沥青混凝土层的材料低温开裂验算。美国 AASHTO 沥青路面设计方法根据沥青混凝土层厚度、裂缝深度和宽度来进行材料低温开裂验算。

3. 永久变形验算

我国基于室内车辙模拟试验，分层计算各沥青混凝土层的竖向压缩变形，保证沥青混凝土的竖向永久变形总量不超过允许值。国外的 AI、Shell、Kentrack 和 TA 设计方法，均以路基顶面的压应变或压应力为控制指标，进行永久变形的验算。

1.3.2 应用情况

1. 国外应用情况

国外，包括日本、德国、美国、法国、意大利、奥地利等国家在内，均已开展了铁路沥青混凝土的应用研究工作，并取得了较为丰硕的成果。

（1）日本

日本东海道新干线建成运营后，由于对路基认识不足，1964 年开始着手对路基出现的翻浆冒泥、不均匀沉降等病害进行相关整治技术的研究。1978 年，提出在级配碎石层上加铺 150～200 mm 厚沥青混凝土的技术方案，如图 1-4 所示。研究表明，沥青混凝土层起到了消除路基内含水量波动、改善基床受力分布、固定底砟层滑动等作用，特别是有利于列车高速运行下的路基变形稳定。

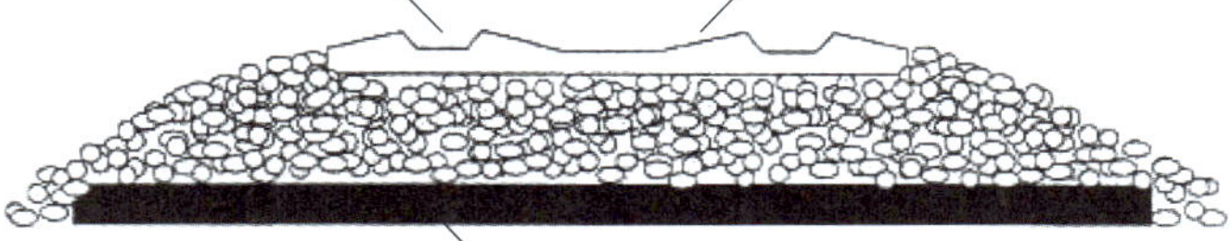

图 1-4　日本有砟轨道沥青混凝土强化基床表层

20 世纪 90 年代以来，日本铁道综合技术研究所多次开展沥青混凝土防水封闭结构现场试验研究，特别是 1997 年在高崎—长野修建的试验段表明，沥青混凝土道床能够稳固支撑轨道结构，同时噪声水平要低于板式轨道约5 dB。但为保证沥青混凝土道床具有足够的强度、耐久性、高温稳定性和低温抗裂性，必须对沥青混凝土的配合比、级配、级配碎石质量、施工工艺和压实标准等进行严格控制。经过不断摸索，基于性能的沥青混凝土道床设计方法于 2007 年1 月被正式纳入日本“铁路结构设计标准(土工结构)”中。

（2）德国

1972 年，德国首次在 Rheda 车站试铺了无砟轨道结构，后称 Rheda 型。德铁后又试铺过 17 种无砟轨道结构，其中采用沥青混凝土无砟轨道结构形式主要包括：ATD、SBV、FTR、SATO、FFYS、Walter 和 GETRAC 等。这些结构可归纳为双块式、凹槽整体式和钢杆式三类整体轨枕沥青混凝土道床无砟轨道，如图 1-5 所示。

GETRAC 结构于 2004 年获得德国联邦铁路局无速度限制的官方应用许可，其工程应用也越来越广泛，如 Hannover—Berlin(汉诺威—柏林)高速线(1998)等。其他结构也相继投入使用，Halle—Bitterfeld(哈勒—比特费尔德，1994)线路改造将轨枕板置于沥青混凝土基层的

Walter 结构等。在德国长约 650 km 的高速铁路中，有约 80 km 设计成沥青混凝土支承层结构，该结构能够满足无砟轨道承载能力要求，但沥青混凝土的耐久性需要进一步研究。

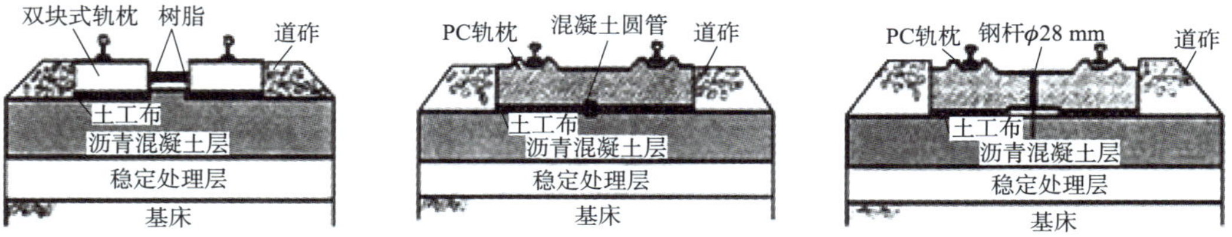

（a）双快式轨枕沥青混凝土道床无砟轨道　（b）凹槽式整体沥青混凝土道床无砟轨道　（c）钢杆式整体轨枕沥青混凝土道床无砟轨道

图 1-5　德国沥青混凝土道床无砟轨道主要结构形式

（3）美国

1894 年，美国在 California—Visalia（加利福尼亚—维萨利亚）线路中铺设了 15 cm 厚含有沥青材料的基层，成为世界上沥青混凝土在铁路中的最早应用之一。20 世纪 80 年代初，美国开始对沥青混凝土道床进行系统化的研究，以解决重载铁路轨道养护和既有道床不稳定性等问题，最终形成 3 类主要结构形式（图 1-6）：取代底砟的沥青混凝土垫层结构、位于底砟层上的沥青混凝土组合结构和无砟沥青混凝土组合结构。根据美国沥青协会的相关规范要求，沥青混凝土的结构设计一般采用基于有限元法和弹性层状体系理论的计算程序 KENTRACK。沥青混凝土的典型设计厚度为 12～15 cm，但在软土路基及高应力区域，沥青混凝土的设计厚度一般采用 20 cm。

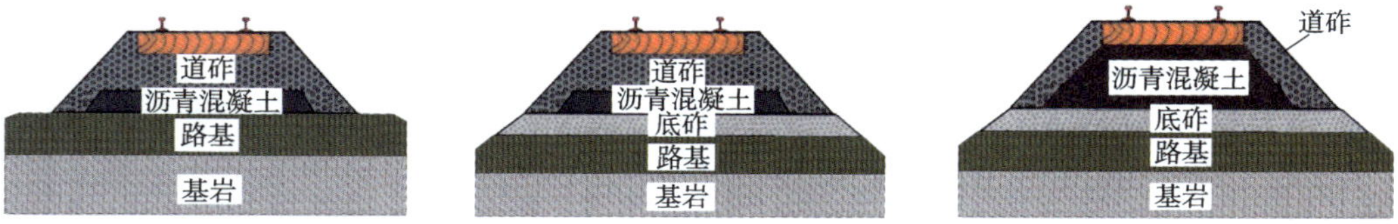

图 1-6　美国沥青混凝土道床主要结构形式

沥青混凝土应用的现场测试结果表明，取代底砟的沥青混凝土垫层结构有助于提高道床的承载力，改善应力分布状态，对路基基床起到隔水和加强作用，同时可极大地吸收列车产生的基础振动，降低噪音，减少维修费用，深受工程人员的青睐。因此，沥青混凝土垫层结构在美国现已广泛应用到重载、站场等项目中的道岔、平交道口、桥头路基、隧道底基以及软土地基处理等工程中。

（4）法国

法国在 Paris—Strasbourg（巴黎—斯特拉斯堡）高速铁路的道砟和路基之间设置沥青混凝土垫层，该层呈 3%～5%坡度，且已修建了 3 km 的试验段。传统散粒体道砟道床采用“30 cm 碎石道砟＋20 cm 碎石底砟＋50 cm 石灰石骨料”的结构形式，而沥青混凝土道床取消了石灰石骨料层，采用“30 cm 碎石道砟＋20 cm 碎石调整层＋14 cm 沥青混凝土”的结构形式(图 1-7)，总厚度减小了 36 cm，每公里可节约碎石材料约 5 000 m^3。

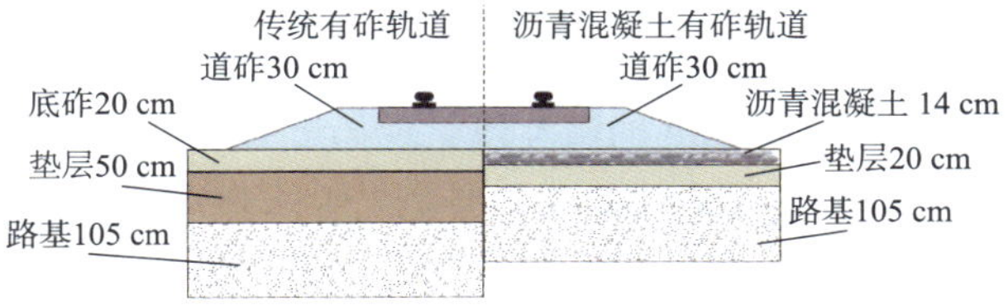

图 1-7　法国沥青混凝土道床断面结构及施工情况

(5)意大利

20 世纪 70 年代，意大利修建的 Rome—Florence(罗马—佛罗伦萨)高速铁路将沥青混凝土作为底砟层进行应用。结果表明，沥青混凝土可保持轨道线形的稳定性，特别是在道岔、伸缩缝、平面交叉点、混凝土结构(桥隧涵)与路基过渡段等动应力明显区域，沥青混凝土对上部结构稳定性的提高是相当明显的，同时很好地降低了噪声和振动。基于上述优点，意大利最终决定在全国范围内的高速铁路道床中采用沥青混凝土底砟层。截至 2009 年 12 月，意大利采用沥青混凝土底砟层的铁路里程超过 1 200 km。意大利与日本及欧洲传统铁路轨道纵断面比较，如图 1-8 所示。

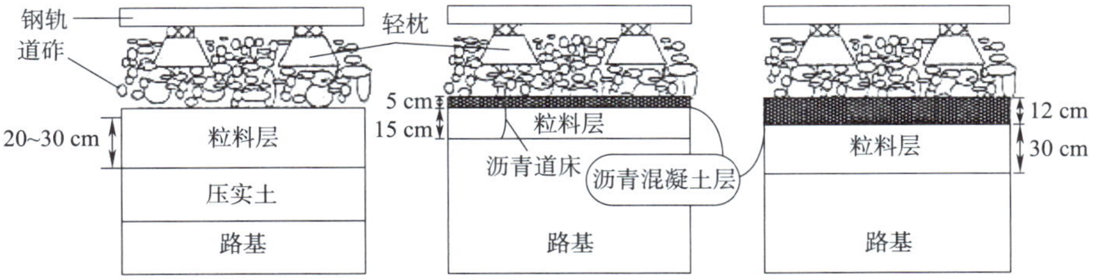

(a)传统欧洲高铁有砟轨道　(b)日本高铁有砟轨道　(c)意大利高铁有砟轨道

图 1-8　意大利、日本及欧洲传统高速铁路轨道纵断面比较

(6)奥地利

奥地利首条沥青混凝土底砟层修建于 1963 年，此后很少对其进行维护，如图 1-9 所示。在 20 世纪 90 年代轨道结构大修时，对沥青混凝土层进行检测评估后认为无必要修复，可继续服役。奥地利联邦铁路公司认为，在道床下铺设 8～12 cm 厚沥青混凝土，可为底砟和路基提供完整的隔离层，防止雨水侵入、阻止细料被挤出、整体弹性优化，如图 1-10 所示。

图 1-9　奥地利沥青混凝土道床应用情况

(7)荷兰

1976 年荷兰开始研究并应用一种嵌入混凝土中的埋入式轨道结构(embedded rail structure,ERS),使用至今已近 40 年,表现出较强的少维修性和低噪声性能。随后,又开发了一种将轨道直接置于沥青混凝土表层上的轨道结构,被称作沥青埋入式轨道(embedded rail in asphalt,ERIA),并于 2003 年修建了长约 3 km 的试验段。现场试验结果表明,ERIA 结构特别适合城市轨道等轻型轨道交通,除了能较大程度减少振动和噪声外,主要是能够明显缩短施工时间。

除上述国家外,还有其他国家也在铁路中应用沥青混凝土,汇总情况见表 1-1,如 1974 年,英国在 Radcliffe-on-Trent 修建了沥青混凝土道床试验段,厚度为 23 cm,其上为支撑轨道的多种类型的混凝土结构;西班牙在 Madrid—Valladolid(马德里—伐拉多尔)客运专线上采用 12～14 cm 沥青混凝土代替砾料底砟层的结构形式,自修建以来,其使用性能良好。

表 1-1　国外铁路沥青混凝土应用代表工程案例

国家	建成时间	代表路段	国家	建成时间	代表路段
日本	1978 年	Shinkansen 新干线	奥地利	1963 年	卡仑西亚
德国	1994 年	Halle—Bitterfeld 改造线	荷兰	1976 年	ERS 试验段
	1998 年	Hannover—Berlin 高速线		1999 年	Best 试验段 ERIA
	2005 年	Brandleite 隧道		2003 年	HTM the Hague 试验段
美国	1894 年	California—Visalia 铁路	意大利	1970 年	Rome—Florence 高速铁路
	年份不详	德克萨斯州 BNSF 铁路	西班牙	2010 年	Madrid—Valladolid 铁路
		俄亥俄州 CSC/NS 主线	英国	1974 年	Radcliffe-on-Trent 试验段
法国	2007 年	Paris—Strasbourg 试验段			

概括起来,沥青混凝土在国外铁路工程中主要采用轨下基础隔离层、强化基床表层、替代砾料底砟的垫层、全厚式沥青混凝土道床等 4 种形式。大量工程实践表明,沥青混凝土具有优良的防水保护性能、良好的力学性能和环境适应性,性能可定制,施工控制技术成熟,质量可控、可维护性高,养护工作量小等技术功能及特色。

2. 国内应用情况

(1)国内早期铁路沥青混凝土的应用

我国在 20 世纪 60 年代就开始了沥青道床应用研究。沥青道床是用各种沥青材料,使散粒体道砟道床固结为整体,或者用沥青混凝土、沥青胶砂、乳化沥青水泥砂浆等代替散粒体道砟使之成为稳定的轨下基础。我国铺设的沥青道床,按其结构形式分为沥青灌注式、沥青混凝土面层式和整体式 3 类。沥青道床克服了水泥混凝土整体道床刚度大的不足,获得了与碎石道床相接近的弹性,但它的动态下沉比碎石道床小得多。同时,沥青道床克服了宽枕碎石道床运营初期不稳定和维修工作量大的缺点。但是,由于早期缺乏对沥青道床的认识以及施工质量重视不够,在沥青道床的研究和应用中存在一些问题,如整体结构研究不够、沥青砂浆的施工受到温度控制、对于基础的强度和排水要求很高、维修不符合要求以及适用范围不明确等。因此，应该特别重视沥青道床对路基排水的要求，以及沥青道床的施工和养护等问题。经过多年的研究，国内专家、学者认识到客运专线路基应构建综合防排水体系，这是安全运营的重要保障之一，为此中铁二院工程集团有限责任公司和西南交通大学进行了相关专题研究，简称“SAMI 课题”。“SAMI 课题”主要研究沥青混凝土的防水特性，并没有考虑沥青材料的其他优点，诸如弹性更好、减振降噪、便于维修等。

(2)无砟轨道沥青混凝土防水封闭结构

2007 年，中铁二院工程集团有限责任公司与西南交通大学联合研发了主要用作无砟轨道路基面非结构层的防水封闭层材料(仅铺设在两侧路肩和线间)，即路基面防水沥青混凝土(surface asphalt mixture impermeable，SAMI)。西南交通大学潘程睿确定了 SAMI 的矿料级配及其级配设计范围，提出了 SAMI 室内配合比的设计方法。方明镜等人通过室内配合比试验，提出了 SAMI 的空隙率应控制在 1%～3%，渗透系数应不大于 10^{-4} cm/s。邱延峻等提出了 SAMI 应考虑温度分区，建立了以渗透系数和空隙率为主控指标，以马歇尔稳定度、冻融劈裂强度比和低温收缩系数为优化指标的 SAMI 指标体系。SAMI 技术仅在遂渝试验段、京津城际铁路、武广客运专线等进行了有限应用。

①遂渝铁路无砟轨道综合试验段

采用了热拌和常温两种沥青混凝土作为防水层的铺筑材料。防水层布设在两侧，宽度约 2.2 m，与防水渗沟组成路肩两侧综合防排水系统。从铺设效果看，主要存在如沥青混凝土离析、骨料与沥青黏附性较差、部分坑槽和剥离以及较突出的施工障碍等问题，如图 1-10 所示。

②京津城际铁路

路基面防水层布设位置位于级配碎石基床表层，无砟轨道基础板至路肩电缆沟处(两侧布置)，单侧宽约 2 m 左右。从铺设效果看，主要存在如空隙率较大、施工后续施工损伤严重以及同样较突出的施工障碍等问题，如图 1-11 所示。

图 1-10 遂渝铁路综合试验段防水层

图 1-11 京津城际铁路路基面防水层

③武广客运专线

武汉综合试验段现场全长 62.2 km，设计时速 350 km，设计采用 SAMI 防水层。已完成的防水封闭结构整体效果美观协调，如图 1-12 所示。

武广沥青混凝土防水封闭结构另一种设计方案位于级配碎石层之上硬路肩以下，作为一种夹层发挥隔水作用，咸宁段已完成的路基面防水夹层，如图 1-13 所示。

图 1-12　武广铁路防水层整体外观

图 1-13　武广铁路试验段防水夹层

从以上试验段施工过程存在的问题和铺设的效果，不难发现，无砟轨道 SAMI 防水层由于只铺设在两侧路肩，施工场地狭小，不利于大型施工机械进场，存在着铺设进度慢、压实度不足等问题；同时 SAMI 防水层与轨道板基座之间存在缝隙，是该防排水体系的薄弱环节。此外，由于该防排水层厚度较薄（5 cm），不承受荷载作用，无法发挥沥青混凝土弹性好、减振降噪、便于维修的优点。

第 2 章 高速铁路路基沥青混凝土结构形式

高速铁路路基沥青混凝土结构，按其结构形式，可分为全断面封闭结构和局部封闭结构(线间和路肩封闭)两类；按其材料成型方式，可分为碾压密实和自密实两类。本章重点对高速铁路路基沥青混凝土结构断面形式、功能定位和气候分区进行介绍。

2.1 分类与断面形式

2.1.1 全断面碾压密实沥青混凝土防水封闭结构

全断面碾压密实沥青混凝土防水封闭结构形状设置应符合下列规定：

(1)碾压密实沥青混凝土防水封闭结构全断面设置于路基基床表层上部。

(2)有砟轨道碾压密实沥青混凝土防水封闭结构形状应为三角形，由全断面碾压密实沥青混凝土防水封闭结构中心向两侧应设置不小于 4%的横向排水坡，如图 2-1 所示。曲线加宽时，全断面碾压密实沥青混凝土防水封闭结构仍应保持三角形。

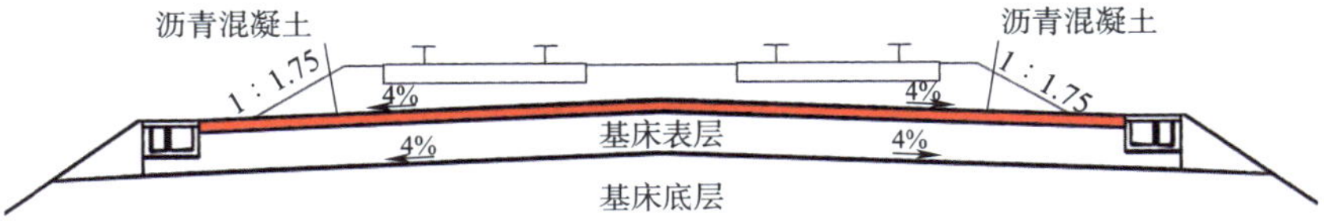

图 2-1 有砟轨道全断面碾压密实沥青混凝土防水封闭结构示意

(3)无砟轨道支承层(或底座)底部范围内全断面碾压密实沥青混凝土防水封闭结构可水平设置，亦可以轨道中心线设置为双三角形或双梯形，支承层(或底座)外侧全断面碾压密实沥青混凝土防水封闭结构两侧应设置不小于 4%的横向排水坡，如图 2-2 所示。

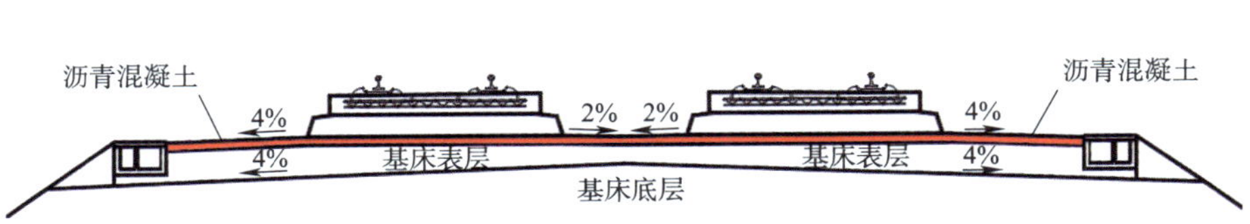

图 2-2 无砟轨道全断面碾压密实沥青混凝土防水封闭结构示意

全断面碾压密实沥青混凝土防水封闭结构全断面铺设于路基基床表层顶面，作为结构层，应视为基床表层的一部分，可采用等厚度替代基床表层级配碎石的方式进行设计。

2.1.2 局部自密实沥青混凝土防水封闭结构

局部自密实沥青混凝土防水封闭结构设置于无砟轨道路基面的路肩和线间，支承层(或底座)外侧路肩应设置不小于4%的横向排水坡，支承层(或底座)内侧线间向线路中心设置不小于2%的横向排水坡，如图2-3所示。

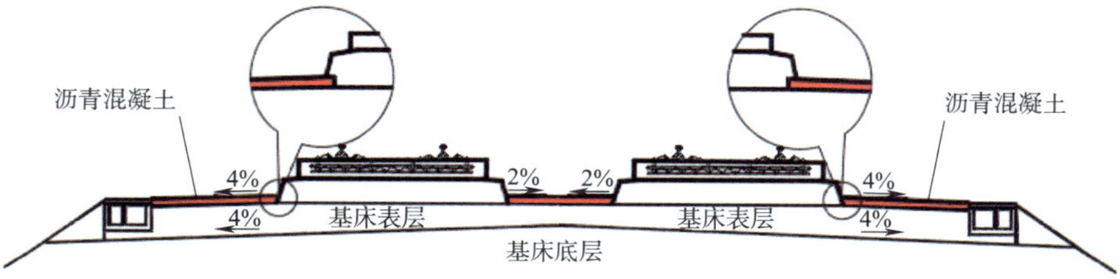

图2-3 局部自密实沥青混凝土防水封闭结构示意

若条件允许，可在局部自密实沥青混凝土防水封闭结构与支承层(或底座)接触立面设置倒角，以保证局部自密实沥青混凝土防水封闭结构与无砟轨道结构纵向结构缝位置的防水效果。由于局部自密实沥青混凝土防水封闭结构仅在路基面的路肩和线间，在无砟轨道结构底部范围内并未设置自密实沥青混凝土防水封闭结构，因此其不作为路基结构层考虑，仅对其进行功能性设计。

2.2 功能定位

2.2.1 全断面碾压密实沥青混凝土防水封闭结构

全断面碾压密实沥青混凝土防水封闭结构适用于寒冷、严寒、多雨地区，季节性冻土、膨胀岩土、湿陷性黄土、盐渍土等特殊土地段的高速铁路路基的防水封闭。全断面碾压密实沥青混凝土防水封闭结构不仅受到上部轨道结构传递的列车荷载作用，而且还受到水分、温度、紫外线等环境因素作用。结合高速铁路路基全断面碾压密实沥青混凝土防水封闭结构的功能及特点，提出了全断面碾压密实沥青混凝土防水封闭结构的功能定位，主要包括全断面碾压密实沥青混凝土防水封闭结构的防水抗渗性、抗疲劳性、耐候性、支承性、高温稳定性、低温抗裂性、抗水损害性等方面。

1. 防水抗渗性

高速铁路路基全断面碾压密实沥青混凝土防水封闭结构本身应致密不透水，且表面应平整密实，利于自然状态下降雨快速排入边沟或线间集水井。作为防水层，为路基提供整体化的防水保护，改善路基排水性能，防止表水侵入路基，降低冻胀、翻浆冒泥等病害的发生概率。

2. 抗疲劳性

针对高速铁路路基全断面碾压密实沥青混凝土防水封闭结构的工作状态和环境条件，其疲劳作用可细化为两方面内容，一是列车往复荷载形成的荷载型疲劳作用，二是季节性和每日温度变化导致的温度疲劳作用。因此，全断面碾压密实沥青混凝土防水封闭结构应具有优良的抗疲劳性能，使用年限内不出现疲劳破坏。

3. 耐候性

道路工程领域中沥青路面的设计使用年限通常为 10～15 年，而高速铁路工程领域对基础设施使用寿命要求较高，全断面碾压密实沥青混凝土防水封闭结构应保证在服役期内保持稳定，使其具有优良的耐久性能，运营过程中不会因光、热、水以及荷载等的作用而出现氧化、碎裂或松散等病害而丧失其整体性。

4. 支承性

全断面碾压密实沥青混凝土防水封闭结构作为轨下基础，其弹性模量、强度等应满足承载性能要求，可与级配碎石共同形成强化基床表层，共同提高轨道结构承载能力，改善轨道应力分布情况。此外，全断面碾压密实沥青混凝土防水封闭结构还应与轨道结构之间具有足够的界面稳定性，保证轨道结构的平顺与稳定。

5. 温度稳定性

沥青混凝土属于黏弹性材料，高温时表现出更多的黏性成分，低温时表现出更多的弹性成分。全断面碾压密实沥青混凝土防水封闭结构在高温季节应保持较高的抗变形性能，同时在低温季节具有较强的低温柔韧性及松弛能力，表现出较宽的工作温度域。

6. 抗水损性能

在水的作用下，沥青混凝土会发生黏结性、黏附性的损失，进而导致沥青从骨料表面剥离，在自身剥落或外部荷载的作用下，沥青混凝土会出现松散、剥落等病害，逐步丧失防水能力。因此要保证全断面碾压密实沥青混凝土防水封闭结构具有长期良好的防水性能，其水稳定性起着至关重要的作用。

7. 隔离功能

当全断面沥青混凝土应用于有砟轨道结构时，可有效阻止有砟轨道路基细颗粒向道砟层转移，避免了道床板结、翻浆冒泥等病害。

2.2.2　局部自密实沥青混凝土防水封闭结构

局部自密实沥青混凝土防水封闭结构适用于作业空间狭小、不具备碾压条件、运营铁路养护维修等工况条件下高速铁路路基的防水封闭。

由于局部自密实沥青混凝土防水封闭结构仅需进行功能性指标设计，主要从防水抗渗性、耐候性、抗水损害性、高温稳定性、低温抗裂性、施工和易性等方面提出相应的功能要求，其中防水抗渗性、耐候性、抗水损害性、高温稳定性、低温抗裂性等方面的功能要求同碾压密实沥青混凝土防水封闭结构。在施工和易性方面，局部自密实沥青混凝土防水封闭结构应满足具有一定可流动性、无须大型压实机械碾压即可成型等要求。

2.3 气候分区

根据工程所处地区的环境气候条件，选择合适的原材料，设定合理的性能要求，设计足够的结构厚度，是确保高速铁路路基沥青混凝土结构成功应用的基础。高速铁路路基沥青混凝土结构的气候分区可以借鉴公路沥青路面的划分方法，但不能直接照搬，而不考虑其自身的特点。

根据美国沥青协会的《沥青路面设计规范》(MS-11)规定沥青标号应按照年平均气温(MAAT)进行选择。美国沥青协会的气候分区采用年平均气温作为标准，该分区标准对于低温指标考虑不多，不适合作为高速铁路路基沥青混凝土结构气候分区的参考依据。

我国沥青路面的气候分区经历了一个由简单到复杂的逐步完善的过程，早期的《沥青路面施工及验收规范》(GB 50092—1996)按照最低月平均气温将全国沥青路面气候分为寒区(<−10 ℃)、温区(−10～0 ℃)和热区(>0 ℃)三个区域。随着我国沥青路面的发展，简单的气候分区越来越不适应发展的需求，经过国家重点科技攻关，我国对沥青路面的气候分区按照沥青与沥青混凝土的性质，通过大量的实测数据及其研究分析，按照高温、低温、雨量条件划分成 26 个区域，是国家“八五”攻关课题“道路沥青与沥青混合料的路用性能”的重要研究成果。在参考美国 SHRP 的研究成果并结合我国国情的基础上，与气象部门合作，经过对我国 615 个气象站点 30 年的资料分析，在大量的气象要素中选择了能够较好地表征我国气候特点对沥青材料性能影响的指标，经过计算机网格化处理和气象上常用的等概原则划分的。公路沥青路面气候分区指标对各种参数进行了比较分析，高温指标比较了 7 月平均最高气温、积温等，低温指标比较了极端最低气温、冰冻指数、负积温等，雨量指标比较了年降雨量、雨日数等。现行的沥青路面气候分区考虑的因素较多且十分复杂，对于高速铁路路基沥青混凝土结构的工程应用并不现实。

结合我国客运专线铁路路基面防水沥青混合料的研究成果，形成了《客运专线铁路无砟轨道路基面防水层沥青混合料暂行技术条件》，该暂行技术条件根据 30 年极端最低气温值将我国全域分为三个 SAMI 混合料气候分区，即热区(极端最低气温高于−9 ℃，主要覆盖我国南方大部地区)、温区(极端最低气温介于−9～−21.5 ℃，主要覆盖我国中北部地区)、寒区(极端最低气温低于－21.5 ℃,主要覆盖我国北部地区)。该暂行技术条件对于高速铁路路基沥青混凝土结构气候分区的提出具有较强的借鉴意义。

由于沥青混凝土物理力学性质的强烈温度依赖特性,必须将气候分区纳入指标体系的设计之中。我国《公路沥青路面施工技术规范》(JTG F40—2004)将全国气候分区分为高温 3 个区、低温 4 个区和降雨 4 个区,组成有效气候分区共 26 个区。高温指标原为汽车轮载作用下沥青混凝土的高温稳定性(主要为车辙)所设计,然而由于列车荷载对轨下基础沥青混凝土的作用模式完全不同于汽车轮载的直接作用,且其荷载幅值在几十千帕(公路沥青路面设计荷载为 0.7 MPa),实际上可将列车荷载对高速铁路路基沥青混凝土结构高温稳定性的影响作为次要因素考虑,只需通过控制空隙率达到防止出现泛油的现象即可。因此,高温区划标准在高速铁路路基沥青混凝土结构的气候分区中可不作重点考虑。雨量指标为沥青混凝土在水分的作用下的抗水损害性能(主要为剥落、坑槽等)所设计,考虑高速铁路路基沥青混凝土结构的服役寿命长等特点,雨量指标均按照全国降雨量最充沛的地区进行考虑,沥青混凝土抗水损害性能的保证也有助于其防水、抗老化等性能的提升。

对于高速铁路路基沥青混凝土结构,其核心要求是防止低温环境下由于温度应力而引发的裂缝,低温指标对高速铁路和公路沥青混凝土均适用。因此,高速铁路路基沥青混凝土结构的气候分区可按照低温指标进行设计。鉴于我国高速铁路规划覆盖南北全域,结合工程应用特点和可操作性,高速铁路路基沥青混凝土结构的工程应用气候分区可按照 30 年极端最低气温划分为冬温区(极端最低气温大于－9 ℃,主要覆盖我国南方大部地区)、冬冷区(极端最低气温介于－9 ℃和－21.5 ℃之间,主要覆盖我国中北部地区)、冬寒区(极端最低气温介于－21.5 ℃和－37 ℃之间,主要覆盖我国北部地区)、冬严寒区(极端最低气温小于或等于－37 ℃,主要覆盖我国极北部地区)。

第 3 章 列车与温度荷载作用下沥青混凝土结构服役行为研究

全断面碾压密实沥青混凝土防水封闭结构不仅是防水功能层，更是结构层。本章重点对全断面碾压密实沥青混凝土防水封闭结构在列车与温度荷载作用下的服役行为进行研究。

3.1 列车荷载作用下沥青混凝土结构受力变形特性

3.1.1 仿真计算

沥青混凝土防水封闭结构在无砟轨道结构与有砟轨道结构中均有应用，分别建立不同无砟轨道-沥青混凝土防水封闭结构-路基有限元模型、有砟轨道-沥青混凝土防水封闭结构-路基有限元模型，分析沥青混凝土防水封闭结构在列车荷载作用下的受力变形特性。

1. 无砟轨道-沥青混凝土-路基有限元模型

无砟轨道在我国已得到大量推广应用，主要有 CRTSⅠ型板式、CRTSⅡ型板式、CRTSⅢ型板式及双块式无砟轨道等类型，分别建立不同无砟轨道结构及沥青混凝土防水封闭结构模型，分析不同轨道结构下沥青混凝土防水封闭结构的受力变形特性。

CRTSⅠ型板式无砟轨道及下部基础模型自上而下分别为钢轨、轨道板、CA 砂浆层、支承层、凸形挡台、沥青混凝土防水封闭结构、基床表层、基床底层及路基本体，模型材料参数见表 3-1。路基上采用的标准轨道板长 4 962 mm，宽 2 400 mm，厚 190 mm，CA 砂浆调整层厚度一般为 50 mm，凸形挡台采用现浇形式与支承层一起浇筑，其外形为圆形截面，半径为 260 mm，高度约为 240 mm。路基上支承层上铺设 2 块轨道板，尺寸为 10 044 mm×3 000 mm×300 mm。

表 3-1 CRTSⅠ型板式无砟轨道及下部基础模型材料参数

部件名称	参　数	单　位	取　值
钢轨	弹性模量	MPa	2.06×10^5
	密度	kg/m^3	7 800
	泊松比	—	0.3

续上表

部件名称	参　数	单　位	取　值
扣件	垂向静刚度	kN/mm	35
	横向静刚度	kN/mm	50
	纵向阻力	kN/组	9
轨道板	弹性模量	MPa	3.6×10^4
	密度	kg/m^3	2 500
	泊松比	—	0.2
CA 砂浆	弹性模量	MPa	250
	密度	kg/m^3	2 500
	泊松比	—	0.2
支承层	弹性模量	MPa	3.3×10^4
	密度	kg/m^3	2 500
	泊松比	—	0.167
基床表层	弹性模量	MPa	350
	密度	kg/m^3	2 100
	泊松比	—	0.25
基床底层	弹性模量	MPa	260
	密度	kg/m^3	2 000
	泊松比	—	0.25
路基本体	弹性模量	MPa	180
	密度	kg/m^3	1 800
	泊松比	—	0.25

在进行列车荷载下沥青混凝土防水封闭结构服役行为分析时，由于列车作用时间短，沥青混凝土可按弹性体考虑，用四季典型模量代替，见表 3-2。

表 3-2　沥青混凝土不同季节下的四季模量值

季　节	沥青混凝土模量/MPa
春	4 000
夏	1 200
秋	3 000
冬	12 000

CRTSⅡ型板式无砟轨道及下部基础模型自上而下分别为钢轨、轨道板、CA 砂浆层、支承层、沥青混凝土防水封闭结构、基床表层、基床底层及路基本体。轨道板长 6 450 mm，宽

2 550 mm，厚 200 mm，轨道板之间有纵向连接。轨道板与支承层之间填充 CA 砂浆，填充厚度为30 mm。支承层宽度为 3 250 mm，厚度为 300 mm。沥青混凝土材料参数见表 3-3。

表 3-3　CRTSⅡ型板式无砟轨道及下部基础模型材料参数

部件名称	参　　数	单　　位	取　　值
钢轨	弹性模量	MPa	2.06×10^5
	密度	kg/m^3	7 800
	泊松比	—	0.3
扣件	垂向静刚度	kN/mm	35
	横向静刚度	kN/mm	50
	纵向阻力	kN/组	9
轨道板	弹性模量	MPa	3.6×10^4
	密度	kg/m^3	2 500
	泊松比	—	0.2
CA 砂浆	弹性模量	MPa	7 000
	密度	kg/m^3	1 600
	泊松比	—	0.2
支承层	弹性模量	MPa	3.0×10^4
	密度	kg/m^3	2 500
	泊松比	—	0.3
基床表层	弹性模量	MPa	350
	密度	kg/m^3	2 100
	泊松比	—	0.25
基床底层	弹性模量	MPa	260
	密度	kg/m^3	2 000
	泊松比	—	0.25
路基本体	弹性模量	MPa	180
	密度	kg/m^3	1 800
	泊松比	—	0.25

CRTSⅢ型板式无砟轨道及下部基础模型自上而下分别为钢轨、扣件、轨道板、自密实混凝土层（带凸台）、支承层（带凹槽）、沥青混凝土防水封闭结构、基床表层、基床底层及路基本体，如图 3-1 和表 3-4 所示。轨道板的长度为 5 600 mm，宽度 2 500 mm，厚度 210 mm，接缝宽 70 mm。轨道板下灌注自密实混凝土层，宽度为 2 500 mm，厚度为 90 mm，其长度与轨道板相同。路基直线地段支承层宽度 3 100 mm，厚度 300 mm，接缝宽 20 mm，单元方案其长度为 11 320 mm，即一块支承层上布置两块轨道板。支承层上面要设置两个尺寸为

700 mm×1 000 mm×100 mm 的凹槽。

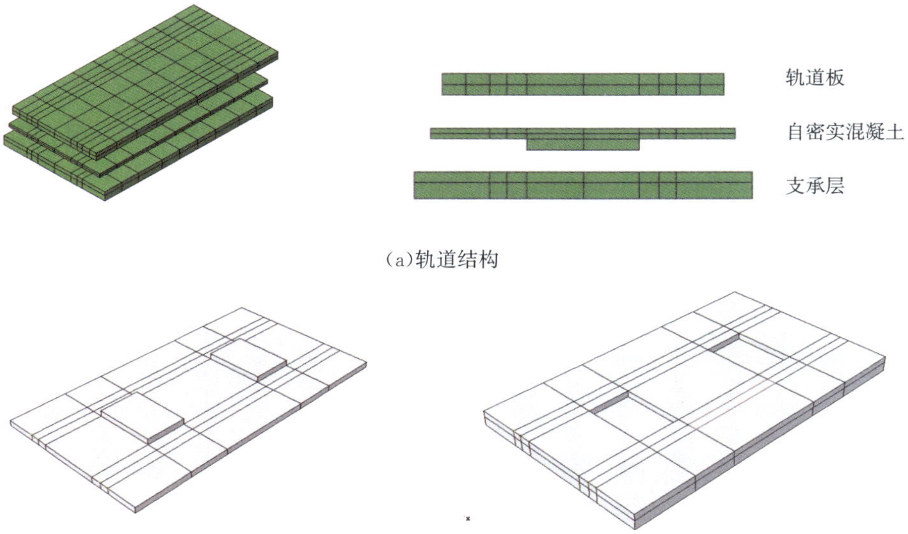

(a)轨道结构

(b)自密实混凝土层(凸台)　　(c)支承层(凹槽)

图 3-1　CRTSⅢ型无砟轨道各部件示意

表 3-4　CRTSⅢ型板式无砟轨道及下部基础模型材料参数

部件名称	参　　数	单　　位	取　　值
钢轨	弹性模量	MPa	2.06×10^5
	密度	kg/m^3	7 800
	泊松比	—	0.3
扣件	垂向静刚度	kN/mm	35
	横向静刚度	kN/mm	50
	纵向阻力	kN/组	9
轨道板	弹性模量	MPa	3.65×10^4
	密度	kg/m^3	2 500
	泊松比	—	0.167
自密实混凝土	弹性模量	MPa	3.25×10^4
	密度	kg/m^3	2 500
	泊松比	—	0.2
支承层	弹性模量	MPa	3.3×10^4
	密度	kg/m^3	2 500
	泊松比	—	0.167
基床表层	弹性模量	MPa	350
	密度	kg/m^3	2 100
	泊松比	—	0.25

续上表

部件名称	参　数	单　位	取　值
基床底层	弹性模量	MPa	260
	密度	kg/m^3	2 000
	泊松比	—	0.25
路基本体	弹性模量	MPa	180
	密度	kg/m^3	1 800
	泊松比	—	0.25

预制轨道板与现浇自密实混凝土层形成复合板结构。自密实混凝土与支承层之间设置隔离层复合土工膜，故法向只能传递压力，复合土工膜的摩擦系数根据铁科院的参数试验取为 0.7，隔离层复合土工膜通过定义接触属性进行模拟。支承层凹槽四周填充弹性垫层，垫层刚度取为 30 kN/mm。

双块式无砟轨道及下部基础模型自上而下分别为钢轨、轨道板、混凝土支承层、沥青混凝土防水封闭结构、基床表层、基床底层和路基本体组成。连续式轨道板宽度为 2 800 mm，厚度为 260 mm。支承层宽度为 3 400 mm、厚度为 300 mm，支承层长度与道床板长度相等。连续双块式无砟轨道支承层每隔 3 250 mm 设置一道假缝，假缝深度为支承层厚度的 100 mm。

双块式无砟轨道各结构层具体参数见表 3-5，沥青混凝土材料参数如前所述。

表 3-5　双块式无砟轨道及下部基础模型材料参数

部件名称	参　数	单　位	取　值
钢轨	弹性模量	MPa	2.06×10^5
	密度	kg/m^3	7 800
	泊松比	—	0.3
扣件	垂向静刚度	kN/mm	35
	横向静刚度	kN/mm	50
	纵向阻力	kN/组	9
轨道板	弹性模量	MPa	3.25×10^4
	密度	kg/m^3	2 500
	泊松比	—	0.2
支承层	弹性模量	MPa	2.2×10^4
	密度	kg/m^3	2 500
	泊松比	—	0.2
基床表层	弹性模量	MPa	350
	密度	kg/m^3	2 100
	泊松比	—	0.25

续上表

部件名称	参　数	单　位	取　值
基床底层	弹性模量	MPa	260
	密度	kg/m^3	2 000
	泊松比	—	0.25
路基本体	弹性模量	MPa	180
	密度	kg/m^3	1 800
	泊松比	—	0.25

无砟轨道-沥青混凝土防水封闭结构-路基分析模型边界条件应考虑尽量接近现实状态。模型底面为固定约束，横向采用对称边界条件以提高计算效率。

根据研究目的、计算模型及方法的不同，经文献调研，列车荷载的模拟通常采用以下几种方法：

(1)作用于定点的变化荷载

此时，$P(t)$常用简谐形式如 $P(t)=P_0\sin\omega t$ 表述，该力可以作用于轨道上任一固定位置。这是一种很简单的荷载模型，仅将车辆及其振动简化为一个简谐力。旨在研究轨道的振动，对于轨道系统而言是一种定点荷载形式。

(2)移动的变化荷载

这种荷载模型可以考虑运动的车辆对轨道的作用，其中 $P(t)=P_0\sin\omega t$，对于任一时刻 t 任一轨道位置上的荷载为 $P(x,t)=P(t)\cdot\delta(x-vt)$；$\delta(\cdot)$为狄拉克函数；$v$ 为列车运行速度；ω 为振动频率。

(3)移动的轨道不平顺

这种荷载模型可以为单一车辆、集总车辆、半车或整车模型。车辆只有垂向运动，本身并不向前运行。轨面上的不平顺，以车速 v 向与行驶方向相反的方向从轮轨间通过来模拟车辆向前行驶，这种模型对在频域内求解具有离散支承轨道的机车车辆-轨道系统振动，比较方便有效。

(4)运动的机车车辆

这种荷载模型表示机车车辆以车速 v 在具有不平顺的轨道上运行，这种荷载模型能真实反映不平顺对机车车辆-轨道系统的振动影响。对于轨道上任一点 x，在任一时刻 t 上其作用力为 $P(t)\cdot\delta(x-vt)$，$P(t)$为轮轨接触力。但是这种模型涉及接触与参数较多，计算工作量很大。

在充分调研国内外铁路沥青混凝土的设计方法以及我国高速铁路路基结构设计的相关规定，本项目拟采用考虑动力系数的集中力荷载进行施加，即以转向架为单位，以集中力的形式按轴进行施加，集中力的幅值由静轴重乘以动力系数确定，动力系数取 1.5。动力系数的取值由实测数据与现有研究成果反推确定。

以沥青混凝土防水封闭结构厚 10 cm、沥青混凝土弹性模量 4 000 MPa 为标准模型，开展列车荷载作用下不同无砟轨道类型下的力学特性分析，同时开展变参数分析，主要改变沥青混凝土的设计厚度(8、10、12、15 cm)，沥青混凝土的模量变化范围为 500～30 000 MPa。

2. 计算结果讨论与分析

由现场原位激振试验和温度效应试验结果可知，沥青混凝土防水封闭结构的受力与无砟轨道支承层/底座是否连续密切相关，因此参考上述划分原则，按其支承层/底座的类型进行划分，可分为单元结构和连续结构，单元结构以路基段 CRTSⅢ型板式无砟轨道为代表；连续结构以 CRTSⅡ型板式无砟轨道为代表。重点对 CRTSⅢ型、Ⅱ型板式无砟轨道和有砟轨道结构体系中沥青混凝土防水封闭结构的服役行为进行分析。

无砟轨道沥青混凝土防水封闭结构模型验证依据郑徐客运专线联调联试测试结果，有砟轨道沥青混凝土防水封闭结构模型验证依据京张高速铁路联调联试测试结果。计算结果与联调联试结果基本一致，均在实测值范围内，可用于后续计算列车荷载作用下沥青混凝土防水封闭结构的力学响应。

CRTSⅢ型板式无砟轨道支承层为单元结构，存在伸缩缝。列车荷载存在两个典型作用位置：(1)列车荷载作用于支承层中心位置等区域；(2)列车荷载作用于支承层伸缩缝位置处，即转向架中心与伸缩缝中心位置重合。列车荷载作用于支承层纵向中心位置的动应力动位移计算结果如图 3-2 和图 3-3 所示。

由图 3-2 和图 3-3 可知，当列车荷载作用于支承层纵向中心位置时，沥青混凝土防水封闭结构表面动位移最大值为 0.187 mm，轨下动应力最大值为 22.37 kPa，层底纵向拉伸应变最大值在 12～13 με 之间；而当列车荷载作用于支承层伸缩缝位置时，层底纵向拉伸应变最大值约为 40 με，其动位移和动应力分布计算结果详见后文。通过对比发现，列车荷载作用于支承层伸缩缝位置时沥青混凝土防水封闭结构的受力更为不利。因此，后续将重点对列车荷载作用于支承层伸缩缝位置时沥青混凝土的受力变形特性开展研究，为列车荷载作用下沥青混凝土防水封闭结构的设计提供理论支撑。

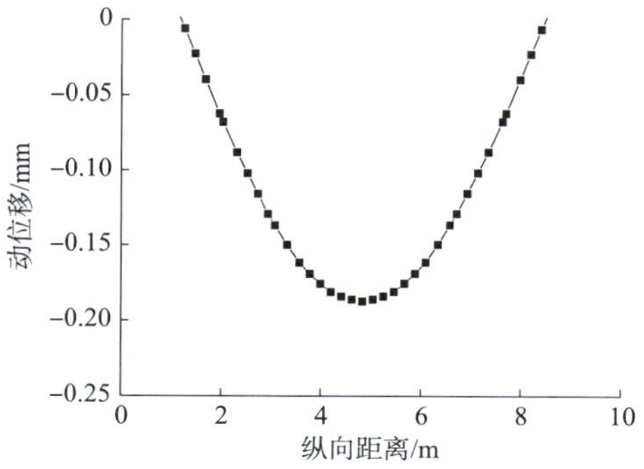

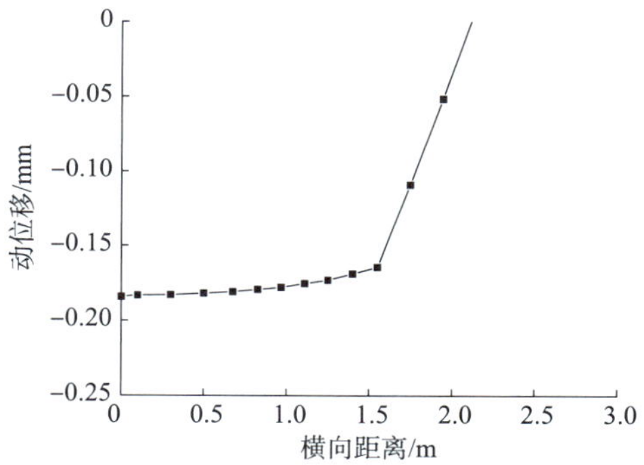

图 3-2　CRTSⅢ型板式无砟轨道沥青混凝土防水封闭结构动位移纵横向分布

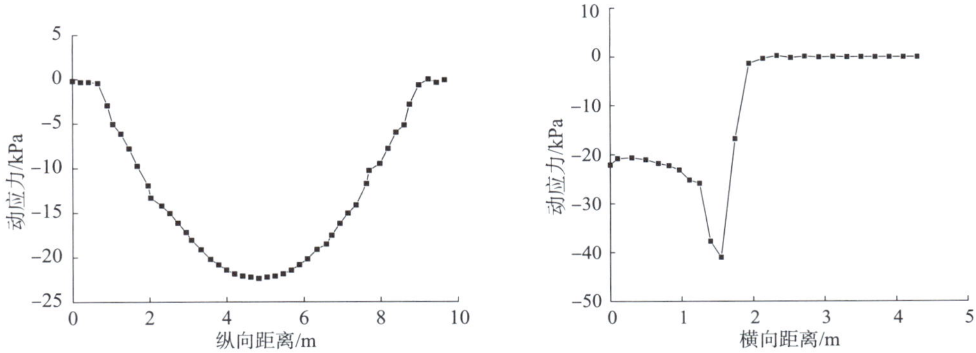

图 3-3　CRTSⅢ型板式无砟轨道沥青混凝土防水封闭结构动应力纵横向分布

当列车荷载作用于支承层伸缩缝位置时，轨道结构及路基的整体竖向变形如图 3-4 所示。

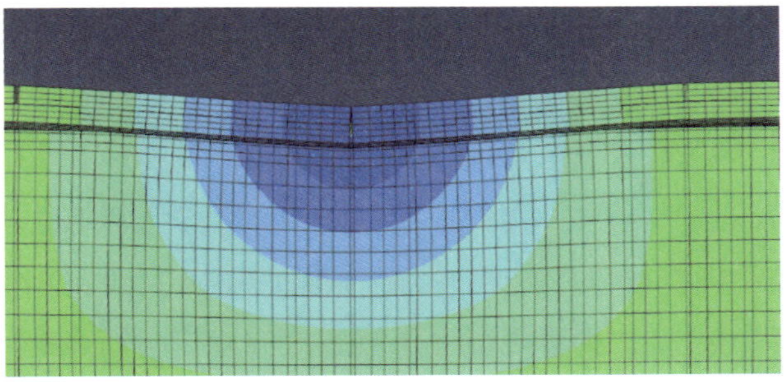

图 3-4　CRTSⅢ型板式无砟轨道结构整体及沥青混凝土防水封闭结构竖向变形

沥青混凝土防水封闭结构的竖向变形导致其层底受拉，沥青混凝土防水封闭结构层底的拉应变分布如图 3-5 所示。沿线路纵向沥青混凝土防水封闭结构层底拉伸应变在支承层伸缩缝位置达到最大，沿线路横向沥青混凝土防水封闭结构层底拉伸应变在支承层边缘位置达到最大。因此，重点关注支承层伸缩缝及边缘位置的受力变形情况。

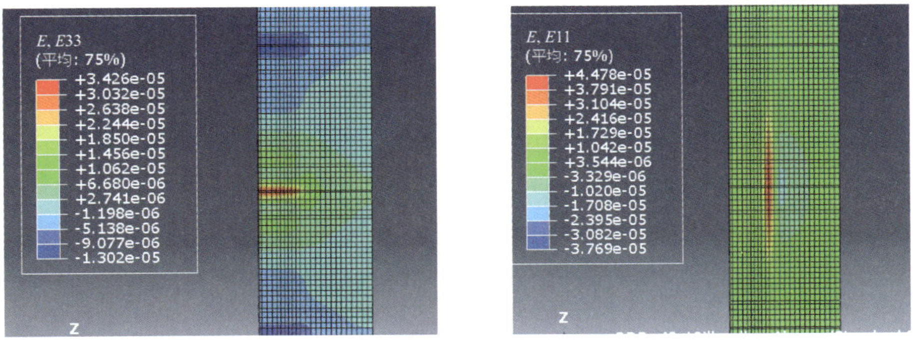

图 3-5　CRTSⅢ型板式无砟轨道沥青混凝土防水封闭结构层底拉伸应变分布

沥青混凝土防水封闭结构的 Mises 应力分布如图 3-6 所示。沥青混凝土防水封闭结构的 Mises 应力在支承层纵向边缘及伸缩缝位置处达到最大，约为 2.27 MPa。沥青混凝土的弯拉强度通常不小于 8.00 MPa，所以沥青混凝土防水封闭结构不存在一次性开裂的风险，主要以列车荷载作用下的疲劳损伤为主，当损伤累积到一定程度超过某一限值后，沥青混凝土防水封闭结构可能会发生疲劳开裂。

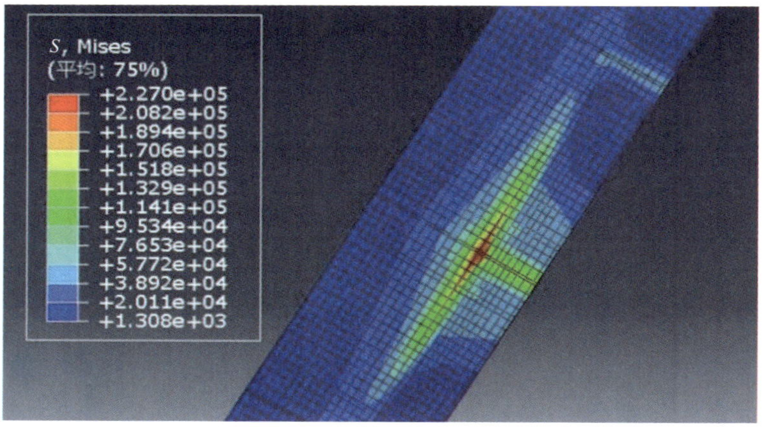

图 3-6　CRTSⅢ型板式无砟轨道沥青混凝土防水封闭结构层底 Mises 应力分布

在沥青混凝土结构进行疲劳开裂评价或者预测过程中，通常采用沥青混凝土层层底拉伸应变作为主要计算参数，加之沥青混凝土层层底拉伸应变与沥青混凝土防水封闭结构的厚度、模量等关系密切。通过改变沥青混凝土防水封闭结构的厚度和模量，计算得到沥青混凝土防水封闭结构层底拉伸应变，分析沥青混凝土防水封闭结构厚度及模量对其受力的影响规律。计算结果如图 3-7 所示。

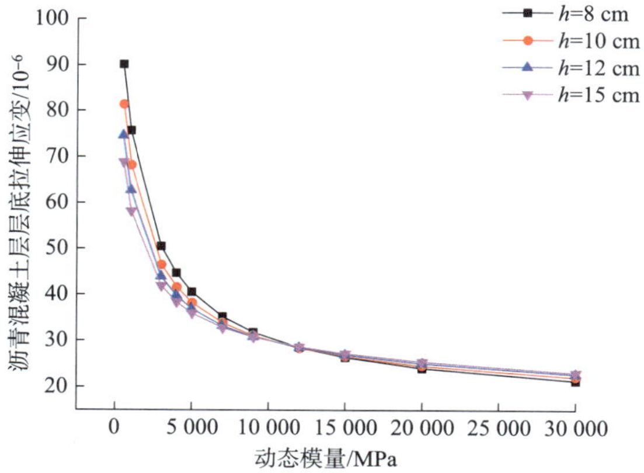

图 3-7　CRTSⅢ型板式无砟轨道不同厚度及模量下沥青混凝土层层底拉伸应变

当沥青混凝土防水封闭结构厚度相同时，随着沥青混凝土弹性模量的增加，其层底拉伸应变逐渐减小，这主要是由于沥青混凝土弹性模量增加导致其抵抗变形能力增强，使其层底拉伸应变对应减小，在弹性模量处于较低范围时(弹性模量小于 8 000 MPa)此规律更加明显；当沥青混凝土防水封闭结构弹性模量相同时，随着沥青混凝土防水封闭结构厚度的增加，沥青混凝土层层底纵向应变逐渐较小，在较低厚度时(8 cm 和 10 cm)此规律更加明显，当沥青混凝土的弹性模量处于较高范围时，调整沥青混凝土防水封闭结构的厚度对其层底拉应变的影响较小。由上述分析可知，为避免沥青混凝土防水封闭结构发生疲劳开裂，可通过增大沥青混凝土防水封闭结构厚度或提高沥青混凝土材料弹性模量等方式实现。

CRTSⅡ型板式无砟轨道沥青混凝土防水封闭结构层底的拉伸应变分布与 CRTSⅢ型板式无砟轨道沥青混凝土防水封闭结构存在明显不同，其沥青混凝土防水封闭结构层底拉伸应变分布和 Mises 应力分别如图 3-8 和图 3-9 所示。

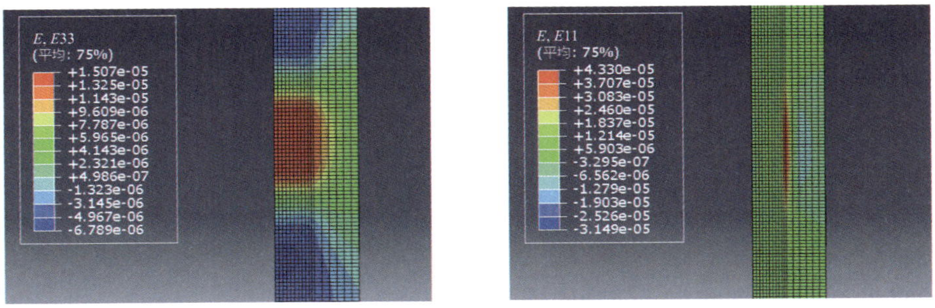

图 3-8　CRTSⅡ型板式无砟轨道沥青混凝土防水封闭结构层底拉伸应变分布

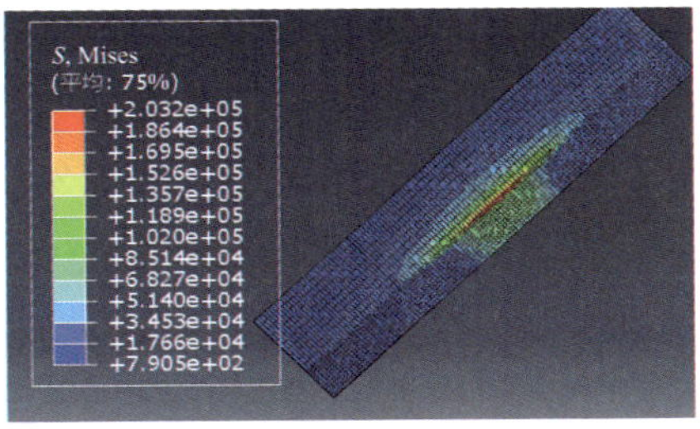

图 3-9　CRTSⅡ型板式无砟轨道沥青混凝土防水封闭结构层底 Mises 应力分布

与 CRTSⅢ型板式无砟轨道沥青混凝土防水封闭结构层底拉伸应变相比，CRTSⅡ型板式无砟轨道沥青混凝土防水封闭结构层底拉伸应变幅值较小且分布更加均匀，这主要是因为CRTSⅡ型板式无砟轨道支承层设置的为假缝，未完全断开，不存在明显的应力集中情况。CRTSⅡ型板式无砟轨道沥青混凝土防水封闭结构的 Mises 应力在支承层纵向边缘达到最大，Mises 应力的最大值约为 0.203 MPa，其量值比 CRTSⅢ型板式无砟轨道小，从破坏模式角度分析，同样以沥青混凝土防水封闭结构的疲劳开裂为主。

为计算不同沥青混凝土防水封闭结构厚度和模量条件下的层底拉伸应变，开展沥青混凝土防水封闭结构变厚度变模量的多工况计算，分析 CRTSⅡ型板式无砟轨道下沥青混凝土防水封闭结构的受力变形特性，计算结果如图 3-10 所示。

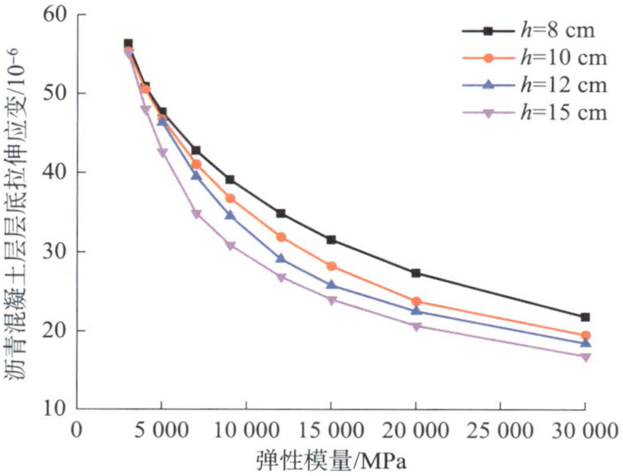

图 3-10　不同厚度及模量下 CRTSⅡ型板式无砟轨道结构沥青混凝土防水封闭结构层层底拉应变

3. 有砟轨道-沥青混凝土防水封闭结构-路基有限元模型

根据有砟轨道结构组成及沥青混凝土防水封闭结构的应用形式，在有砟轨道道砟层与基床表层之间设置沥青混凝土防水封闭结构。有砟轨道-沥青混凝土防水封闭结构-路基有限元模型由上至下分别为：钢轨、扣件、轨枕、道砟、沥青混凝土防水封闭结构、基床、土基等。钢轨采用实体单元模拟，也可采用梁单元模拟。轨枕、道砟、沥青混凝土防水封闭结构、基床、土基等结构层采用 C3D8R 六面体八节点减缩积分实体单元。

模型采用Ⅲ型无挡肩混凝土枕。道砟宽度 3.6 m，厚度 0.35 m，坡度 1∶1.75。沥青混凝土防水封闭结构厚度为变量，依次为 6 cm、8 cm、10 cm、12 cm、15 cm，对应基床表层为变量，分别取 64 cm、62 cm、60 cm、58 cm、55 cm，即沥青混凝土防水封闭结构等厚度替代基床表层。基床底层取 2.3 m、土基取 2.0 m。模型断面如图 3-11 所示。

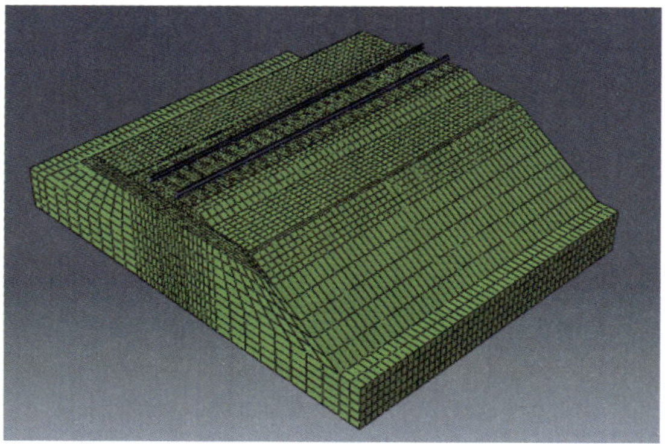

图 3-11　有砟轨道模型

边界条件应考虑尽量接近现实状态。底面为固定，纵向为对称约束。以沥青混凝土防水封闭结构厚 10 cm、沥青混凝土弹性模量 4 000 MPa 为标准模型进行力学特性分析，同时开展变参数分析，主要通过改变沥青混凝土的设计厚度，厚度变化范围为 8 cm、10 cm、12 cm、15 cm，沥青混凝土的模量变化范围为 500～30 000 MPa。有砟轨道各结构层材料参数见表 3-6。

表 3-6　有砟轨道各结构层材料参数

材料类型	密度/(kg · m^{-3})	弹性模量/MPa	泊松比
钢轨	7 800	206 000	0. 3
轨枕	2 700	35 000	0. 2
道砟	2 200	150	0. 26
沥青混凝土	2 400	—	0. 25
基床表层	2 150	350	0. 3
基床底层	1 900	260	0. 3
土基	1 800	180	0. 34

4. 计算结果讨论与分析

有砟轨道沥青混凝土防水封闭结构的整体位移如图 3-12 所示，沥青混凝土防水封闭结构竖向变形的纵横向分布如图 3-13 所示。

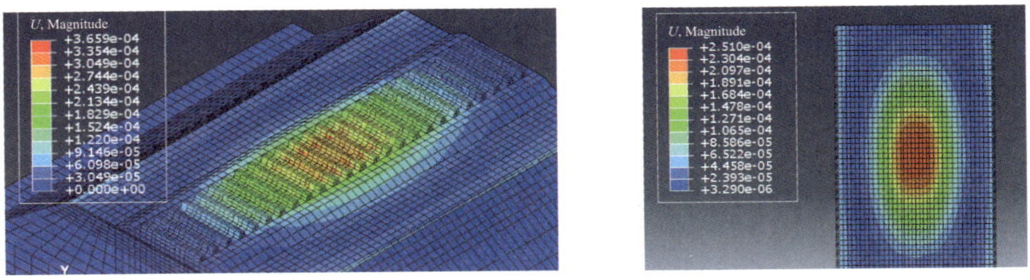

图 3-12　有砟轨道结构整体及沥青混凝土防水封闭结构竖向变形

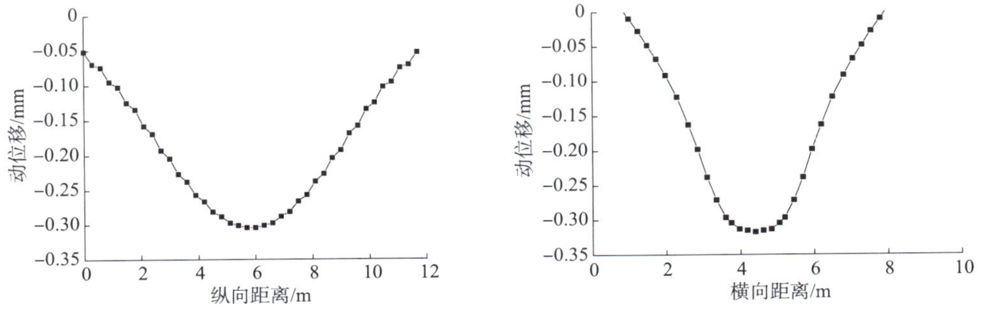

图 3-13　有砟轨道沥青混凝土防水封闭结构动位移纵横向分布

由图 3-12 和图 3-13 可知，列车荷载作用下沥青混凝土防水封闭结构的动位移沿线路纵向在两个轮对的中心位置达到最大值，沿线路横向沥青混凝土防水封闭结构的动位移同样在两个轮对的中心对应位置达到最大值，且有砟轨道沥青混凝土防水封闭结构的动位移横纵向分布均匀，动位移最大值为 0.304 mm。

沥青混凝土防水封闭结构层底拉应变分布如图 3-14 所示。沥青混凝土防水封闭结构层底纵向应变分布较为均匀，以受拉为主，且量值较小；横向应变同样以受拉为主，量值大于纵向拉应变，其拉伸应变量值约为 19.11 $\mu\varepsilon$，并在荷载作用位置即对应轨下位置有小幅增加。

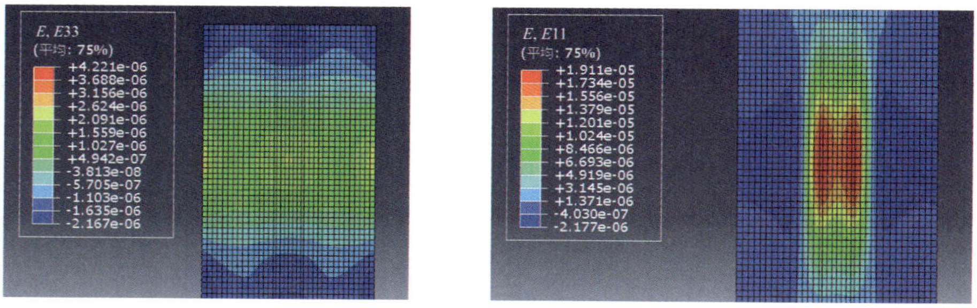

图 3-14　有砟轨道沥青混凝土防水封闭结构层底拉应变

有砟轨道沥青混凝土防水封闭结构的动应力纵横向分布如图 3-15 所示。有砟轨道沥青混凝土防水封闭结构动应力沿线路纵向在两个轮对中心位置达到最大，其峰值为 24.215 kPa；在沿线路横向方面，由于道砟层为均匀的弹性结构且宽度较宽，沥青混凝土防水封闭结构的动应力在轨下对应位置达到最大值，未出现无砟轨道结构体系中在轨道结构边缘（即支承层边缘）发生突变的现象。

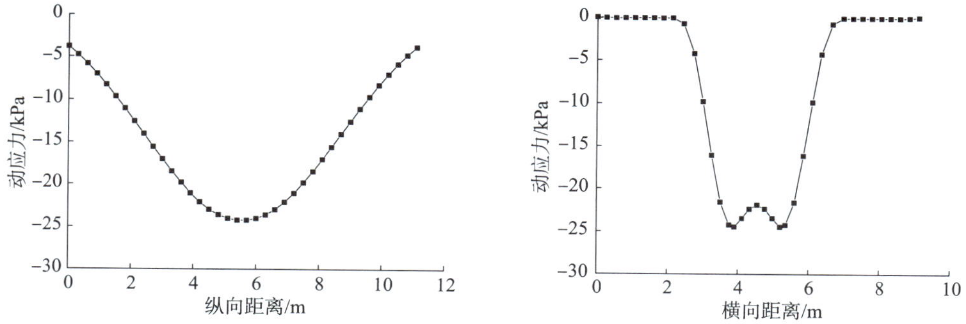

图 3-15　有砟轨道沥青混凝土防水封闭结构竖向应力纵横向分布

开展有砟轨道下沥青混凝土防水封闭结构变厚度变模量的多工况计算，分析有砟轨道下沥青混凝土防水封闭结构的受力变形特性，计算结果如图 3-16 所示。

有砟轨道沥青混凝土防水封闭结构在不同厚度及弹性模量的条件下与无砟轨道结构体系的变化规律一致，其层底拉伸应变水平略小于无砟轨道结构体系中的拉伸应变，整体变化规律仍呈现，随着沥青混凝土防水封闭结构厚度或弹性模量的增加，沥青混凝土防水封闭结构的层底拉伸应变逐渐减小。若要避免沥青混凝土防水封闭结构发生疲劳损伤破坏，仍可采用增大沥青混凝土防水封闭结构厚度和提高沥青混凝土弹性模量的方式。

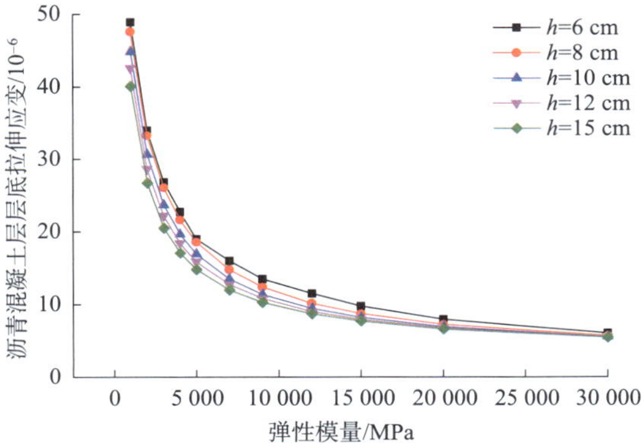

图 3-16　不同厚度及模量下有砟轨道沥青混凝土防水封闭结构层层底拉应变

3.1.2　现场激振试验

1. 试验方案

对京张高速铁路沥青混凝土防水封闭结构工程试验段进行原位激振试验，模拟列车荷载作用下不同位置沥青混凝土防水封闭结构的弯拉特性，重点关注支承层/底座边缘处和结构缝位置的弯拉情况，掌握列车动荷载作用下沥青混凝土防水封闭结构弯拉应变发展规律，分析该结构的振动特性和动力稳定性，研究沥青混凝土防水封闭结构的疲劳寿命问题，以期为高速铁路沥青混凝土防水封闭结构的设计提供借鉴。

激振设备采用 SBZ30 型动载试验机，如图 3-17 所示。供电电源为 380 V 三项交流电。通过调节变频器的频率，控制动载试验机的振动频率，调节动载试验机侧边的对位齿轮能够改变振动偏心块的力矩，由振动频率与振动力矩的配合调整能够得取设计要求的激振力。

图 3-17　SBZ30 型激振机

激振位置选择底座板中心(位置 1)和结构缝位置(位置 2)处。位置 1、2 均位于靠近路肩一侧,如图 3-18 所示。

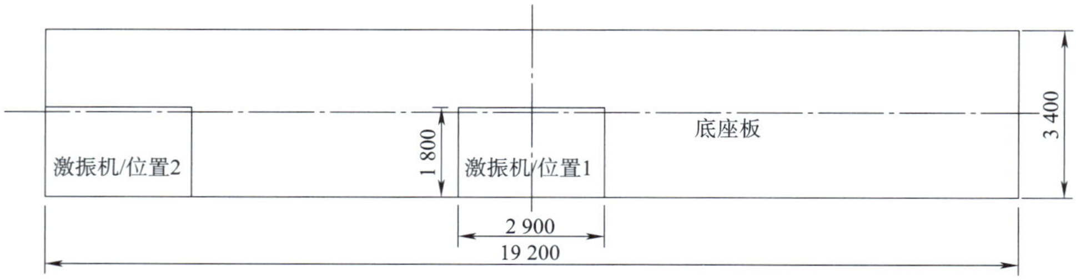

图 3-18　激振机位置示意(单位:mm)

在底座板区域内采用大直径切割机对沥青混凝土进行切割,切割尺寸 4 m×1.5 m,在底座中心正对激振机取一块,底座板边缘处对应再取一块,具体位置如图 3-19 所示,为后续传感器布设提供基础。

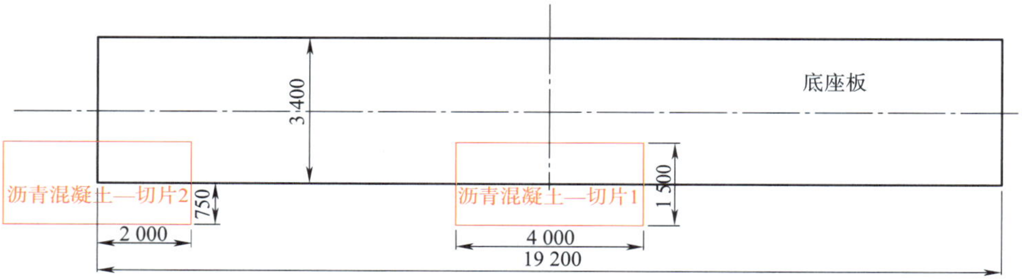

图 3-19　沥青混凝土切割位置示意(单位:mm)

1 号、2 号传感器布置如图 3-20 和图 3-21 所示。试验采用土压力计、应变计、应变片、温度计、裂缝计等传感器,传感器具体信息及参数见表 3-7。

表 3-7　传感器基本参数汇总表

序号	型　　号	量　　程	精度	功　　能	数量	备注
1	BGK-4000 振弦式表面应变计	3 000 με	3 με	长期静态应变监测	9	带测温
2	BGK-FBG-4000 型光纤光栅表面应变计	±1 500 με	15 με	动态应变监测	20	带测温
3	BGK-FBG4200T 型光纤光栅埋入式应变计	±1 500 με	15 με	累积变形监测	8	带测温
4	BX120-100AA 电阻式应变片 BHF 系列	15 000 με	3 με	静、动态应变监测	100	
5	BGK-FBG-4800T 型光纤光栅式土压力计	0.35 MPa	3.5 kPa	土压力监测	2	带测温
7	BGK-4420 型振弦式表面裂缝计	50 mm	0.1 mm	变形监测	4	带测温
8	BGK-3700 型温度计	−30～+70 ℃	0.1 ℃	温度监测	8	

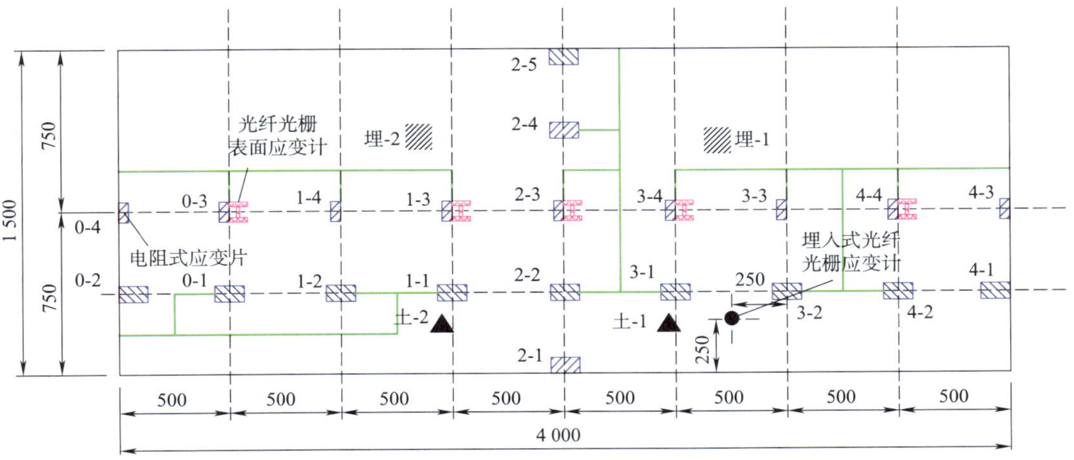

图 3-20　1 号传感器布置(单位:mm)

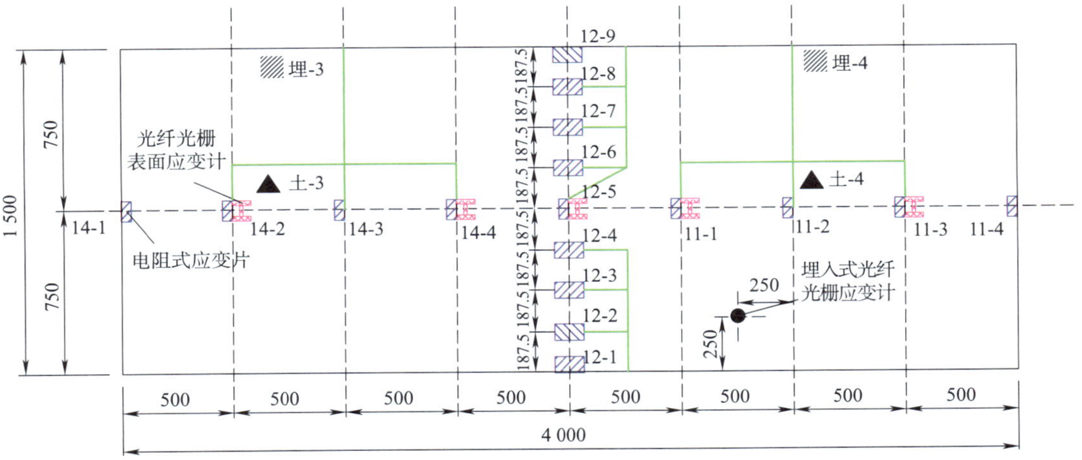

图 3-21　2 号传感器布置(单位:mm)

2. 试验结果

不同荷载水平下激振试验结果见表 3-8 和表 3-9,沥青混凝土应变分布如图 3-22 和图 3-23 所示。沥青混凝土防水封闭结构在荷载施加点处应变较大,在底座板边缘处有明显应力集中。在沿轨道纵向方向两侧应变逐渐减小,在底座板外侧应变很小;沥青混凝土防水封闭结构沿轨道纵向在结构缝处会有较大突变,两侧逐渐减小;沥青混凝土防水封闭结构沿垂直轨道方向,底座板边缘处应变最大,两侧逐渐减小,其中路肩处应变几乎为零。

表 3-8　底座中心位置不同荷载水平下激振试验结果

荷载水平	土压力水平/kPa	平均应变水平/με	最大应变水平/με
1 级	6.2	9.8	12.8
2 级	10.4	15.7	20.3

表 3-9　结构缝位置不同荷载水平下激振试验结果

荷载水平	土压力水平/kPa	平均应变水平/με	最大应变水平/με
1 级	7.3	10.1	13.7
2 级	13.4	18.9	25.5

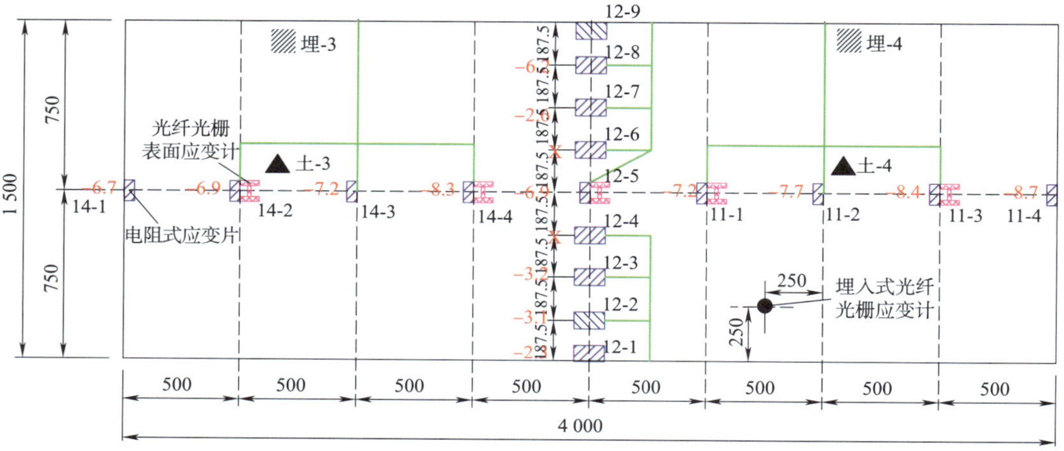

(a)结构缝位置

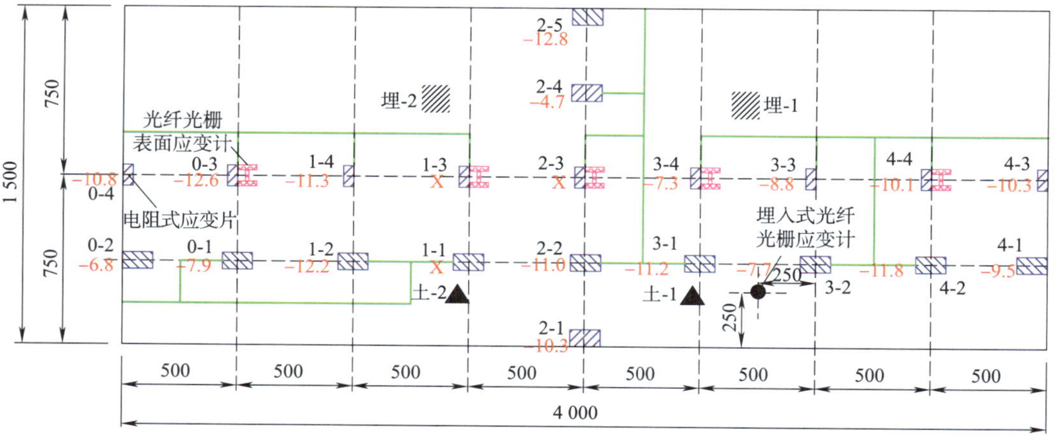

(b)底座板中心位置

图 3-22　板中位置一级荷载激振下沥青混凝土应变分布(X 代表通道损坏，下同)(单位:mm)

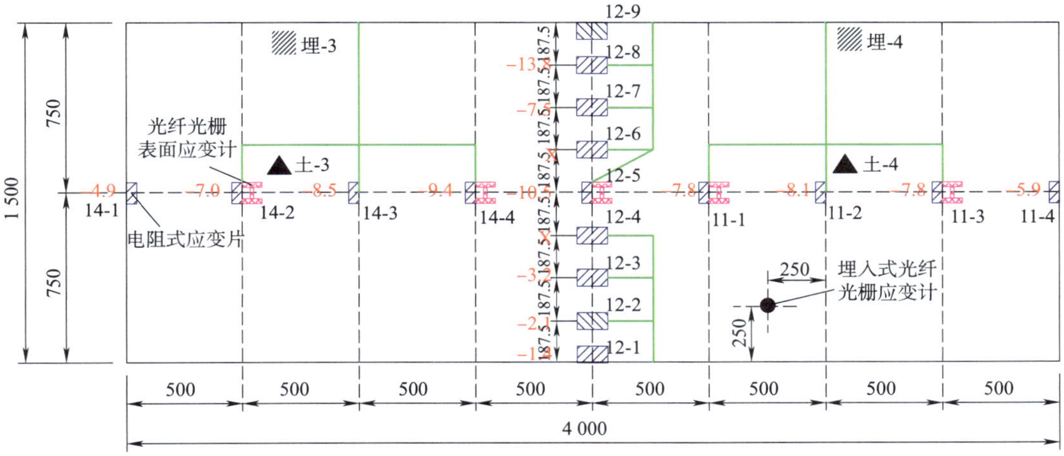

(a)结构缝位置

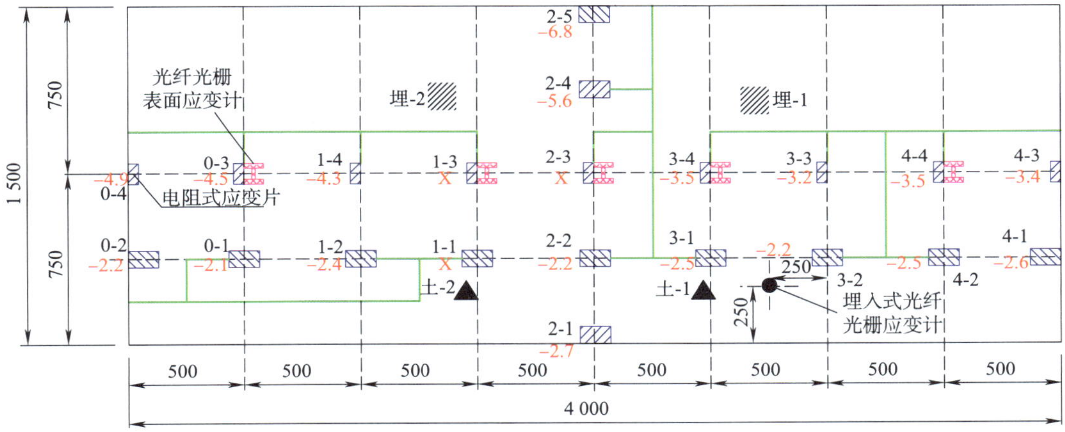

(b)底座板中心位置

图 3-23　结构缝位置一级荷载激振下沥青混凝土应变分布(单位:mm)

板中心、结构缝位置沥青层弯拉应变随激振作用次数变化关系如图 3-24 和图 3-25 所示。一级荷载作用下板中心处沥青混凝土防水封闭结构的弯拉应变最大值为 20 με 左右,结构缝处的弯拉应变最大值为 26 με 左右;二级荷载作用下板中心处沥青混凝土防水封闭结构的弯拉应变最大值为 19 με 左右,结构缝处的弯拉应变最大值为 25 με 左右。总体来说,荷载作用下沥青混凝土应变在 8~25 με,处于较低的应变水平。

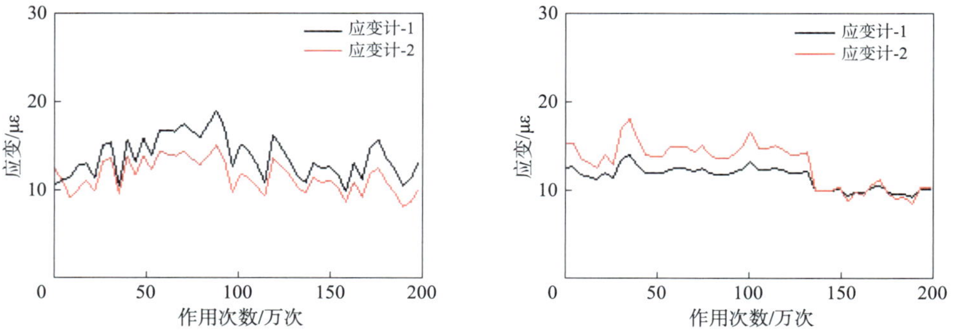

(a)一级荷载作用　　(b)二级荷载作用

图 3-24　沥青混凝土层弯拉应变随激振作用次数变化关系(板中心位置)

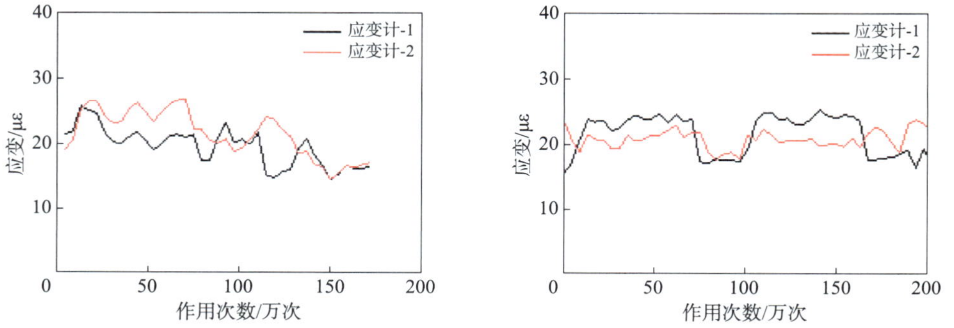

(a)一级荷载作用　　(b)二级荷载作用

图 3-25　沥青混凝土层弯拉应变随激振作用次数变化关系(结构缝位置)

3.2　温度荷载作用下沥青混凝土结构受力变形特性

3.2.1　仿真计算

1. 沥青混凝土黏弹特性表征

当进行温度荷载作用下沥青混凝土防水封闭结构服役行为分析时,沥青混凝土材料采用黏弹性模型,沥青混凝土常用的黏弹性模型通常由弹簧、黏壶等基本元件通过串联或并联的形式组成,并根据力学原理建立表征材料应力、应变、时间三者关系的本构方程来反映材料的线性黏弹性性质。目前常用的黏弹性本构模型主要有麦克斯韦尔(Maxwell)模型、开尔文(Kelvin)模型、Zener 模型和伯格斯(Burgers)模型等,如图 3-26 所示。

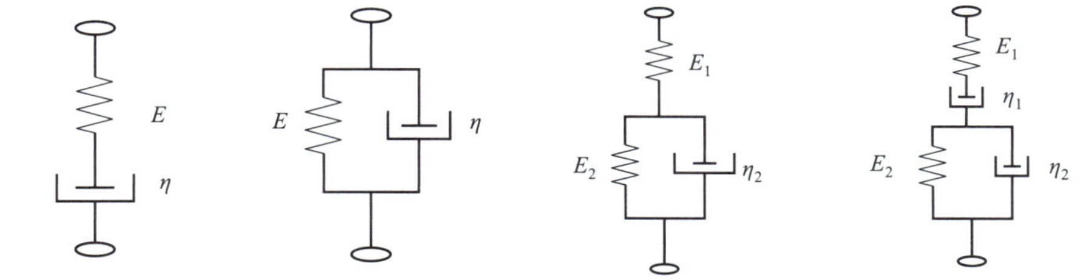

(a)Maxwell 模型　(b)Kelvin 模型　(c)Zener 模型　(d)Burgers 模型

图 3-26　常用黏弹性模型

ABAQUS 有限元软件里采用的模型为广义 Prony 模型，需将应力松弛试验数据用 Prony 级数进行拟合。广义的 Prony 级数与广义 Maxwell 有相同的数学描述为

$$E(t)=E_{\infty}+\sum_{i=1}^{N}E_i\exp\left(-\frac{t}{\tau_i}\right) \tag{3-1}$$

式中　$E(t)$——松弛模量函数；

E_{∞}——平衡模量；

E_i——单个 Maxwell 子模型弹性模量；

τ_i——单个 Maxwell 子模型松弛时间；

t——时间；

i——级数。

故本文采用 ABAQUS 软件中的 Prony 级数模型对沥青混凝土防水封闭结构进行力学计算，具体沥青混凝土黏弹参数见表 3-10，由现场试验段取芯经室内试验确定。

表 3-10　沥青混凝土黏弹性参数

级数	E_i/MPa	τ_i/s	级数	E_i/MPa	τ_i/s
$i=\infty$	35.098 559 28	—	$i=6$	3 475.380 656	0.1
$i=1$	3 477.788 856	0.000 001	$i=7$	1 891.566 885	1
$i=2$	4 117.620 532	0.000 01	$i=8$	563.379 153 9	10
$i=3$	5 580.073 433	0.000 1	$i=9$	305.135 935	100
$i=4$	4 811.598 45	0.001	$i=10$	12.439 389	1 000
$i=5$	4 632.210 76	0.01	$i=11$	184.323 554 8	10 000

2. 层间内聚力模型

支承层和沥青混凝土防水封闭结构的层间相互作用采用基于表面的内聚力模型模拟，采用双折线本构关系，如图 3-27 所示。内聚力参数依据现场室内界面强度试验及足尺推板试验结果进行调整。切向接触刚度 $k_{ss}=2.8\times10^7$ Pa/m。界面的法向接触刚度值参考轨道板和 CA 砂浆的法向接触刚度，$k_{nn}=7\times10^{11}$ Pa/m。轨道板、CA 砂浆及支承层之间采用绑定约束。

3. 温度荷载

通过整体降温、温度梯度、温度循环作用揭示沥青混凝土防水封闭结构的受力变形特性。

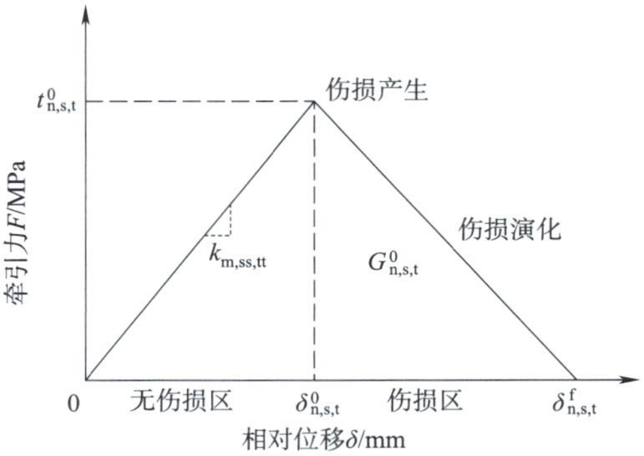

图 3-27 双折线内聚力模型本构

无砟轨道结构上层轨道板在高温时表面温度较气温高，低温时表面温度与气温基本相同。根据相关研究，轨道板上表面和底面最高温度均较当地最高气温高。因此可将自密实混凝土层的温度变化等同于气温的变化。自密实混凝土层处于轨道板和底座板中间，近似为轨道结构横断面的中心位置，因此可将其温度变化等同于轨道结构整体的温度变化。所以轨道结构的整体温度变化主要参考外界的气温变化。如前文所述沥青混凝土的黏弹性特性使其在承受温度荷载时，不仅要考虑幅值大小，还要考虑时间效应，短时间的温度效应往往更为不利。结合我国华北地区的日温差值，降温幅度取为 20 ℃，降温时间均取为 10 h（每日明显的降温阶段）。考虑到低温条件下沥青混凝土的受力更为不利，参考华北地区的冬季气温值，整体降温荷载施加为 0～－20 ℃，降温阶段轨道结构整体温度线性变化。

温度梯度的取值结合《高速铁路设计规范》，正温度梯度值取 90 ℃/m，负温度梯度取 45 ℃/m。计算时假设一天中轨道结构处于正负温度梯度的时间相同，即正负温度作用时间均取 12 h。

在考虑整体温度荷载时，对轨道板、自密实混凝土层（二者可称为复合板）、底座板及沥青混凝土层进行整体加载；在进行温度梯度荷载计算时，温度梯度施加在轨道板、自密实混凝土层以及路肩位置的沥青混凝土层上。

温度循环的计算为了更加符合实际情况，依据北京交通大学轨道结构试验场的长期温度监测数据进行，温度监测场地如图 3-28 所示。建立热传递模型，对轨道结构表面施加实测的温度值作为温度边界条件进行计算，实测温度曲线如图 3-29 和图 3-30 所示。

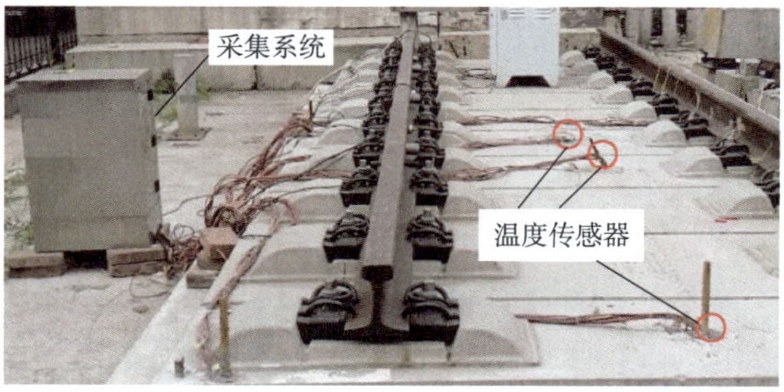

图 3-28 轨道结构温度监测场地

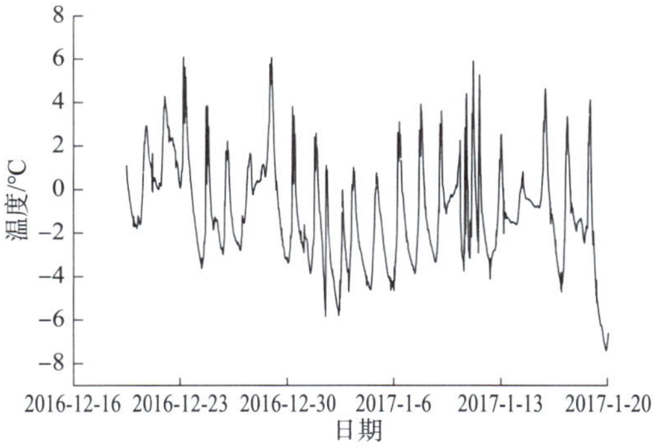

图 3-29　冬季温度变化曲线

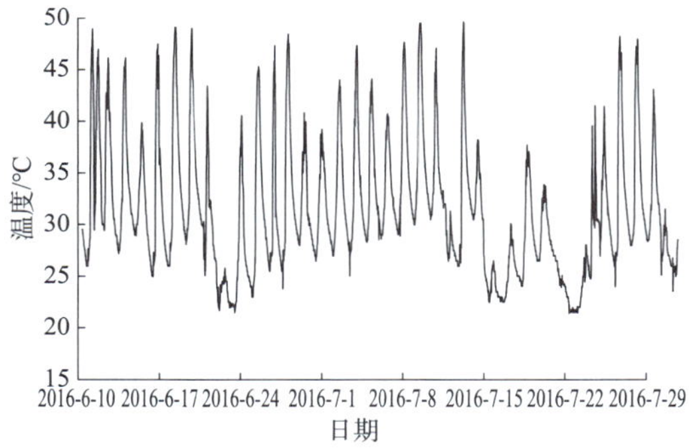

图 3-30　夏季温度变化曲线

4. 计算结果讨论与分析

(1)整体降温

以沥青混凝土层厚 10 cm 为例,对整体降温下轨道结构和沥青混凝土层中各相关指标进行分析。

降温作用下,沥青混凝土层收缩,横向约束较小,仅存在与底座板和基床表层的相互作用,故横向应力较小。沥青混凝土层纵向连续铺设,采用对称边界条件,纵向应力明显大于横向,纵向应力应变分布如图 3-31 所示。

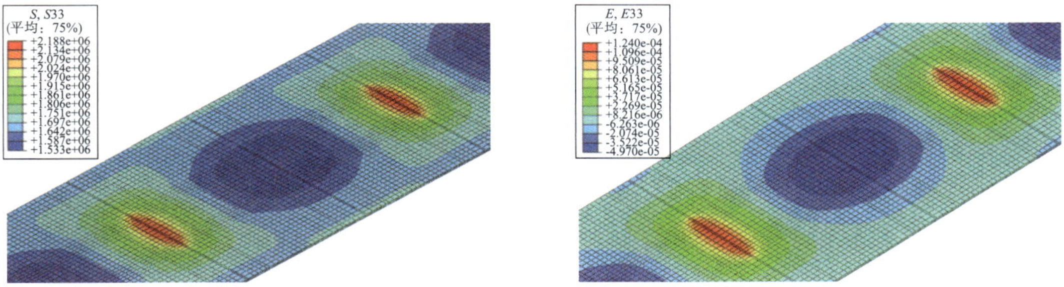

(a)沥青混凝土层纵向应力　　(b)沥青混凝土层纵向应变

图 3-31　沥青混凝土层应力应变分布

在整体降温作用下,沥青混凝土层的纵向应力应变均在底座板伸缩缝对应位置达到最大。根据计算结果,沥青混凝土层纵向应力均为拉应力。伸缩缝处拉应力达到 2.22 MPa,路肩位置应力约 1.70 MPa,底座板下方区域应力约 1.50 MPa;沥青混凝土层伸缩缝位置及附近路肩位置有较大的拉应变,而底座板下方及附近路肩区域为压应变,但压应变值小于伸缩缝位置的拉应变值,远离底座板的路肩位置纵向应变值较小。应力应变具体分布情况如图 3-32～图 3-36 所示。根据沥青混凝土层的应变分布,沥青混凝土层沿着纵向中心线至底座板中心位置是一个由拉向压的过渡过程,拉应力也是一个逐渐减小的过程。

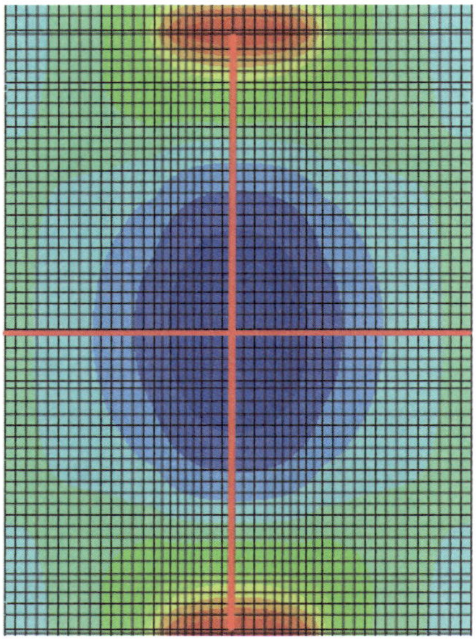

图 3-32　应力及应变提取路径

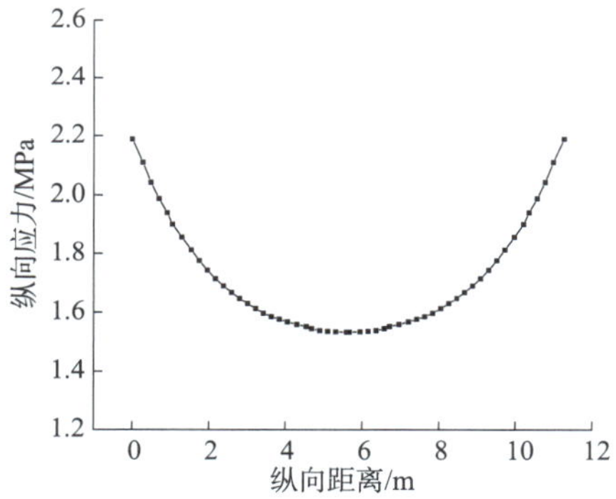

图 3-33　沥青混凝土层纵向应力分布

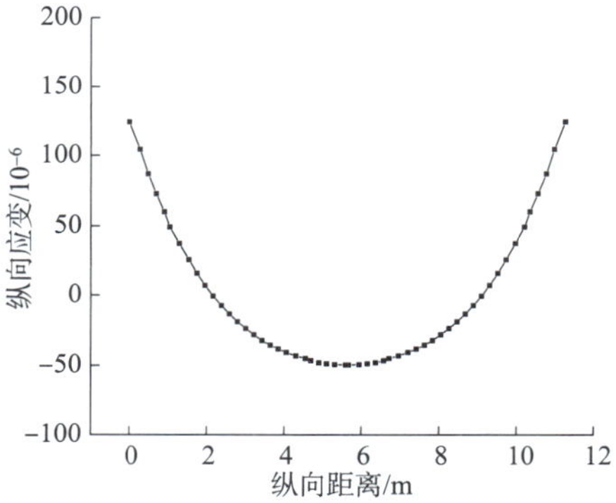

图 3-34　沥青混凝土层纵向应变分布

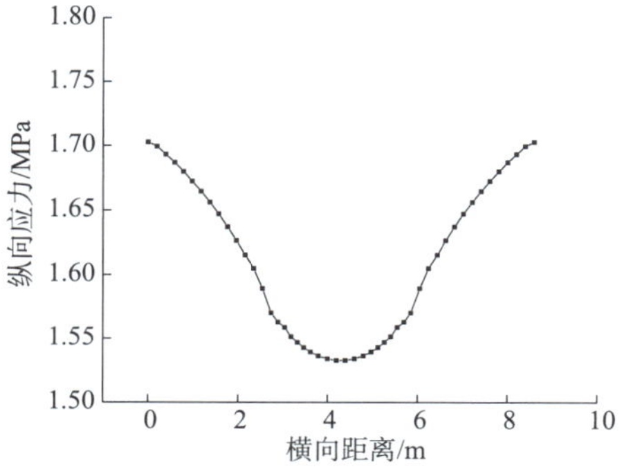

图 3-35　纵向应力横向分布

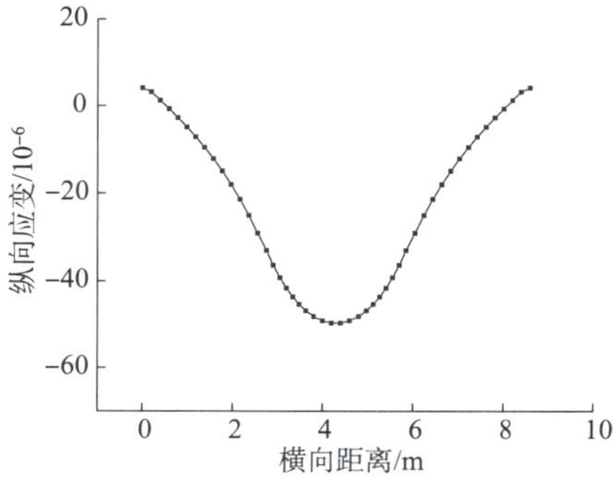

图 3-36　纵向应变横向分布

图3-37为底座板伸缩缝对应位置沥青混凝土层的各项应变结果，其中，CE为蠕变应变，THE为温度应变，EE为弹性应变，E为总应变。温度应变THE线性增加，增加的幅度为设定的沥青混凝土材料的热膨胀系数1.7×10^{-5}，这是因为模型中施加了线性变化的温度场。弹性应变EE随着温度的下降不断增大，且呈下凸状态，蠕变应变CE随着温度的下降增大，且呈上凸状态。应变变化充分体现了沥青混凝土的黏弹性特点，随着温度的下降弹性逐渐增强黏性逐渐减弱。总应变E等于各项应变的和，这也符合客观规律。

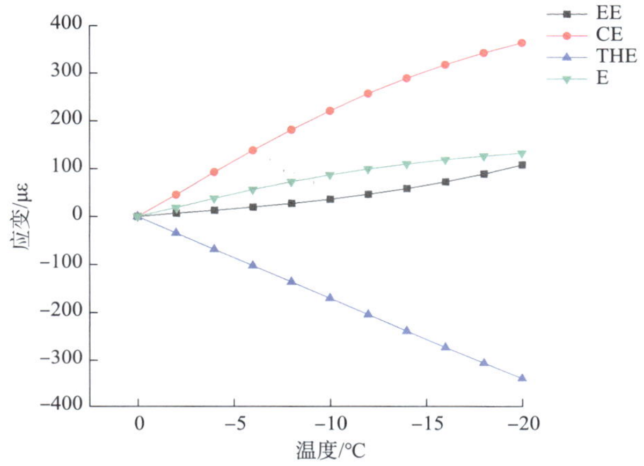

图3-37　沥青混凝土层底座板伸缩缝位置各项应变值

绘制底座板、沥青混凝土层二者的纵向位移及相对位移曲线，以伸缩缝位置为坐标原点，纵向距离取为5.66 m，即底座板长度的一半，结果如图3-38所示。底座板的位移在伸缩缝位置最大，沿纵向其位移逐渐减小，直至底座板中心时纵向位移接近0。沥青混凝土层各点位移均小于对应位置的底座板的位移。因此，二者存在相对位移。底座板中心位置相对位移接近0，两端边缘位置相对位移最大，相对位移分布如图3-39所示。虽然沥青混凝土的热膨胀系数大于水泥混凝土，但因底座板单元化，两端无约束可自由收缩，故底座板的纵向收缩位移大于沥青混凝土层，二者在底座板两端的相对位移也最大。

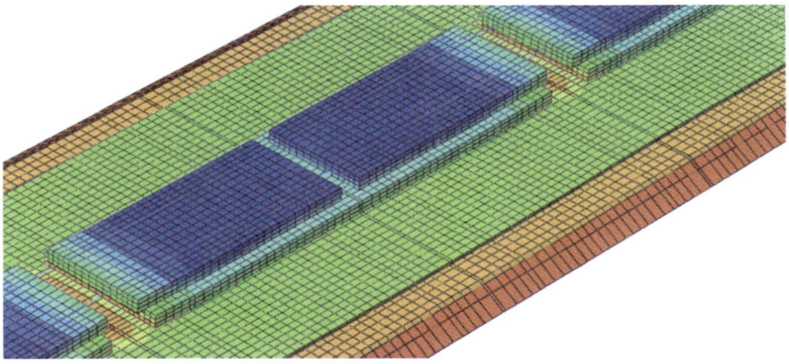

图3-38　整体变形

整体降温作用下轨道结构及沥青混凝土层的变形如图 3-40 所示，各结构层在降温作用下均发生收缩，各结构层的纵向位移均沿纵向对称分布。

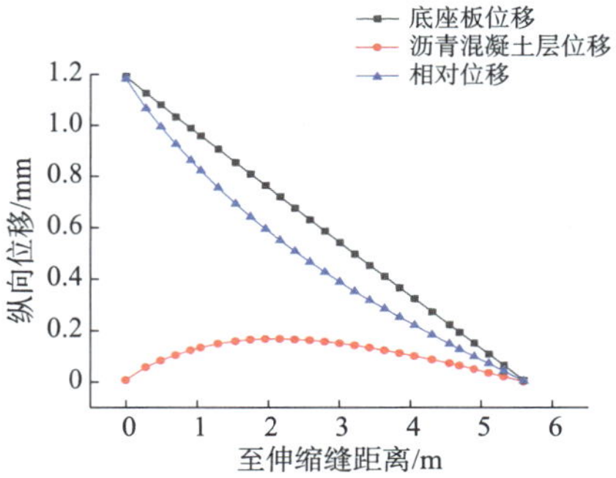

图 3-39　位移沿纵向分布

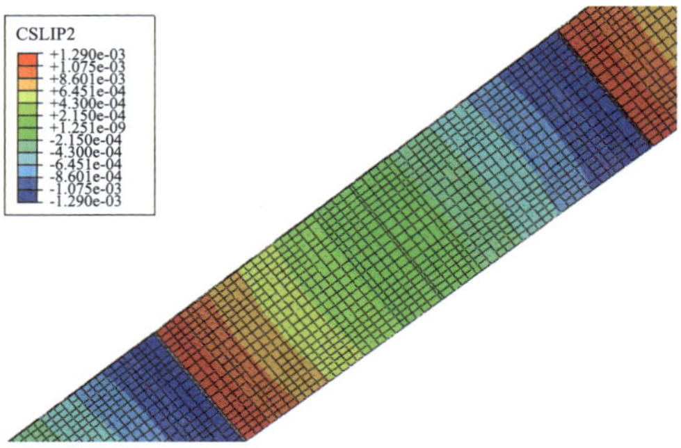

图 3-40　底座板与沥青混凝土层相对位移

根据无砟轨道下沥青混凝土层的应力应变分布以及各结构层的纵向位移分布，认为沥青混凝土层的受力变形与底座板在温度作用下的伸缩位移密切相关。底座板与沥青混凝土层通过内聚力相互黏结，当结构整体降温时，底座板的收缩牵引下部沥青混凝土层，其两端自由收缩位移最大，使得沥青混凝土层在伸缩缝位置拉应力最大，该位置为受力不利位置。对应底座板下方区域，底座板的收缩使得沥青混凝土层受压，但沥青混凝土在整体降温作用下产生拉应力，且大于底座板对其产生的压应力，最终压应力抵消后使得沥青混凝土层纵向应力状态仍为受拉，其量值较伸缩缝位置小甚至小于路肩位置。对于沥青混凝土层的应变亦是如此，底座板的收缩使得其下方区域的沥青混凝土层拉应变逐渐减小直至变为受压，而伸缩缝位置的沥青混凝土层受拉。整个过程沥青混凝土层的受力示意如图 3-41 所示。

图 3-41　受力示意

(2)温度梯度

以负温度梯度为例，分析各结构层应力、应变与位移分布。

负温度梯度工况下轨道结构的整体变形如图 3-42 所示，复合板在负温度梯度作用下呈现出下凹的状态。提取 Mises 应力和最大主应变来反映沥青混凝土层的受力特性，其应力应变分布如图 3-43 所示。

沥青混凝土层应力应变分布主要和上部轨道板的变形有关。轨道板下凹，四角向上，通过底座板传至沥青混凝土层。中间部分下凹使得沥青混凝土层受力较大，压应变也较大，底座板四角处的上翘使得沥青混凝土层受力较小，故其应变值也较小。

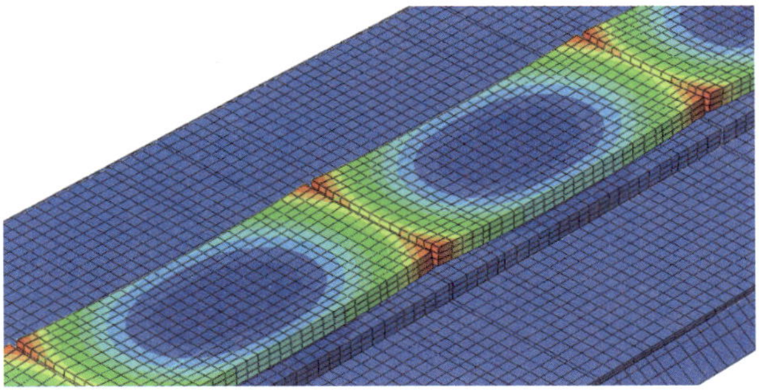

图 3-42　整体变形情况

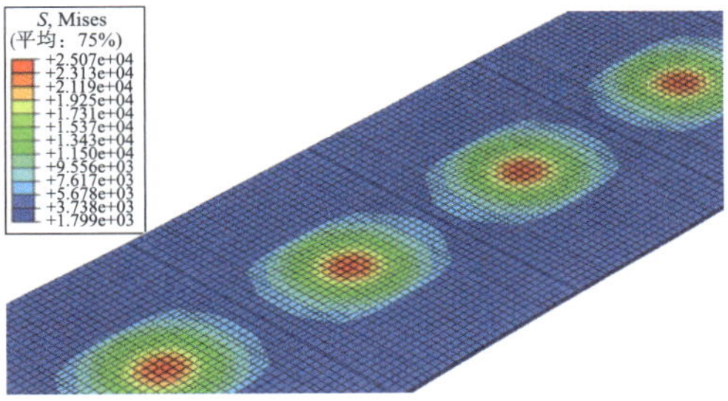

(a)沥青混凝土层应力分布

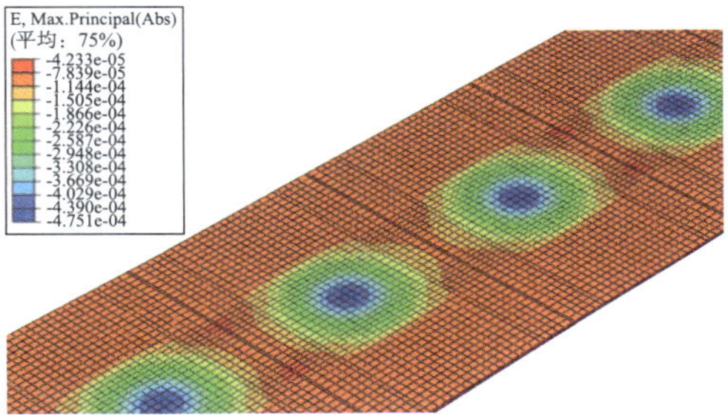

(b)沥青混凝土层应变分布

图 3-43　沥青混凝土层应力应变分布

各结构层层底垂向位移纵向分布如图 3-44 所示，垂向位移横向分布如图 3-45 所示。

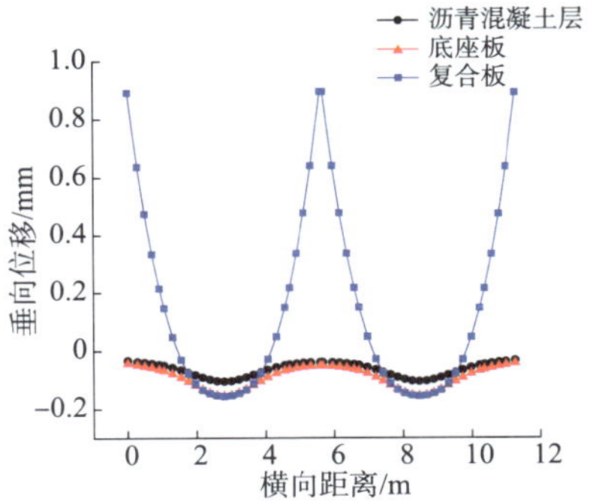

图 3-44　各结构层位移纵向分布

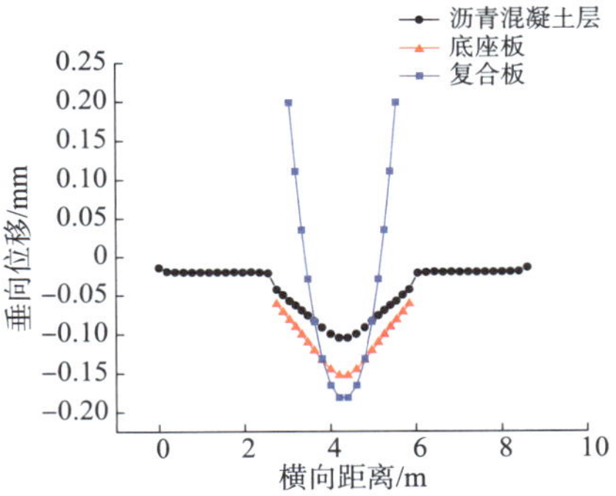

图 3-45　各结构层位移横向分布

在负温度梯度作用下，轨道结构各层的垂向位移差距较大。复合板在负温度梯度下的下凹变形较为明显，而该变形传至底座板及沥青混凝土层后逐渐衰减，但其变化趋势仍然和复合板一致。各结构层的位移横向分布也存在上述现象。根据各结构层的垂向位移，可以发现沥青混凝土层受到底座板边缘的侧向剪切作用。提取底座板边缘位置沥青混凝土层剪应变，如图 3-46 所示。正温度梯度下其受到的剪切作用明显较负温度梯度大，这因为正温度梯度下底座板两侧自由端的垂向位移更大。

(3)温度循环

温度循环工况采用顺序耦合的热力分析方法，即在应力计算前先进行单纯的传热分析，然后将得到的温度场作用于轨道结构上。对周期性的低温温度场进行应力计算，经过试算，温度场加载时间定为 5 天。

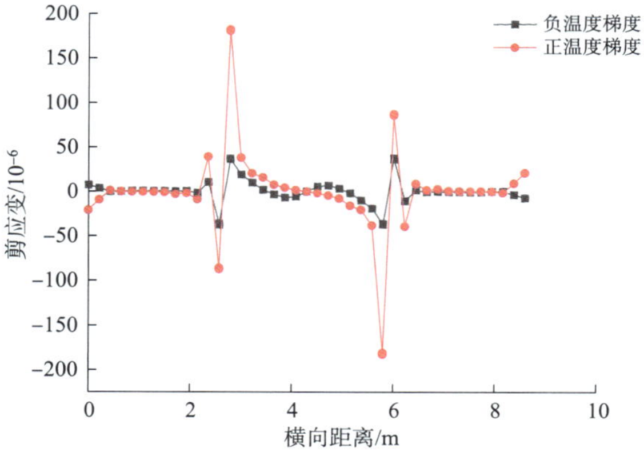

图 3-46 温度梯度下剪应力分布

低温循环下沥青混凝土层的应力应变分布如图 3-47 所示，同整体降温作用下沥青混凝土层的应力应变分布一致，故其应力应变沿纵横向的分布也如前所述，所以本节不再从空间角度进行分析。因为是温度循环工况，温度荷载作用时间较长，主要研究应力应变随时间变化的情况，分别选取路肩位置和底座板伸缩缝对应位置的沥青混凝土层进行应力应变分析。

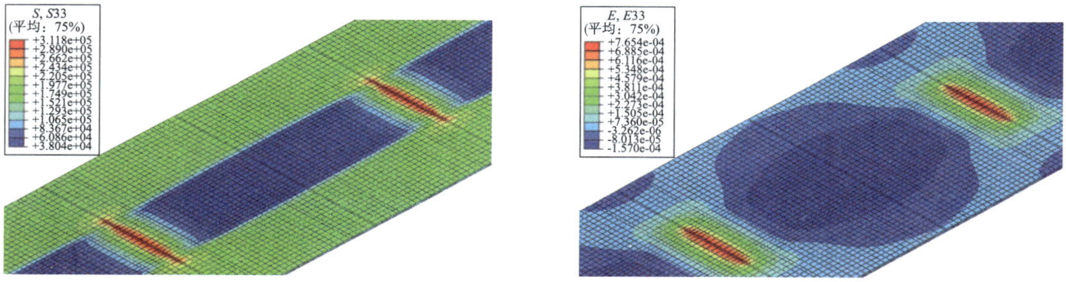

(a)沥青混凝土层应力分布

(b)沥青混凝土层应变分布

图 3-47 沥青混凝土层应力应变分布

路肩位置沥青混凝土层在低温循环作用下的应力变化情况如图 3-48 所示。初始0 时刻施加较大的温度荷载，因此其出现较大的温度应力，这是短时间的温度应力无法松弛造成的。随着时间的增加，沥青混凝土层的应力得到松弛逐渐回归至平稳状态，出现周期性的变化。实际工程中沥青混凝土层的温度应力应该是经过长时间松弛后的结果，所以选取后期稳定状态下的应力结果进行分

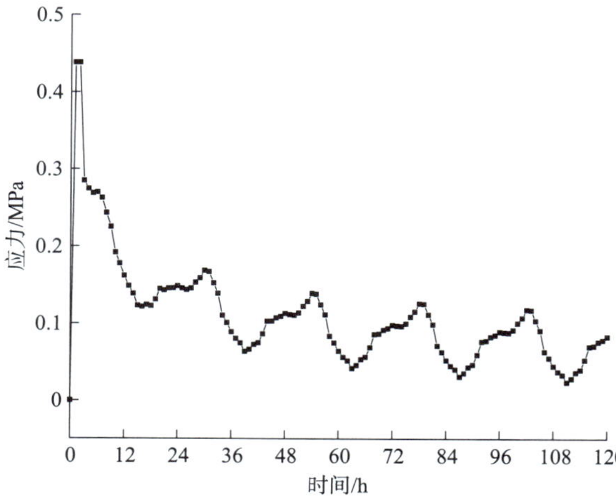

图 3-48 路肩位置沥青混凝土层应力随时间变化

析。本文选择最后两天(73～120 h)循环温度场计算的温度应力反映沥青混凝土层的实际受力状态。

路肩位置沥青混凝土层的受力几乎不受底座板的影响,只受到温度荷载的影响,其应力值小于沥青混凝土层的抗拉强度。根据沥青混凝土层的温度变化,也可发现沥青混凝土层的应力变化同温度变化一致,如图 3-49 所示。

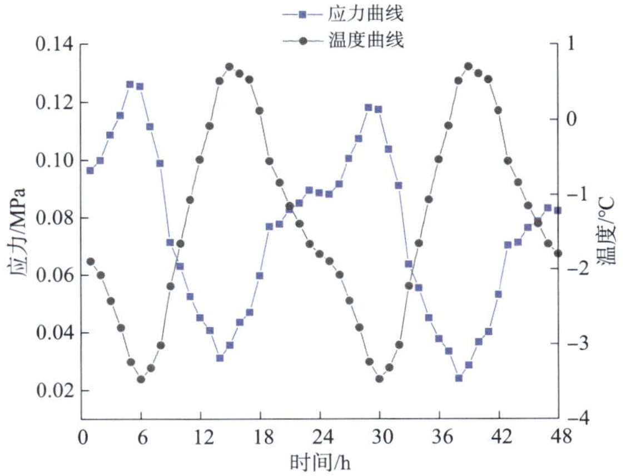

图 3-49　沥青混凝土层应力及温度变化曲线

同路肩位置一样,底座板伸缩缝对应位置沥青混凝土层的应力在初始时间点变化很大后逐渐趋于平稳,但该位置的应力大于路肩位置,如图 3-50 所示。图 3-51 为沥青混凝土层最后两天的应力计算结果,此位置沥青混凝土层的纵向应力在 0.4 MPa左右,小于沥青混凝土材料的抗拉强度,故不存在一次性开裂的风险。应力的日变化幅度为 0.06 MPa,接近路肩位置沥青混凝土层的应力日变化,但底座板位置下的沥青混凝土层几乎不受外界温度变化的影响,所以其应力的变化并非像路肩位置沥青混凝土层由温度变化引起。

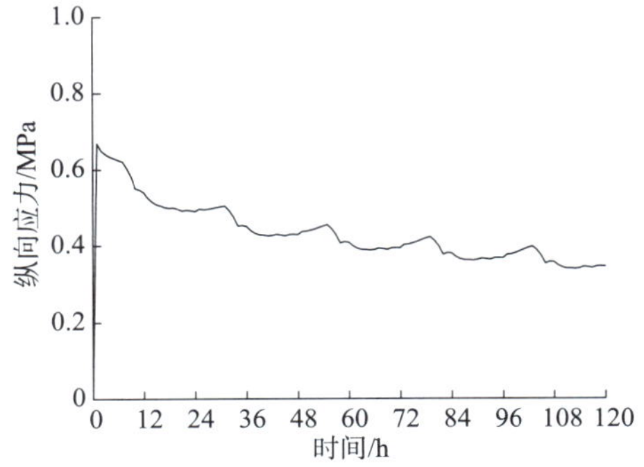

图 3-50　沥青混凝土层应力随时间变化

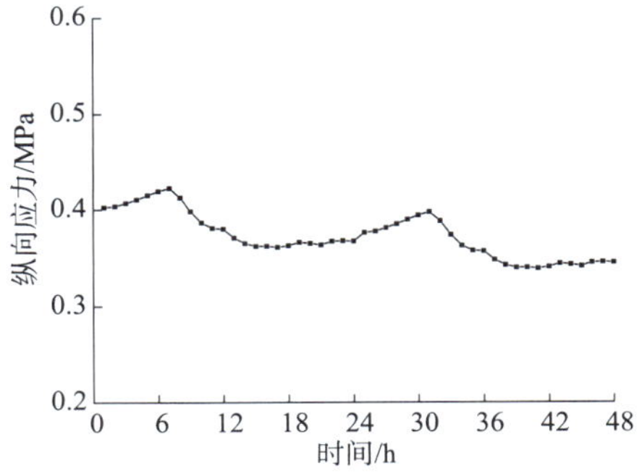

图 3-51　沥青混凝土层应力随时间变化(48 h)

低温循环作用下底座板边缘对沥青混凝土层的相对位移变化曲线如图 3-52 所示,可以发现温度循环作用下底座板的边缘呈现出周期性的运动。底座板边缘的相对位移在每日 7 点左右达到最大,同时沥青混凝土层的应力也在每日 7 点左右达到最大。因此,沥青混凝土层的应力变化与底座板的纵向位移变化相一致,也再次证明伸缩缝位置的沥青混凝土层受力是由底座板的牵引作用引起的。

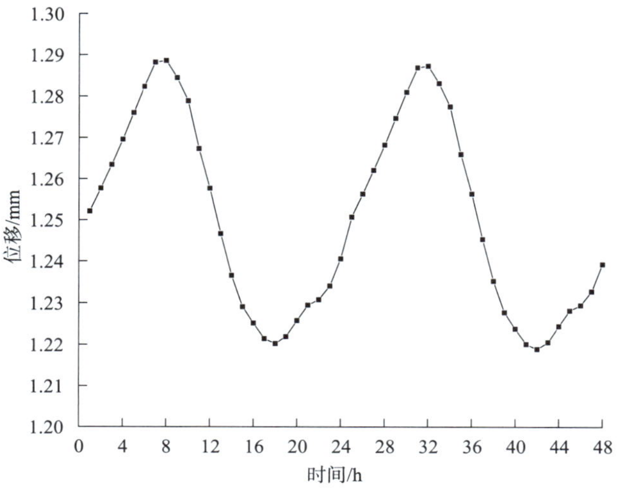

图 3-52 底座板边缘相对位移随时间变化曲线

3.2.2 温度效应试验

1. 试验方案

结合京张高速铁路沥青混凝土试验段温度效应试验，监测全断面沥青混凝土防水封闭结构的应变分布特征，重点关注混凝土底座板伸缩缝处温度效应的影响。为更好研究温度效应下“被动拉伸”特性，本次试验纵向铺设三块足尺混凝土底座板，综合考虑三块底座板传感器安装条件，尽可能提高传感器对三块底座板的覆盖率，且在不重叠布设传感器的情况下，传感器较优总体布设方案如图 3-53 所示。图 3-54 为 A1 横向伸缩缝范围内，应变片及传感器的布设情况。图 3-55 为沥青混凝土传感器安装示意。各类传感器功能见表 3-11。

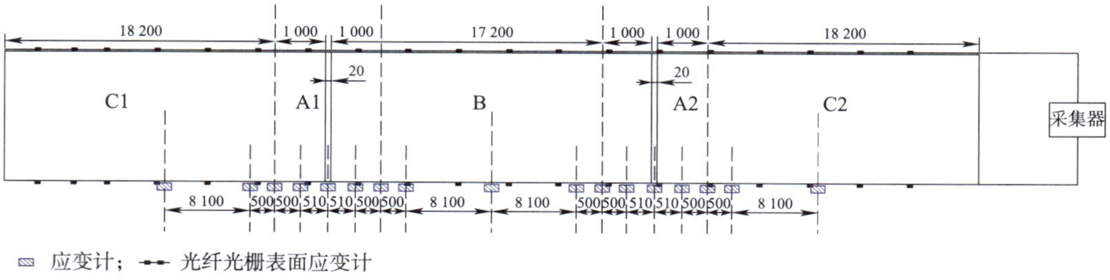

图 3-53 传感器总体布设(单位:mm)

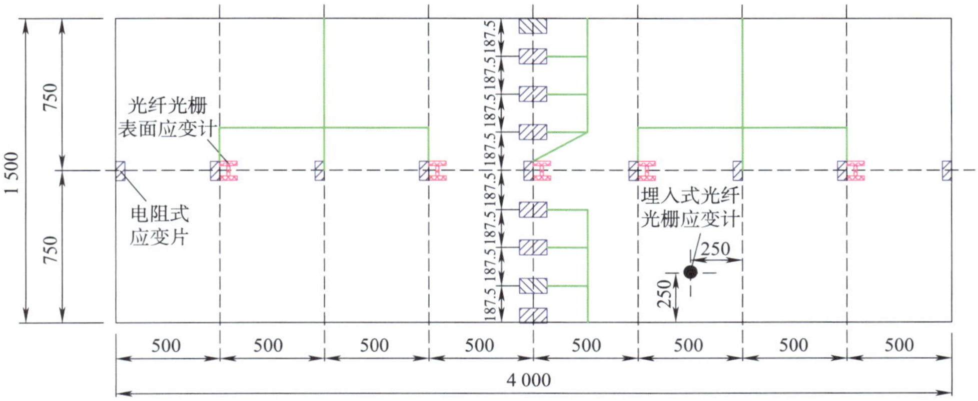

图 3-54　A1 横向沥青混凝土板底传感器布设示意(单位:mm)

表 3-11　各类传感器功能汇总表

传感器类型	测试内容
振弦式表面应变计	静态应变
分布式光纤光栅应变计	静态应变
电阻式应变片	动态应变
光纤光栅表面应变计	动态应变
表面裂缝计	伸缩变形
温度计	环境温度

图 3-55　沥青混凝土传感器安装示意

2. 试验结果

本次试验从 2018 年 3 月 4 日 15:34 开始测试,经查询 3 月 4 日～3 月 6 日,每天的最低气温出现在早晨 6:00～8:00,最高气温出现在 14:00～16:00。

以开始时刻为基准，沥青混凝土防水封闭结构随温度的应变变化测试结果如图 3-56～图 3-57 所示，路肩、线间两侧 A1、A2 处（底座板伸缩缝处）均有应力集中，图 3-56 为路肩侧应变分布图，图 3-57 为线间侧应变分布，其中，南北两侧 A1、A2 处为底座板伸缩缝处，A2 处设有复合土工膜。

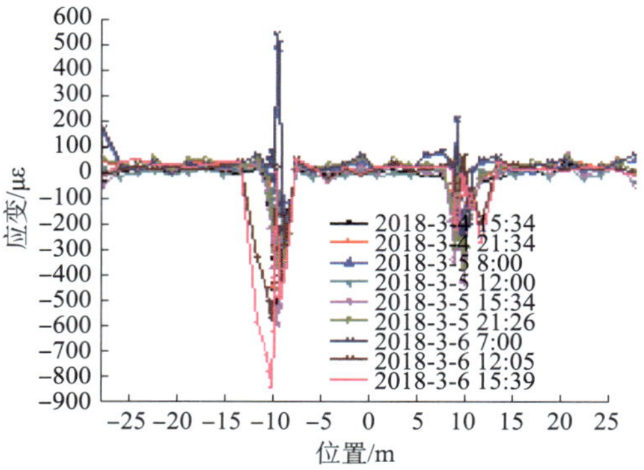

图 3-56　路肩侧应变分布

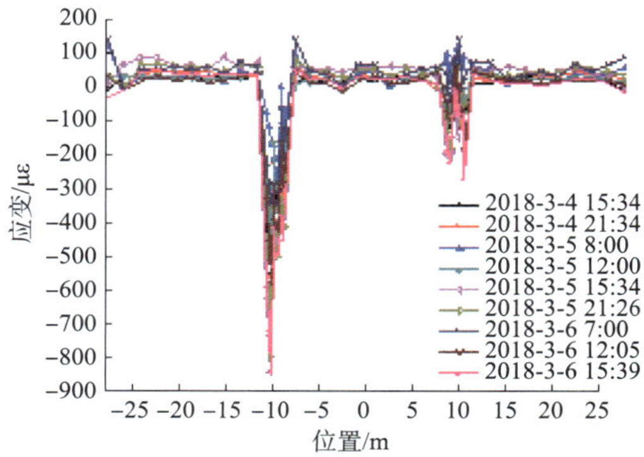

图 3-57　线间侧应变分布

沥青混凝土防水封闭结构的表面应变在路肩、线间两侧 A1、A2 处（底座板伸缩缝处）均有应力集中，可达到 500～1 000 με；随着温度的降低，相邻混凝土底座板伸缩缝附近的沥青混凝土防水封闭结构受拉，随着温度的升高，沥青混凝土防水封闭结构受压；温度降低时，混凝土底座板收缩，由于底座板与沥青混凝土层存在着黏结力，混凝土底座板收缩导致伸缩缝处沥青混凝土防水封闭结构受拉；温度升高时，作用刚好相反。

A2 处的应变分布峰值小，A1 处应变分布峰值大，原因是 A2 伸缩缝处混凝土底座板与沥青混凝土防水封闭结构之间铺有复合土工膜，减小了混凝土底座板与沥青混凝土防水封闭结构之间的界面强度。相比未铺设复合土工膜的位置，伸缩缝铺设复合土工膜处的沥青混凝土防水封闭结构应变水平减小 50%～70%左右。

A2 处的应变分布范围较广（伸缩缝两侧左右各 2 m），A1 处应变分布范围较小（伸缩缝两侧左右各 1 m），原因是 A2 伸缩缝处混凝土底座板与沥青混凝土防水封闭结构之间铺有复合土工膜，扩大了应变的作用范围。

根据推板试验结果，在支承层伸缩缝位置两侧铺设复合土工膜可以有效减小沥青混凝土防水封闭结构的拉伸应变。通过仿真计算在沥青混凝土防水封闭结构与无砟轨道结构之间设置不同长度复合土工膜，验证其效果，如图 3-58 所示。

在沥青混凝土防水封闭结构上表面铺设复合土工膜，可以有效降低底座伸缩缝附近沥青混凝土的表面应变情况，且降幅随铺设范围的增加而增大，在 0.5～1.5 m 范围内应变降低幅度最大，超过复合土工膜铺设长度超过 1.5 m，其应变的降低幅度明显放缓。因此，建议沥青混凝土防水封闭结构表面铺设复合土工膜的长度宜为 0.5～1.5 m，具体铺设长度应根据工程所处气候特点分析计算确定。

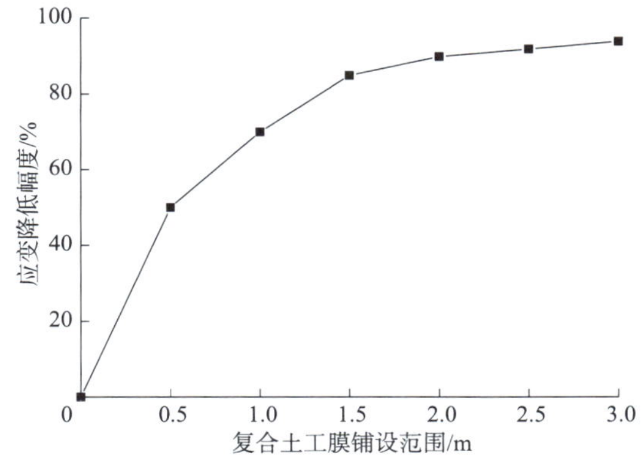

图 3-58　复合土工膜铺设范围对应变降幅的影响

3.3　无砟轨道结构-沥青混凝土结构界面特性

3.3.1　室内界面强度试验

1. 界面抗拉强度

首先浇筑制作水泥混凝土板(长 500 mm、宽 500 mm、高 35 mm),对其养护 28 天;其次将热拌好的沥青混凝土摊铺于水泥混凝土板表面,完成压实,形成复合板试件(长 500 mm、宽 500 mm、高 70 mm);待复合板常温下放置 24 h 后,成型棱柱体试件(长 50 mm、宽50 mm、高为 35 mm 水泥混凝土+35 mm 沥青混凝土),复合试件试验拉拔试验如图 3-59 所示。拉拔试验共分为三组,一组为三个试件,试验温度选择 10 ℃、20 ℃、25 ℃,加载速率采用30 mm/min。拉拔试验过程应力-位移关系曲线如图 3-60 所示。复合界面拉拔试验结果见表 3-12。

(a)试验试件　　(b)试验加载

图 3-59　拉拔试验

(a)脱黏开裂失效图

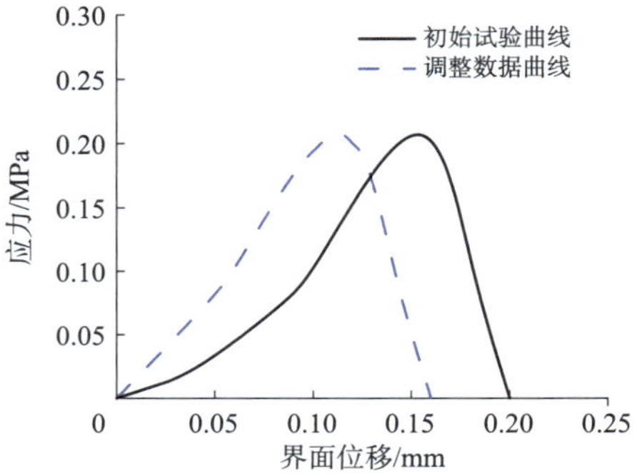

(b)应力与位移关系

图 3-60　抗拉强度试验

表 3-12　复合界面拉拔试验结果汇总

温度/℃	编号	抗拉强度/MPa	均值/MPa
10	1	0.256	0.263
	2	0.269	
	3	0.265	
20	1	0.261	0.259
	2	0.258	
	3	0.259	
25	1	0.260	0.254
	2	0.242	
	3	0.260	

根据试验结果，复合试件损伤均发生在层间连接处，随着荷载的施加，一旦复合试件界面拉应力超过允许拉伸强度，此时应力与位移的曲线迅速下降，表明层间界面在拉伸荷载作用下的损伤为准脆性损伤。

2. 界面抗剪强度

首先在京张高速铁路路基全断面沥青混凝土防水结构工程试验段现场切割热拌热铺碾压成型沥青混凝土样板(底面为 1 m×1 m 正方形、厚度为 100 mm)，然后在室内切割成型沥青混凝土车辙板(长 300 mm、宽 300 mm、厚 40 mm)，之后将水泥混凝土浇筑在切割好的沥青混凝土板表面，形成复合板试块(长 300 mm、宽 300 mm、厚 90 mm)，待复合板达到设计养护龄期后，成型底面长 94 mm、宽 100 mm、高 90 mm(40 mm 沥青混凝土+50 cm 水泥混凝土)的长方体试件，如图 3-61 所示。

当试件达到设计的养护龄期后，将每组试件分别置于恒温箱内，在设定温度下保温 24 h 后利用万能试验机 UTM 通过采用应变或应力控制加载的模式进行抗剪试验研究，试件加载受力如图 3-62 所示。本试验加载控制模式主要采用应变控制加载，试件加载过程中始终控制应变大小不变，由于试件在加载过程中出现损伤，沥青混凝土的劲度模量逐渐减小，试验过程中以层间剪切应力降低到初始作用力的一半时定义为破坏状态。

图 3-61　直剪试验试件

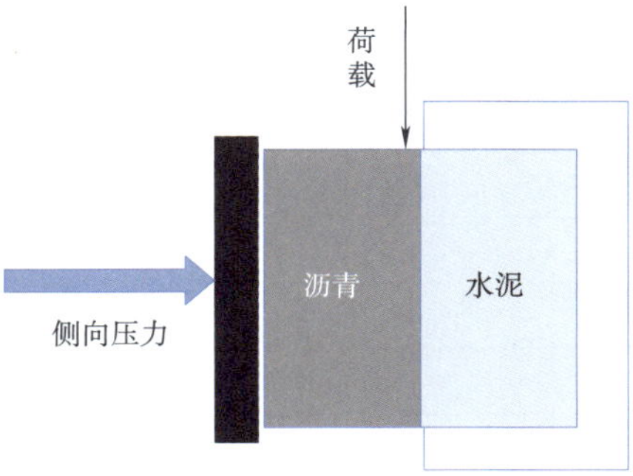

(a)受力示意

(b)试验加载

图 3-62　层间界面直剪试验受力及加载

试验总共分为 15 组，每组 3 个试件，其中 15 组试件分别用于测试 5 组不同温度(0 ℃、10 ℃、15 ℃、25 ℃、45 ℃)下 5 组不同剪切速率(0.5 mm/min、1 mm/min、2.5 mm/min、5 mm/min、10 mm/min)作用下的层间剪切强度。界面开裂情况及应力-位移关系曲线如图 3-63 和图 3-64 所示，沥青混凝土与混凝土界面剪切试验结果见表 3-13。复合试件层间界面在剪切试验荷载作用下，其损伤大都发生于层间界面连接处；当剪切力达到一定大小后，应力与位移关系曲线迅速下降，分析认为此时层间剪切应力超过界面剪切强度，层间发生损伤开裂，从而表明剪切荷载作用下层间界面损伤为准脆性损伤。

图 3-63　层间界面开裂情况

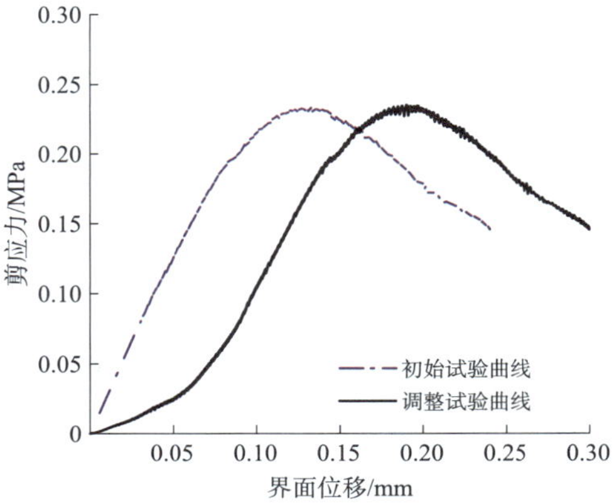

图 3-64　直剪试验中剪切应力-位移曲线

表 3-13　沥青混凝土与混凝土界面剪切试验结果汇总

温度/℃	剪切速率/(mm·min^{-1})	剪切强度/MPa
0	0.5	0.80
	1	0.90
	2.5	1.10
	5	1.33
	10	1.62
10	0.5	0.58
	1	0.62
	2.5	0.77
	5	1.08
	10	1.28
15	0.5	0.39
	1	0.41
	2.5	0.65
	5	0.89
	10	1.06
25	0.5	0.23
	1	0.26
	2.5	0.45
	5	0.57
	10	0.72

续上表

温度/℃	剪切速率/(mm·min^{-1})	剪切强度/MPa
45	0.5	0.10
	1	0.17
	2.5	0.26
	5	0.39
	10	0.46

由表 3-13 和图 3-65 可知，在加载速率相同时，温度提高导致界面抗剪强度下降；在温度相同时，加载速率的增大，界面抗剪强度随之增强。通过方差分析的方法对温度和剪切速率影响的差异性进行探究，温度和剪切速率均会对层间抗剪强度造成显著影响，且温度对界面抗剪强度的影响更为明显。

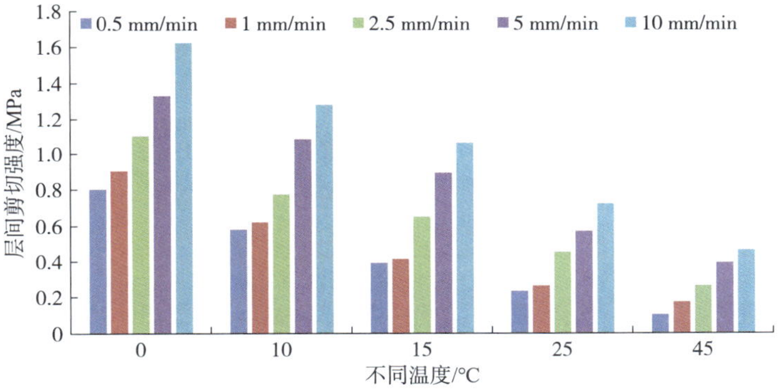

图 3-65　不同温度条件不同剪切速率作用下层间剪切强度

由图 3-66 可知，低温环境下复合界面表现出脆性破坏，试件产生的位移较小，破坏较为突然；较高温度下复合试件破坏曲线具有软化阶段，试件产生位移较大，破坏较为缓慢；与拉拔试验结果曲线相比，剪切试验时应力与位移曲线并未迅速下降为零，由此可知，剪切方向的韧性更好。

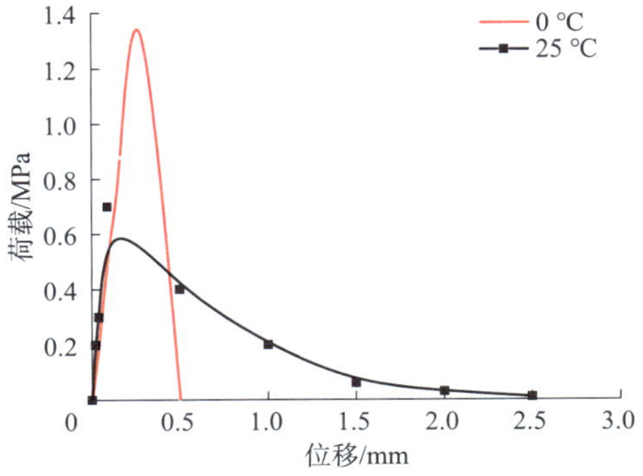

图 3-66　不同温度条件下力与位移关系曲线对比(5 mm/min)

本节应用时温等效原则对不同温度条件和加载速率对复合界面影响的等效作用进行评价。时间-温度等效原理可用式(3-2)～式(3-3)表示，即在任意试验温度 t 下层间剪切强度与参考温度 t_0 下力学性质等效。将不同温度条件下层间剪切强度曲线根据时温等效原则平移 $\alpha_{t_0}(t)$ 形成一条参考温度下的主曲线，当横轴为加载速率时移位因子满足：

$$f(v,t)=f(v_r,t_0) \tag{3-2}$$

$$v_r=v\alpha_{t_0}(t)t_0 \tag{3-3}$$

式中　t——试验温度，℃；

t_0——参考温度，℃；

$f(\cdot)$——材料层间剪切强度；

v_r——等效加载速率，mm/min；

v——试验加载速率，mm/min；

$\alpha_{t_0}(t)$——移位因子。

首先，对不同剪切速率下的层间抗剪强度分别取对数，获取不同温度条件对数下层间抗剪强度随剪切速率的变化规律；然后，以 15 ℃作为基准温度，获取不同试验温度下的移位因子，可以得到 0 ℃、10 ℃、25 ℃、45 ℃对应的移位因子分别为 0.75、0.23、−0.39、−1.01；最后，得到对数形式下层间抗剪强度与剪切速率关系的主曲线，如图 3-67 所示。

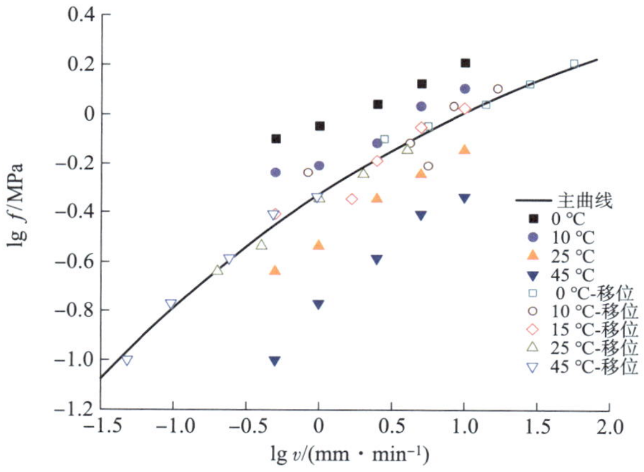

图 3-67　层间抗剪强度主曲线(15 ℃)

采用 WLF 经验方程对图 3-67 中不同温度的移位因子进行拟合，如图 3-68 所示，曲线的相关性在 0.98 以上，表明应用时温等效分析沥青混凝土-混凝土复合界面层间抗剪强度是可行的。

$$\lg \alpha_{15}(t)=\frac{-c_1(t-15)}{c_2+(t-15)} \tag{3-4}$$

式中　$\alpha_{15}(t)$——各试验温度相对于 15 ℃的移位因子；

c_1,c_2——回归系数；

t——试验温度，℃。

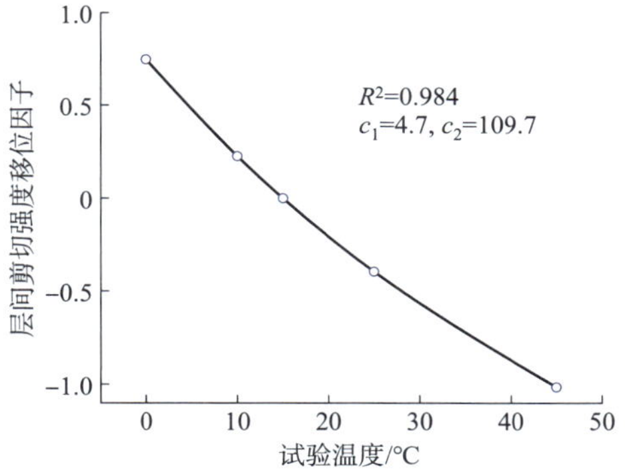

图 3-68　层间剪切强度移位因子与试验温度关系曲线

通过拟合 sigmoidal 方程，确定各回归系数 δ、φ、β、θ 的值，见表 3-14。

表 3-14　层间抗剪强度主曲线参数汇总

回归系数	估计值
δ	−10.851
φ	0.762
β	−2.270
θ	−0.398
c_1	4.7
c_2	109.7

$$\lg \tau_f = \delta + (\varphi - \delta)/[1+\exp(\beta + \theta \lg v_r)] \tag{3-5}$$

式中　τ_f——层间抗剪强度，MPa；

$\delta,\varphi,\beta,\theta$——回归系数，其中，$\delta$、$\varphi$ 分别代表层间抗剪强度最小值和最大值对应的对数，β、θ 为描述曲线形状特征的系数；

v_r——等效加载速率，mm/min。

对式(3-5)进行进一步的推导得到式(3-6)，表达了沥青混凝土-混凝土复合试件层间抗剪强度与温度以及更宽范围的加载速率的数学关系。

$$\lg \tau_f = -10.851 + \frac{11.613}{1+\exp\left\{-2.270-0.398\times\left[\lg v_r + \dfrac{-4.6\times(t-15)}{109.7+(t-15)}\right]\right\}} \tag{3-6}$$

构建主曲线的意义在于一方面结合移位因子可以得到其他温度下层间抗剪强度曲线；另一方面展开了更宽加载速率范围内层间抗剪强度变化趋势，这样通过分析实际无砟轨道上高速列车的作用速率，为准确预测不同气候条件下无砟轨道基床沥青混凝土层层间界面特性奠定了基础。

3. 直接剪切试验

直接剪切试验通过在预定的剪切面上直接施加法向压力和剪应力来求得材料的抗剪强

度，试件制作过程如图 3-69 所示。按施加剪力的方式不同，直接剪切仪分应变控制式和应力控制式，前者通过弹性钢环变形控制剪切位移的速率，后者通过杠杆用砝码控制施加剪应力的速率，测相应的剪切位移。本书研究中，采用应变式直剪仪进行沥青混凝土与水泥混凝土界面间的剪切强度试验。

(a)沥青混凝土压实

(b)水泥混凝土成型

(c)复合试件

图 3-69　试件制作

试验温度为 20 ℃，加载速度为 1 mm/min。试验结果见表 3-15。复合试件的剪切强度均大于 0.6 MPa。在一定范围内，随油石比的增大，剪切应力和静摩擦系数逐步降低。

表 3-15　剪切强度试验结果

油石比/%	剪切力/N	剪切应力/MPa	静摩擦系数
3.8	2 072	0.69	6.9
4.8	1 885	0.63	6.28
5.8	1 840	0.61	6.13

将完成静摩擦试验的复合试件按原位组装，施加不同的垂直压力，然后施加水平推力进行剪切，复合试件滑动产生位移时的剪切力即为动摩擦力，求得动摩擦力和动摩擦系数，拟合曲线如图 3-70 所示。试验结果见表 3-16。在一定垂直荷载下，随着油石比的增大，剪切应力和动摩擦系数均减小；随着压重的增加，动摩擦系数有降低的趋势；在油石比达到 5.8%时，最小动摩擦系数为 0.71。

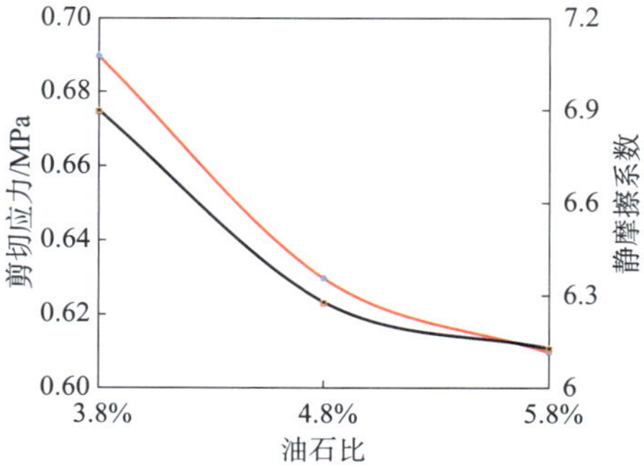

图 3-70　油石比与剪切应力、静摩擦系数关系

表 3-16　剪切应力及动摩擦系数

油石比/%	竖向荷载/N				剪切力/N				剪切应力/MPa				动摩擦系数			
3.8	150	300	450	750	179	284	484	798	0.06	0.09	0.16	0.27	1.19	1.22	1.07	1.06
4.8	150	300	450	750	136	329	397	628	0.045	0.11	0.13	0.21	0.91	1.10	0.88	0.84
5.8	150	300	450	750	128	248	372	529	0.04	0.08	0.12	0.18	0.87	0.83	0.83	0.71

3.3.2　现场推板试验

在京张高速铁路工程试验段开展大型足尺推板及小型推板试验，针对沥青混凝土层上、下界面特性展开研究。通过开展足尺推板和小型推板试验，分别掌握沥青混凝土防水封闭结构与混凝土底座板、基床表层级配碎石的界面摩擦特性，为评价沥青混凝土防水封闭结构上下界面安全性提供理论支撑。

1. 足尺推板试验

(1)试验方案

在沥青混凝土防水封闭结构上按照无砟轨道实际结构和尺寸浇筑 3 块连续的 19.2 m×3.4 m×0.3 m 底座板，试验过程中采用千斤顶对混凝土底座板施加横向水平荷载，利用位移计同时记录底座板的位移，足尺推板试验如图 3-71 和图 3-72 所示。

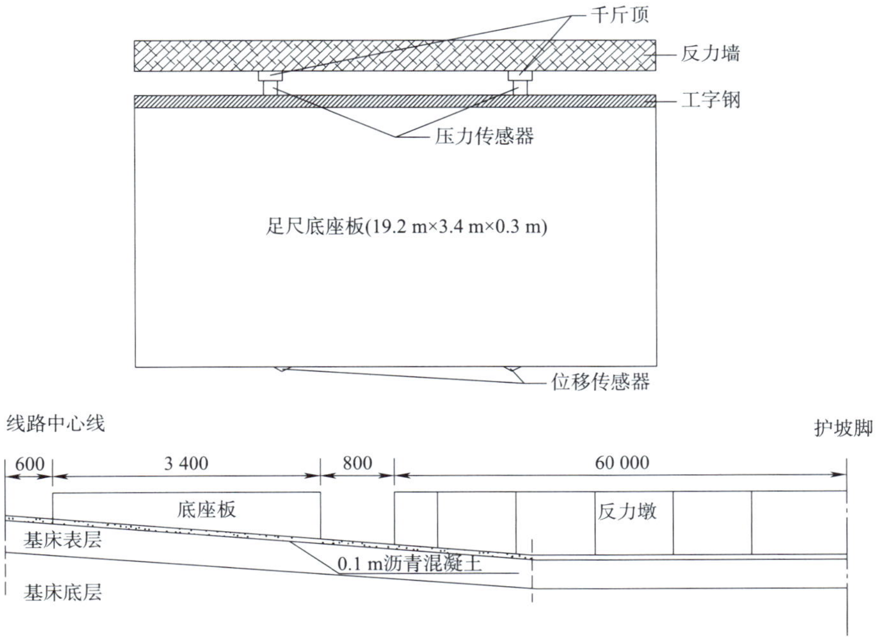

图 3-71　推板试验示意(单位:mm)

图 3-72　现场推板试验示意

试验设备主要由混凝土底座板、沥青混凝土防水封闭结构、反力墩、液压千斤顶、称重传感器和位移计等组成，反力墩为 1 m×1 m×1 m 方形混凝土墩，与沥青混凝土防水封闭结构在同一线位，位于沥青混凝土路肩侧作为反力支撑点，每间隔 1 m 设反力墩一列。千斤顶位于沥青混凝土与反力墩间，千斤顶在单元板上的布置个数为 10 个，按设计点位放入千斤顶，反力墩设计如图 3-73 所示，现场布置如图 3-74 所示。

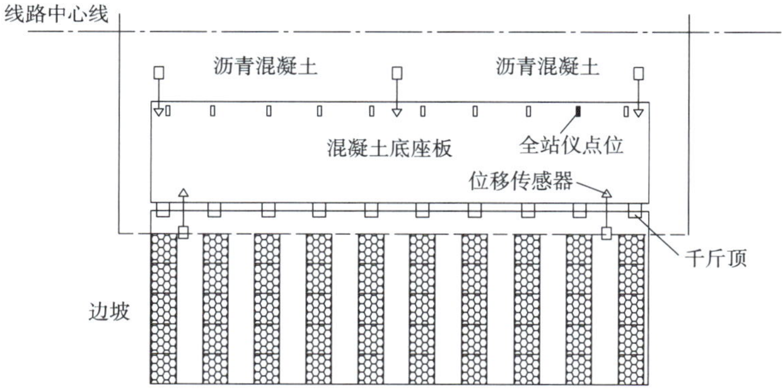

图 3-73　反力墩设计

测力系统布置在每个千斤顶对应位置，用于控制每个千斤顶位施加同一水平荷载；拉线传感器沿底座板轨道纵向两侧布置，底座板每侧各布置三个拉线传感器；反射棱镜布置在底座板近轨道中心一侧，共布置 10 个监测点，每个监测点间隔 2 m，如图 3-75 所示。

图 3-74　现场反力墙

图 3-75　埋设监控点及拉线传感器布置示意

(2)试验结果分析

图 3-76 为足尺推板试验试验界面剪应力与横向位移的关系曲线。由图 3-76 可知，当界面应力小于 10.51 kPa 时，整个底座并未产生变形，说明整个界面存在初始剪切应力。随后剪切应力随着相对位移的增大而线性增大，基本表现为线弹性属性，此时层间剪应力小于层间剪切强度，层间损伤微裂纹未产生。当界面剪切应力达到 34.53 kPa 时，底座与沥青混凝土结构层开始产生界面滑移，界面应力不再增大，而变形持续增加。说明剪应力超过界面剪切强度导致层间微裂纹的萌生，界面损伤开始产生。推板过程中相邻底座错台如图 3-77 所示。底座与沥青层的相对位移达到最大值 1.3 mm 左右(界面断裂能达到临界值)时，界面微裂纹扩展，底座板与沥青混凝土防水封闭结构界面开始发生脱黏，转化为接触摩擦关系。

按公式 $\tau_f = c + \sigma \cdot \tan\varphi$ 进行分析，启动剪应力应与 c 相等，为 10.51 kPa；σ 为底座重力，为 0.3×25=7.5 kPa；摩擦角 φ 为 72.70°。整体综合摩擦系数达到 4.6，滑动摩擦系数为 3.2，充分说明了混凝土底座与沥青混凝土防水封闭结构之间的界面的稳定性。

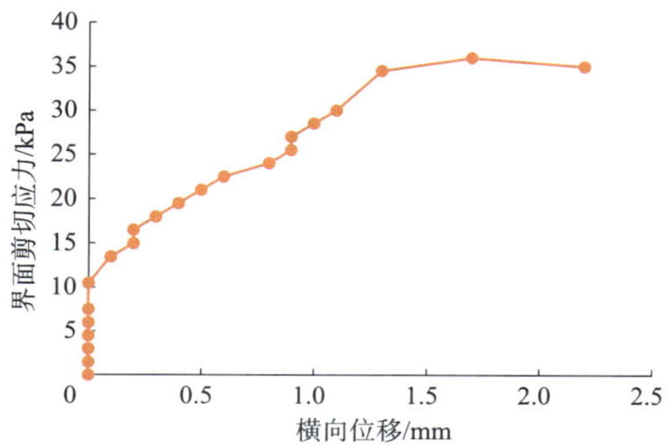

图 3-76　界面剪应力与横向位移的关系曲线

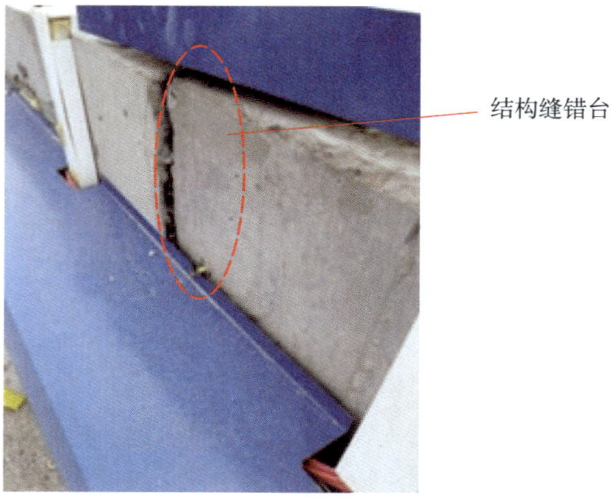

图 3-77　推板过程中相邻底座错台情况

2. 小型推板试验

(1)试验方案

在级配碎石层及相邻沥青混凝土防水封闭结构浇筑三块小比例模型(2 m×2 m×0.3 m)的混凝土块结构作为对比试验，探究底座板与沥青混凝土和底座板与级配碎石界面黏结性能的差异。

试验设备主要由混凝土块、沥青混凝土防水封闭结构、级配碎石层、反力墩、液压千斤顶、称重传感器和位移计等组成，分别在沥青混凝土防水封闭结构及相邻级配碎石层上浇筑 3 块 1 m×1 m×0.3 m(长×宽×高)混凝土块；对该三块混凝土块进行不同重量的配重，依次为无配重、1 t 配重、2 t 配重。试验过程中采用千斤顶对混凝土板施加横向水平荷载，位移计同时记录位移。级配碎石与沥青混凝土防水封闭结构堆板及观场级配碎石推板布置如图 3-78和图 3-79所示。

(2)试验结果分析

通过小型推板试验，对比沥青混凝土防水封闭结构与底座板、底座板与级配碎石层、沥青混凝土防水封闭结构与级配碎石层层间的黏结力及摩擦角，探究三者之间的界面特性，试验结果反应力关系分析见表 3-17～表 3-19 和图 3-80～图 3-82。

表 3-18 中法向压力为混凝土块自重加配重，法向应力为单位面积上的法向压力，切向压力为千斤顶施加的切向荷载，切向应力为混凝土块单位面积上承担的切向荷载；黏结力与摩擦角参照直剪试验计算公式 $\tau_f = c + \sigma \cdot \tan\varphi$ 获取。

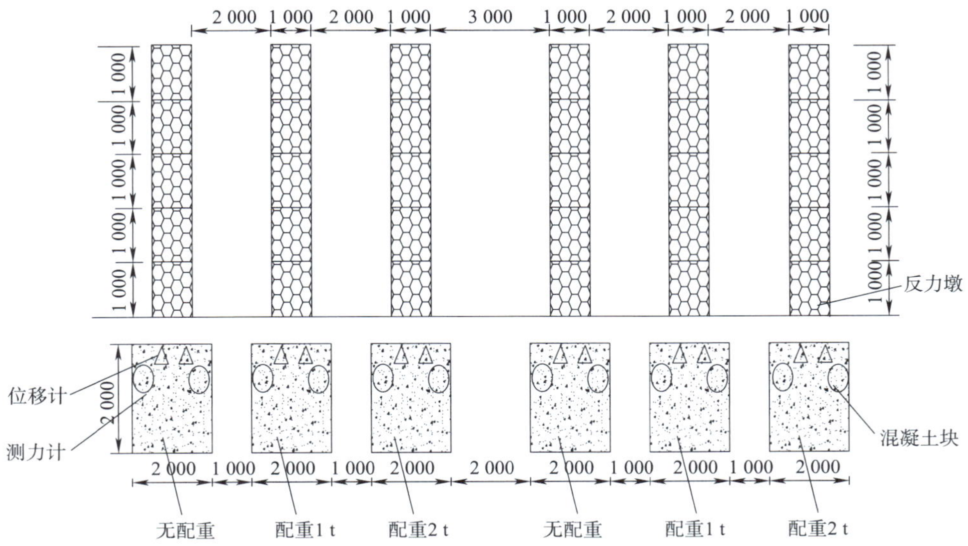

图 3-78　级配碎石与沥青混凝土防水封闭结构推板示意(单位:mm)

图 3-79　现场级配碎石推板布置

表 3-17　沥青混凝土防水封闭结构与底座板层间推板试验结果

工况	法向压力/kN	法向应力/kPa	切向压力/kN	切向应力/kPa	黏结力/kPa	摩擦角/(°)
1	28.22	7.056	196	49	27	71
2	56.45	14.112	262.64	65.66		
3	84.67	21.168	360.64	90.16		

注:(1)工况 1 混凝土块重 2.88 t,无配重,底面积为 2 m×2 m;
(2)工况 2 混凝土块重 2.88 t,配重 2.9 t,底面积为 2 m×2 m;
(3)工况 3 混凝土块重 2.88 t,配重 5.8 t,底面积为 2 m×2 m。

表 3-18 级配碎石与底座板层间推板试验结果

工况	法向压力/kN	法向应力/kPa	切向压力/kN	切向应力/kPa	黏结力/kPa	摩擦角/(°)
1	28.22	6.762	58.80	14.7	7	44
2	47.82	11.662	74.48	18.62		
3	67.42	16.562	99.96	24.99		

注:(1)工况 1 混凝土块重 2.88 t,无配重,底面积为 2 m×2 m;
(2)工况 2 混凝土块重 2.88 t,配重 2 t,底面积为 2 m×2 m;
(3)工况 3 混凝土块重 2.88 t,配重 4 t,底面积为 2 m×2 m。

表 3-19 沥青混凝土防水封闭结构与级配碎石层间推板试验结果

工况	法向压力/kN	法向应力/kPa	切向压力/kN	切向应力/kPa	黏结力/kPa	摩擦角/(°)
1	2.25	2.25	9.80	9.80	7.3	42
2	7.15	7.15	12.74	12.74		
3	12.05	12.05	18.62	18.62		

注:(1)工况 1 沥青混凝土块重 0.23 t,无配重,底面积为 1 m×1 m;
(2)工况 2 沥青混凝土块重 0.23 t,配重 0.15 t,底面积为 1 m×1 m;
(3)工况 3 沥青混凝土块重 0.23 t,配重 0.25 t,底面积为 1 m×1 m。

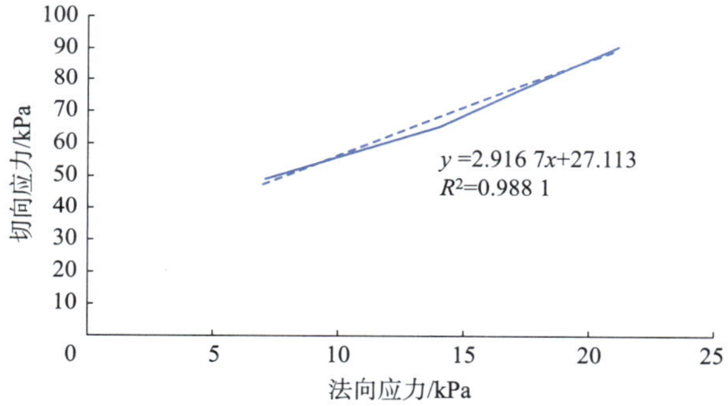

图 3-80 沥青混凝土防水封闭结构与混凝土底座板层间法向应力-切向应力关系

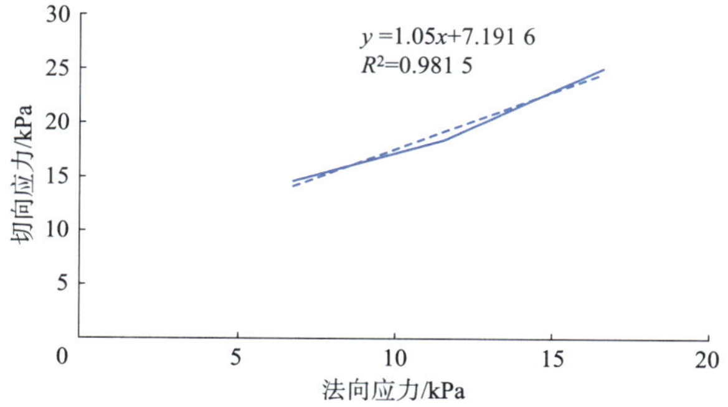

图 3-81 级配碎石层与混凝土底座板层间法向应力-切向应力关系

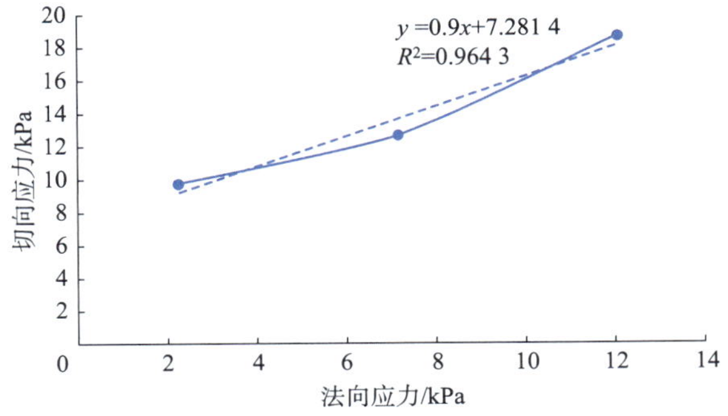

图 3-82　级配碎石层与沥青混凝土防水封闭结构间法向应力-切向应力关系

根据试验结果，沥青混凝土防水封闭结构与底座板层间界面黏结力为 27 kPa，摩擦角达 71°，与足尺推板试验结果相当。级配碎石与底座板界面黏结力为 7 kPa，摩擦角达 44°。说明沥青混凝土层与底座板界面强度明显大于级配碎石与底座之间的强度。

沥青混凝土防水封闭结构与级配碎石层间界面黏结力为 7.3 kPa，摩擦角达 42°。说明沥青混凝土防水封闭结构与级配碎石的强度与底座板与级配碎石相当。

3. 工程措施界面特性试验

(1)试验方案

针对沥青混凝土防水封闭结构上界面，进行复合土工膜对比试验，探究其铺设复合土工膜前后的性能差异；针对沥青混凝土防水封闭结构下界面，探究级配碎石层设置拉槽、抗滑钉及洒布透层沥青前后性能的差异，具体试验布置如下：

①复合土工膜摩擦与无复合土工膜对比试验，直接在现场沥青混凝土防水封闭结构上铺设两块 1 m×1 m×0.3 m 的底座，一个设有复合土工膜，一个不设复合土工膜，进行顶推，掌握铺设复合土工膜之后界面参数。

②级配碎石设置拉槽与不设拉槽对比试验，在级配碎石层设置拉槽的沟深度定为 2 cm，宽度 5 cm，间距 30 cm，进行推板试验。

③打抗滑钉与不打抗滑钉对比试验，级配碎石层上工况 1 打设 5 个抗滑钉，工况 2 不打抗滑钉，进行推板试验。

④级配碎石洒布透层沥青与不洒布透层沥青对比试验，级配碎石层上洒布透层沥青后，进行推板试验。

不同工程措施界面特性见表 3-20。工程措施界面特性试验推板及观场推板如图 3-83 和图 3-84 所示。

表 3-20 不同工程措施界面特性统计表

序　号	界面特性	备　注
1 号板	复合土工膜	
2 号板	拉槽	3 道/m^2
3 号板	抗滑钉	5 个/m^2
4 号板	洒布透层沥青	

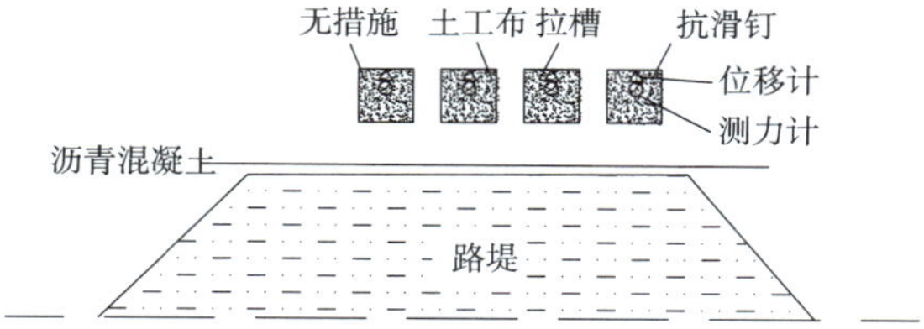

图 3-83 工程措施界面特性试验推板示意

图 3-84 工程措施界面特性试验现场推板照片

(2)试验结果分析

工程措施界面特性试验结果见表 3-21 和表 3-22。

表 3-21 底座板与沥青混凝土防水封闭结构工程措施推板试验结果

工况	界面特性	法向应力/kPa	启动侧向应力/kPa	滑动侧向应力/kPa	滑动摩擦系数
1	无	7.056	13.653	6.30	0.89
2	复合土工膜	7.056	2.432	2.96	0.42

注:(1)工况 1 混凝土块重 2.88 t,千斤顶压力为 20 t,底面积为 2 m×2 m,滑动时千斤顶压力为 4 t;
(2)工况 2 混凝土块重 0.72 t,千斤顶压力为 20 t,底面积为 1 m×1 m,滑动时千斤顶压力为 0.32 t。

表 3-22 沥青混凝土防水封闭结构与基床表层工程处治措施推板试验结果

工况	界面特性	法向应力/kPa	滑动时侧向应力/kPa	滑动摩擦系数
1	无	2.254	1.764	0.78
2	洒布透层沥青	2.254	1.826	0.81
3	拉槽	2.254	1.893	0.84
4	抗滑钉	2.254	上拱	无位移

注:(1)工况 1 沥青混凝土块重 0.23 t,侧向千斤顶压力为 1 t,底面积为 1 m×1 m;
(2)工况 2 沥青混凝土块重 0.23 t,侧向千斤顶压力为 0.3 t,底面积为 1 m×1 m;
(3)工况 3 沥青混凝土块重 0.23 t,侧向千斤顶压力为 0.42 t,底面积为 1 m×1 m;
(4)工况 4 沥青混凝土块重 0.23 t,底面积为 1 m×1 m。

铺复合土工膜后，由启动时侧向压力的变化值可以看出，底座与沥青混凝土防水封闭结构界面特性显著降低，降幅达80%；洒布透层沥青后，沥青混凝土防水封闭结构与基床表层界面特性未有显著提升；表层拉槽后，沥青混凝土防水封闭结构与基床表层界面特性未有显著提升；打抗滑钉后，沥青混凝土防水封闭结构与级配碎石层界面特性显著提升，底座板与沥青混凝土防水封闭结构层间未分离且层间无任何裂纹产生，表明其能够有效对单元底座板进行纵横向整体限位。

第 4 章　沥青混凝土材料力学特性分析与改性技术研究

为实现高铁路基沥青混凝土防水封闭结构长效耐久服役，结合工程所在气候分区、结构层受力特点，需选用耐候型沥青混凝土。本章重点介绍沥青及沥青混凝土改性技术、碾压密实和自密实沥青混凝土材料力学特性。

4.1　沥青混凝土基本特性

4.1.1　沥青混凝土材料特性

1. 沥青混凝土的组成结构

沥青混凝土是由沥青、粗骨料、细骨料、填充料和外加剂(抗剥离剂、抗老化剂、增强剂、纤维稳定剂等)组成的一种复合材料，是一种具有空间网络结构的多相分散体系。由于组成材料质量的差异和数量比例的不同，沥青胶结料和矿质骨料可形成不同的组成结构，并表现为不同的力学性能，其力学强度主要由骨料之间的内摩阻力和嵌挤力、沥青胶结料之间的黏结力，以及沥青胶结料与骨料之间的黏结力所构成。

沥青混凝土按其强度构成原则可分成嵌挤结构和密实结构。按嵌挤原则构成的沥青混凝土的结构强度，是以骨料之间的嵌挤力和内摩阻力为主、沥青胶结料的黏结作用为辅而构成的。沥青贯入式路面、沥青表面处治以及沥青碎石路面均属此类结构。这类沥青混凝土是以较粗的、颗粒尺寸均匀的矿料构成骨架，沥青胶结料填充其空隙，并把骨料黏结成一个整体。这类沥青混凝土的结构强度受温度的影响较小。按密实级配原则构成的沥青混凝土的结构强度，与嵌挤结构相反，是以沥青与骨料之间的黏结力为主、骨料之间的嵌挤力和内摩阻力为辅而构成的。这类沥青混凝土的结构强度受温度的影响较大。

按级配原则构成的沥青混凝土，其结构通常可分为悬浮-密实型、骨架-空隙型、骨架-密实型三类，分别如图 4-1～图 4-3 所示。其中，悬浮-密实结构，是由连续级配骨料组成的密实混凝土，颗粒从大到小连续存在，并各占一定的比例，较大颗粒都被较小颗粒挤开，大颗粒以悬浮状态处于较小颗粒之中，具有很高的密实度。但是各级骨料均被次级骨料所隔开，相互之间不能形成骨架结构，其基本特点为：密实度高，防水性好，黏聚力高，内摩阻角低，低温抗裂性，耐久性较好，但高温稳定性较差。悬浮-密实型沥青混凝土典型代表为连续密级配沥青混凝土 AC，国内外高速铁路沥青混凝土对此类结构应用研究较为广泛。

图 4-1　悬浮-密实结构与外观状态

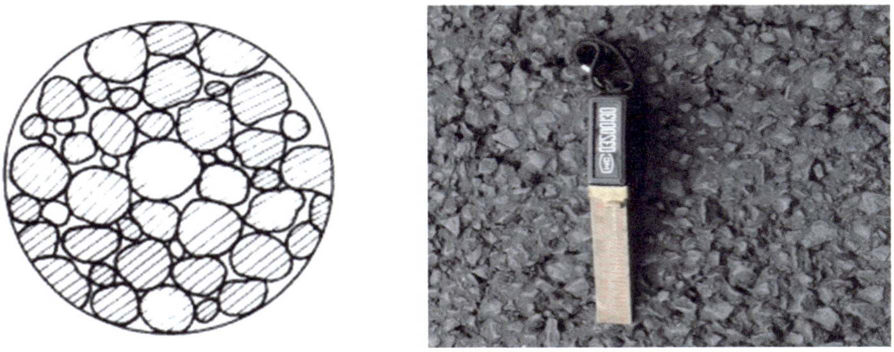

图 4-2　骨架-空隙结构与外观状态

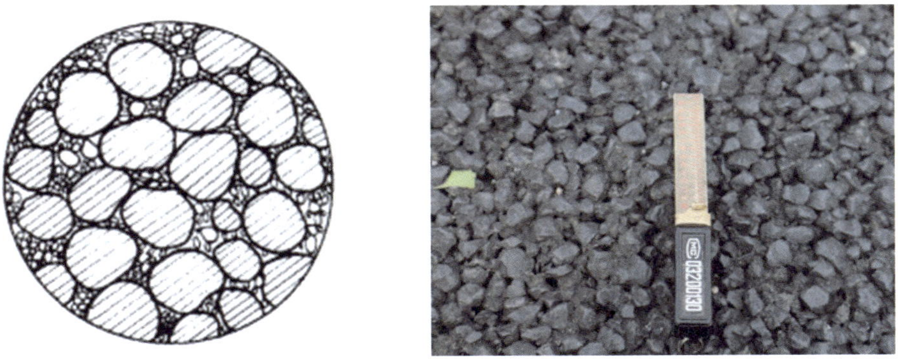

图 4-3　骨架-密实结构与外观状态

2. 沥青混凝土的黏弹特性

许多复合材料由于组成成分中包含具有黏弹性性质的材料，因此会显现出明显的黏弹特性。由于黏弹性材料具有显著的“温度和时间效应”，在高温条件或受到一定荷载的长期作用下，将表现出“蠕变”“松弛”等现象，从而影响材料的使用寿命及相关结构的安全性。弹性体有一定的形体变化，恒定静荷载条件下发生的变形与时间没有关系，卸载后变形能够立即复位，从能量方面考虑，弹性体在外荷载作用下，外力对物体变形做的功全部以弹性势能给保存起来，卸载后势能又全部被释放出来。黏性体在外荷载下，随着时间的延长，变形具有不可逆的功能。

沥青混凝土作为高速铁路路基防水封闭结构材料，是由沥青胶浆、骨料以及矿物填充料等组成的复合材料，其中沥青胶浆包括沥青、细骨料和填充料，是组成沥青混凝土的基本材料，在材料中起黏结作用。沥青胶浆具有黏弹性性质，因而沥青混凝土体现出黏弹性材料的力学特性。骨料作为弹性材料在沥青混凝土中起增强作用，对沥青混凝土的流变性有一定程度的影响。

沥青混凝土属于典型的黏弹性材料，其力学行为主要表现出以下明显特征：

(1)具有明显的蠕变和应力松弛特性；

(2)对加载速度和环境温度非常敏感，具有应变率和温度依赖性，强度和刚度随加载速率变大而变大，随温度升高而减小；

(3)应力应变关系具有明显的非线性和不可逆性，和金属材料不同，没有明显的屈服极限或弹性极限。

4.1.2 铁路沥青混凝土应用优势

沥青混凝土作为一种黏弹性材料，兼具强度和柔性，且抗渗性、抗裂性好，将其应用于高速铁路路基工程中具有以下优势：

(1)充分发挥排水防渗的功能，防止表水下渗至路基结构中，减少路基出现翻浆冒泥、冻胀融沉等病害的发生概率，保证路基的长期稳定性；

(2)均匀分散上部荷载，降低路基中的应力水平，提高道床承载力；

(3)用于有砟轨道时可以对道砟起到支承和限制作用，提供较高剪切强度，减轻道砟飞溅现象；

(4)黏弹性特质优良，起到缓冲减振，降低噪声的作用；

(5)改善施工便利性，减少维修次数，降低养护成本。

4.1.3 铁路沥青混凝土改性的必要性

沥青是一种黏弹性有机高分子材料，其自身的组成和结构决定了其力学性能对温度敏感性大，高温易流淌，低温易脆裂，弹性和耐老化性能差，使得沥青混凝土路面在使用过程中容易出现裂缝、车辙、龟裂、拥包、水损等病害，直接影响沥青混凝土的服役性能和使用寿命。而随着社会经济的发展，道路交通量越来越大，车辆轴载越来越重，对沥青混凝土的强度、稳定性和耐久性等提出了更高的要求。在此背景下，对沥青改性技术的研究越来越受到人们的重视。目前，高速公路、一级公路等高等级道路工程中普遍对沥青进行改性，而高速公路的设计使用年限通常为 10～15 年，道路用改性沥青无法满足高速铁路路基沥青混凝土结构服役寿命长、性能高的要求。

沥青混凝土作为高速铁路路基基床表层的防水封闭结构，其主要功能是阻止表水渗入到路基本体，避免引起路基病害，同时需承担上部列车荷载的传递与振动效应。因此，应重点考虑高速铁路路基沥青混凝土结构由温度应力引起的开裂、高频振动引起的疲劳开裂以及环境荷载下的老化等问题。考虑到高速铁路路基沥青混凝土结构的功能要求，对铁路沥青混凝土进行改性必不可少，但现有高速公路与市政道路的改性技术无法满足高速铁路路基沥青混凝土结构的服役要求，因此亟须针对高速铁路路基沥青混凝土结构开展铁路沥青混凝土的改性技术研究。

4.2　沥青混凝土改性技术与机理

4.2.1　沥青改性技术

改性沥青通常是指将高分子聚合物、树脂等添加剂通过一定的方法添加到基质沥青中，并通过特殊的工艺处理后性能得到改善的沥青。聚合物改性剂主要有三种类型：橡胶类、热塑性橡胶类、树脂类三种。其中，SBS、SBR、PE 等是目前各国使用最多的改性剂。

1. 橡胶类

橡胶即聚合物弹性体，包括天然乳胶、合成乳胶、块状共聚体、再生橡胶等，如丁苯橡胶(SBR)、苯乙烯-异戊二烯橡胶(SIR)、氯丁橡胶(CR)等。其中 SBR 是世界上应用最为广泛的改性剂之一，SBR 是出现较早并广泛应用的聚合物改性剂。

橡胶类改性沥青，通常称为橡胶沥青。它不仅是世界上最早出现并广泛应用的改性沥青品种，也是我们较早得到研究和推广的品种。由于橡胶的内聚能很大，很难用机械方式加工橡胶改性沥青，只能采用溶剂法或乳胶法生产橡胶沥青。

沥青掺加橡胶后，针入度减小，软化点提高，延度增加，这种性质的变化随橡胶掺加量的增加而增大。橡胶沥青的最大特点是沥青的延伸性能和韧性好。沥青中加入橡胶后，沥青延度有较大提高，尤其是低温下的延度提高更为明显。提高低温下的延度，其效果最好的首推丁苯橡胶，而且常常在掺量不大的情况下(3%左右)，延度就超过 150 cm。橡胶沥青低温延度的增大，表明其低温柔韧性改善，使沥青混凝土脆性降低，从而能够减少低温收缩开裂的可能性。由于橡胶沥青具有良好的低温性能，故橡胶沥青被广泛应用在低温寒冷地区。

2. 热塑性橡胶类

热塑性橡胶又称为热塑性弹性体，主要是苯乙烯类嵌段共聚物。如苯乙烯-丁二烯-苯乙烯(SBS)、苯乙烯-异戊二烯(SIS)、苯乙烯-聚乙烯/丁基-聚乙烯(SE/BS)等嵌段共聚物,由于它们兼具橡胶和树脂两类改性沥青的结构和性质,故也称为橡胶树脂类。SBS 由于具有良好的弹性(变形的自恢复性及裂缝隙的自愈性),已成为目前世界上最普遍使用的道路沥青改性剂。

SBS 是一种热塑性弹性体,是以丁二烯和 1、3-苯乙烯为单体,采用阴离子聚合得到的线性或星型嵌段共聚物,这种热塑性弹性体具有多相结构,每个丁二烯链段(B)的末端都连接一个苯乙烯嵌段(S),若干丁二烯链段偶联形成线形或星形结构。

SBS 的两相分离结构决定了它具有两个玻璃化温度,Tg1 为 −80 ℃(聚丁二烯),Tg2 为 80 ℃(聚苯乙烯)。当温度升高到超过端基苯乙烯的玻璃化温度(Tg2)时,网状结构消失,塑性段开始软化和流动,有利于拌和与施工,而在路面使用温度下为固体,起物理的交联和增强效果,产生高拉伸强度和高温下的抗拉伸能力;中基丁二烯提供较好的弹性和抗疲劳性能,其玻璃化温度极低,有低温柔性。

如上所述,其在低于聚苯乙烯组分的玻璃化转变温度时是强韧的高强性材料,而在软高温度下,成为近线形状态,它既具有橡胶的弹性性质,又有树脂的热塑性性质,因而兼有橡胶和树脂的特性。根据苯乙烯和丁二烯所含比例的不同和分子结构的差异,SBS 分成线形结构和星形结构两种,每种结构的 SBS 又有几种牌号。

SBS 的结构类型、嵌段比、充油与否以及分子量的大小等均对 SBS 改性沥青的改性结构效果有较大影响。一般来讲星形 SBS 改性的效果明显优于线形的,但在加工性能方面,线形容易加工,星形要困难些。SBS 改性沥青最大特点是高弹性,高温下不软化,低温下不发脆。

3. 树脂类

树脂类主要包括热固性树脂和热塑性树脂两种。热固性树脂主要有酚醛、氨基、环氧、不饱和聚酯以及硅醚树脂等,热塑性树脂则主要包括聚乙烯(PE)树脂、乙烯-醋酸乙烯共聚物(EVA)、聚氯乙烯(PVC)树脂、聚苯乙烯(PS)树脂等,而在道路工程中以 PE 和 EVA 应用最为广泛。

在很早以前道路材料研究中,热塑性和热固性树脂改性沥青就已经成为广大科研人员眼中的新型材料。研究表明,树脂改性可明显改善沥青针入度、软化点、延度等指标,在沥青混凝土路用性能方面、高温稳定性方面,效果非常显著。但是,树脂类改性剂也存在一定不足,主要在于其易使得沥青及沥青混凝土的相容性变差、低温脆性变大,从而对其推广使用造成一定的限制。但因部分树脂易于施工,可直接掺入,如聚乙烯等,因此,部分学者依然热衷于对树脂改性沥青的研究,以期扬长补弱,推广其应用。

4.2.2 沥青改性机理

改性沥青作为一种共混改性材料,关于沥青改性的机理主要有两种:物理共混改性(使改性剂均匀分布于沥青中形成一定的空间网络结构）和化学改性（改变沥青化学组成）。

1. 物理共混改性

改性剂与沥青的充分混溶是改善沥青性能的基本前提。在此基础上，改性剂吸附沥青中的轻质组分而发生溶胀，已溶胀的改性剂又与沥青的其余组分相互作用，从而形成一种新的结构体系。加之此种改性剂自身的特性而使沥青性能得到相应的改善。

不同原油基属的沥青与不同改性剂的相容性是不同的。如属中间基的胜利沥青与 SBR 的相容性要优于属石蜡基的大庆沥青；而大庆沥青与 EVA 的相容性则优于胜利沥青。一般认为，聚烯烃类改性剂与饱和组分含量高的沥青相容性要好，而橡胶类改性剂则与芳香含量高的沥青相容性要好。改性剂加入沥青后，一般不发生化学反应，但是在沥青中轻质组分的作用下，改性剂体积胀大，即发生溶胀。溶胀是改性沥青稳定的保障。由于聚合物与沥青之间的界面作用，致使二者不会发生相分离，聚合物粒子均匀分布于沥青中。在高剂量改性剂情况下，改性剂在沥青中的溶胀程度降低，但可形成网状结构，使沥青性质发生显著的改善；在低剂量情况下，聚合物被溶胀，沥青中的胶质和油分析出并吸附于聚合物的表面，形成另一种胶体结构，但组分比例发生变化，从而沥青的性能得到改善。

可以认为，两种相容性差的材料混合后，材料的整体性质在很大程度上是由两相的界面性质决定的，而界面性质又取决于两相界面上局部扩散的深度及两相的相互作用能。按照共混改性原理，只有具备适当的相容性，又有良好的界面性质才能得到性质优良的改性材料。因此可以认为，改性沥青即不是结构全新的材料，也不是沥青结构的重复，而是一种同时具有原沥青和聚合物基本特点的新型结构。

2. 化学改性

在沥青中，不仅有烷属烃、烯属烃和芳香烃，还含有极性和非极性化合物，存在羟基、羰基和酯基等有机官能团，可以和许多物质发生化学反应，产生化学交联或化学加成，生成新的化学键。例如：芳烃 α 位上的活泼氢、烷烃受热易断裂的 C-S 键等都能产生活性点，它同氧、硫、氯、磷等沥青发生化学反应可生成氧化沥青、硫化沥青、氯化沥青和磷化沥青等，这些都是对沥青进行改性的常用方法。沥青质上的酸性或碱性基团能与低分子化合物或其他添加物的相应基团发生化学加成、交联或接枝等化学反应，生成较强的共价键或离子键的化学结构，改变了沥青的化学结构和改善了沥青的化学性质。

在 SBS 改性沥青中，加入马来酸酐（MAH）生成 SBS-g-MAH 改性沥青。由于 SBS-g-MAH 的极性化比 SBS 高，与沥青之间形成一种更稳定、均匀、分相而不分离的织态结构，从而有效改善沥青的热储存稳定性。在 SBS 改性沥青中加入单质硫、聚硫、含硫化合物等交联剂，使 SBS 与沥青或者交联剂与沥青之间发生交联反应。含硫交联剂的加入，使 SBS 产生部分硫化，可形成硫化的大分子网络结构，提高沥青的耐热性、耐候性和机械性能，特别是赋予沥青高弹性，在提高沥青的弹性和机械强度的同时，还保持其塑性性能。含硫交联剂可使 SBS 生成永久性的三维网状结构。Koen 在 SBS 改性沥青中加入二氧化硫发现，硝基取代的二芳基二硫化物的改性效果最好，既提高了共混体系的储存稳定性，又改善了沥青的低温性能和高温性能。

4.3 铁路专用改性沥青

4.3.1 制备机理

近些年来，SBS 与橡胶粉(CR)复合改性技术应用越来越广泛。SBS＋CR 复合改性沥青具有如下技术优势：在沥青中添加橡胶粉，可提高复合改性沥青的低温抗裂性及耐疲劳性能；SBS 可提高复合改性沥青的高温性能，能够有效提高沥青的抗变形和回弹性能；SBS＋CR 复合改性沥青具有良好的抗疲劳性能；采用废旧轮胎进行沥青改性，减轻废旧轮胎堆积对环境产生的黑色污染，符合绿色交通的环保理念；橡胶粉可部分代替沥青，具有明显的经济和环保优势；橡胶粉中的炭黑有紫外光屏蔽剂的作用，在沥青中可提高耐热氧老化和紫外老化的能力。

已有研究表明，采用 SBS 与 CR 对沥青进行复合改性，既能发挥 SBS 的高温优势，又能发挥橡胶沥青低温抗弯拉强度大、耐紫外老化的特点，同时添加 CR 可提高沥青抗老化的性能优势，另外，还可节约成本、缓解环境污染的压力，因而得到业界的广泛认可并发展迅速。但现阶段的 SBS＋CR 复合改性沥青多停留在物理共混，存在以四方面问题：

(1)一般的橡胶粉未经处理或仅经简单表面改性，与基质沥青之间本质上为热力学不相容体系。未经过脱硫降解的橡胶粉，呈现化学交联网络结构，颗粒较粗，一般以毫米尺度填充料的形式存在，而 SBS 在常规加工条件下一般以微米尺度分散在沥青中，这导致了橡胶粉难以熔融和溶解，在沥青中易沉降，使用过程中存在相分离的风险，在实际使用时不能长期存放。

(2)为提高橡胶粉在沥青中的分散性问题，前人的解决办法通常是采用高温、强剪切工艺或橡胶粉在助剂中预溶胀等处理手段，但是橡胶粉在沥青中的快速分散温度往往高于 220 ℃，易导致沥青老化、能耗大和污染严重等问题。

(3)由于橡胶粉沥青黏度较大，限制了 SBS 的掺量，加之橡胶粉具有较强的弹性，这导致橡胶粉改性沥青混凝土的施工压实较为困难，同时也导致改性沥青中橡胶粉的掺量不超过 20%，无法达到预期的性能要求。

(4)在使用过程中因橡胶粉在较高温度时会产生刺激性气味气体，对环境及相关生产作业人员具有一定的危害。

上述问题严重制约了基于物理改性的橡胶粉改性沥青技术的发展。为了解决上述问题，现阶段专家学者尝试通过化学改性的方式，将 SBS＋CR 复合改性沥青中的橡胶粉进行化学改性处理，采用热剪切脱硫工艺、螺杆反应挤出方法来破坏橡胶粉的交联网络结构，实现环境污染小、工艺简单、产量高、可连续生产的特点。螺杆高温挤出脱硫技术可使橡胶粉预先脱硫降解，破坏其交联结构使橡胶粉颗粒变细，使橡胶成分从固态向黏流态转变，在沥青中实现分子级别的混融，更微细化分散到沥青中，易与 SBS 复合，从而达到与 SBS 协同改善沥青性能的目的，突破橡胶粉/SBS 复合改性沥青的分散瓶颈问题。

基于上述原理，如图 4-4 所示，通过浅度裂解技术，将橡胶浅裂解为橡胶油，在一定的化学助剂作用下，将炭黑附着于 SBS 与橡胶形成的交联网构中，充分发挥橡胶成分的物理溶胀作用，制得废旧橡胶掺量更大、性能更为稳定优良的 SBS 及橡胶粉复合改性沥青（以下简称“铁路专用改性沥青”）。

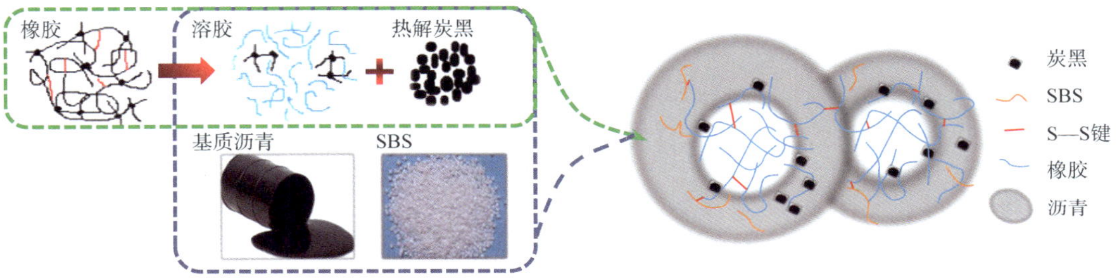

图 4-4　铁路专用改性沥青制备机理

已有研究表明，纳米级炭黑颗粒进入沥青中，可对紫外线产生屏蔽作用，同时炭黑的表面基团也为铁路专用改性沥青的交联作用提供了更多的活化基团，使沥青内部的交联结构发生变化，产生较强的抵抗热氧老化的能力。炭黑的比表面积越大，可以提供的活化基团就越多，这些基团与改性剂中的分子链主要形成两种作用：炭黑表面基团与分子链发生反应，形成键合作用，使沥青内部形成更稳定的结构形式，降低老化的可能性；炭黑表面能缠结吸附更多改性剂高分子，形成物理作用。比表面积大的炭黑可与改性剂的分子链形成更多的物理作用，不仅对改性剂形成补强作用，还降低了分子链的流动，减少降解反应的发生，增强基质沥青的耐老化性能。

4.3.2　基本性能研究

综合考虑国内外高性能沥青的应用情况、现阶段国内应用现状等因素，选择高黏复合改性沥青（SBS+TPS）作为对比材料，对铁路专用改性沥青的基本性能和流变性能进行研究与评价。为便于比较，高黏复合改性中 SBS 掺量与铁路专用改性沥青中 SBS 掺量一致。TPS 掺量结合课题组已有成果确定。

参照《公路工程沥青及沥青混合料试验规程》（JTG E20—2011），实测铁路专用改性沥青原样阶段的基本性质，其结果见表 4-1。

表 4-1 铁路专用改性沥青试验结果

技术指标	单位	试验结果	试验方法
针入度(25 ℃,100 g,5 s)	0.1 mm	71.3	JTG E20(T 0604)
针入度指数 PI	—	1.6	JTG E20(T 0604)
软化点 TR&B	℃	90.2	JTG E20(T 0606)
弗拉斯脆点	℃	−28	JTG E20(T 0613)
175 ℃黏度	Pa·s	1.245	JTG E20(T 0625)
弹性恢复率	%	92	JTG E20(T 0662)
离析软化点差	℃	1.4	JTG E20(T 0661)
与骨料的黏附性	级	5	JTG E20(T 0616)
5 ℃ 延度	cm	41	JTG E20(T 0605)
闪点	℃	285	JTG E20(T 0611)
溶解度	%	91	JTG E20(T 0607)
RTFOT 后残留物			
质量变化	%	−0.25	JTG E20(T 0609)
残留针入度比,不小于	%	91.8	JTG E20(T 0604)
5 ℃残留延度,不小于	cm	30	JTG E20(T 0605)

针入度、延度、软化点是沥青胶结料的基本指标,测试改性沥青的三大基本指标,对现场施工过程中沥青品质的控制具有特殊意义。为了解施工过程中沥青在不可避免的老化过程中性能的变化趋势,通过旋转薄膜烘箱(thin film oven test,TFOT)进行短期老化,采用压力容器(pressure aging vessel,PAV)进行长期老化,将其所得样品进行 5 ℃延度、25 ℃针入度及软化点测试。原样沥青及经老化处理后的沥青基本指标测试结果分别如图 4-5～图 4-7 所示。

图 4-5～图 4-7 试验结果表明,铁路专用改性沥青 5 ℃延度明显高于高黏沥青,针入度明显低于高黏沥青,其在老化过程前后均呈现降低的趋势,但铁路专用改性沥青软化点略高于高黏沥青。在老化过程前后两者出现了不一样的趋势,铁路专用改性沥青降低,高黏沥青升高。

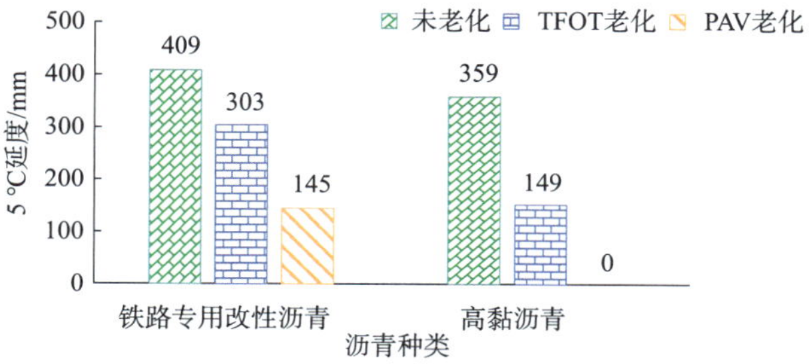

图 4-5 两种沥青胶结料不同老化状态 5 ℃延度试验结果

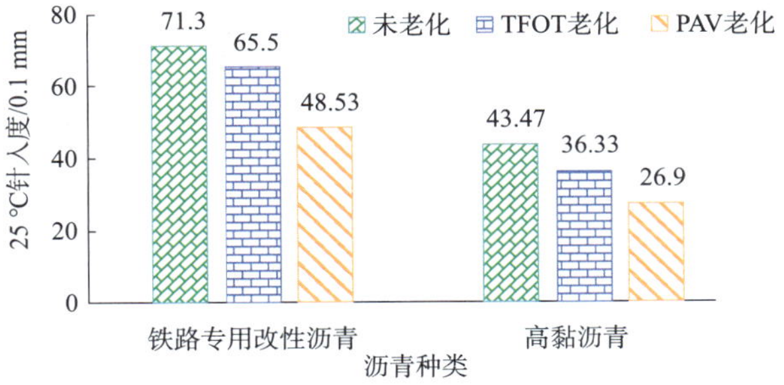

图 4-6　两种沥青胶结料不同老化状态 25 ℃针入度试验结果

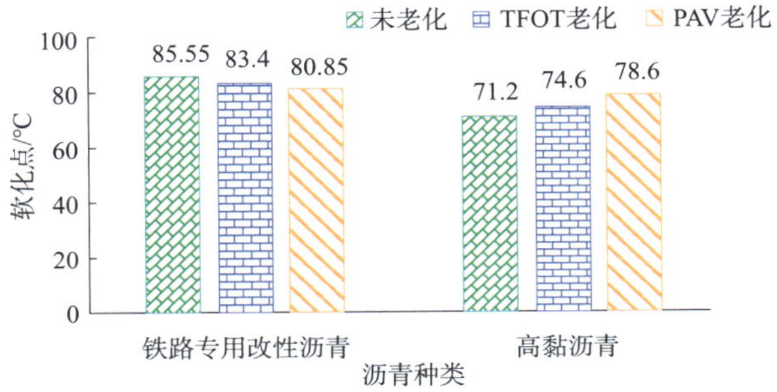

图 4-7　两种沥青胶结料不同老化状态软化点试验结果

根据已有研究，延度与沥青的老化程度具有很好地联系，而老化程度对于沥青路面疲劳裂缝的产生有较大的影响。一些研究者也发现延度和现场路面的疲劳裂缝存在一定的联系，路用沥青若其长期老化后的延度值高于 100 mm（5 ℃），则路面裂缝较少，若延度值在 30～50 mm，则路面裂缝较多。结合试验结果发现，铁路专用改性沥青在三种状态（原样、短期老化、长期老化）下，延度均高于高黏沥青，5 ℃延度长期老化后沥青延度远高于100 mm，而高黏沥青长期老化后延度为 0 mm，表现为脆断，体现了高黏沥青混凝土在长期使用过程中可能存在低温脆断的风险，而铁路专用改性沥青在极端低温环境下，其低温性能更有保证。

总结三大指标结果，可以发现铁路专用改性沥青具有良好的低温性能并且耐热性亦优于高黏沥青，橡胶和 SBS 形成的网状结构使得沥青胶结料的工作区间得到双向扩展，即铁路专用高黏沥青具有较宽的工作温域。对于老化过程中铁路专用改性沥青软化点的反常降低现象，可能是由于在短期老化及加压长期老化过程中，橡胶及 SBS 交联结构被破坏，导致其高温性能呈现降低的趋势，而 SBS 和 TPS 本属于同一类聚合物，不存在上述变化，其软化点变化主要由于沥青轻质组分向沥青质转换，从而使得其软化点升高，该猜想需要结合后期的微观试验进一步验证。

4.3.3 流变性能研究

1. 旋转黏度

参照《公路工程沥青及沥青混合料试验规程》(JTG E20—2011)T 0625 的试验方法，采用旋转黏度计(图 4-8)对两种复合改性沥青进行试验。现有研究结果表明，通过沥青胶结料的黏温曲线算得的黏流活化能可以更好地表征沥青的高温流变性，因而将试验温度设定为 125 ℃、135 ℃、145 ℃、155 ℃。黏度主要影响沥青混凝土的拌和、压实，因此主要考虑短期老化(TFOT)，而不考虑长期老化，试验时仅考虑原样及短期老化后沥青黏度变化。

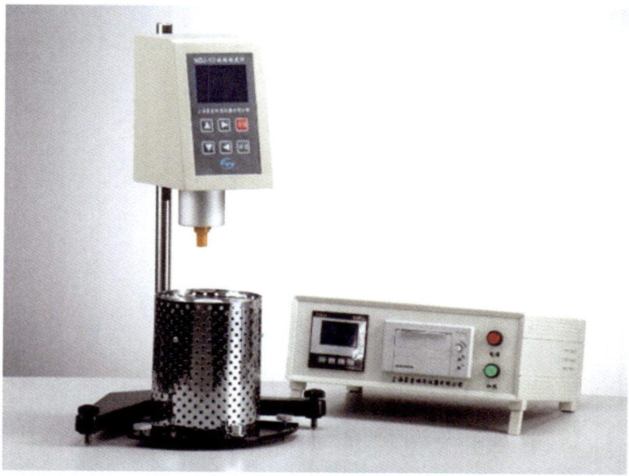

图 4-8　旋转黏度计

图 4-9 为黏度随温度变化曲线。由图 4-9 可知，复合改性沥青的黏度在老化后会有升高。

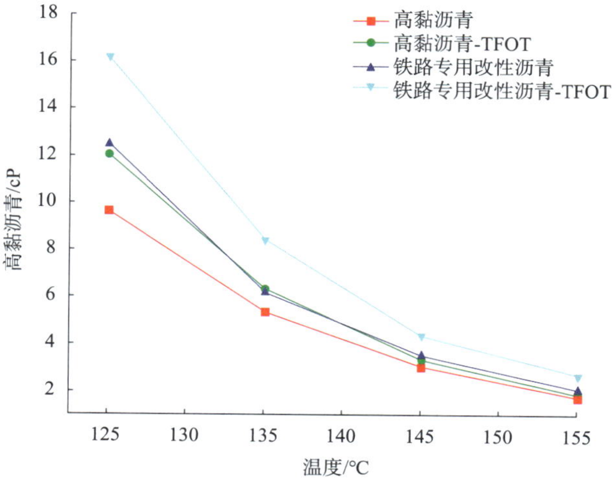

图 4-9　两种改性沥青黏度随温度变化曲线

根据美国 Delmar Salomon 教授研究,短期老化前后黏度值变化无法体现沥青流变性能的变化,且与使用性能关联不紧密,并建议根据沥青旋转黏度反算沥青老化前后的黏流活化能,进而对沥青高温流变性进行分析。研究结果表明,活化能越大,该沥青的高温稳定性越强。高黏沥青和铁路专用改性沥青旋转黏度随温度变化 Arrhenius 曲线,其结果如图 4-10 所示。

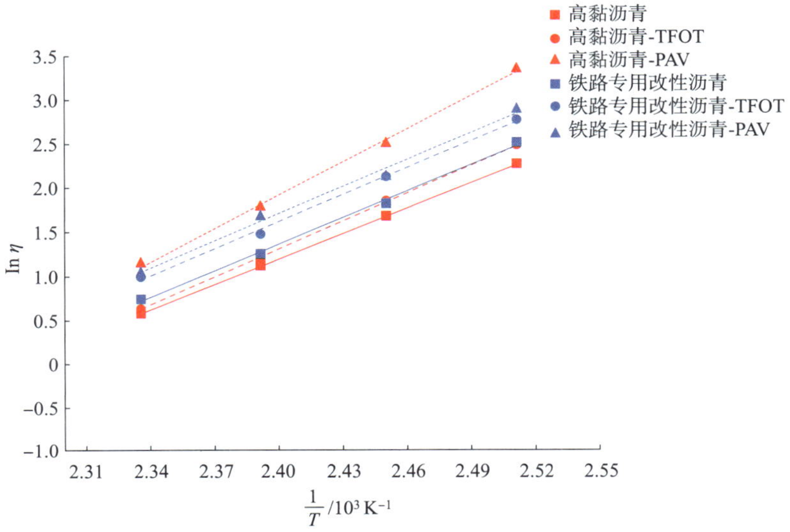

图 4-10　活化能分析图

首先获得 Arrhenius 曲线斜率,再利用斜率与活化能之间的关系,可求得各种沥青的活化能,结果如图 4-11 所示。

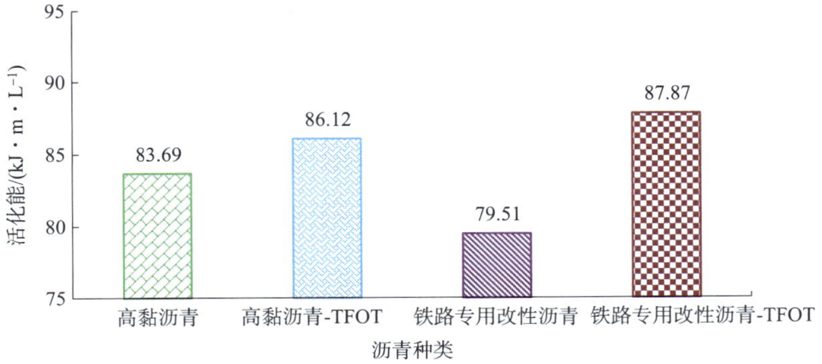

图 4-11　改性沥青黏流活化能结果

一般来说,越高的活化能表明沥青在发生改变时需要吸收的能量越大,老化使得沥青中的活性分子向非活性分子转换,与图 4-11 显示的两种复合改性沥青老化后的活化能升高结果一致。在沥青拌合及运输过程中短期老化不可避免,故高温流变性的研究需考虑短期老化的影响。根据黏流活化能越大越稳定的原理,铁路专用改性沥青初始活化能大于高黏沥青，但短期老化后结果相反，可能是因为热老化对两种沥青影响不一致，铁路专用改性沥青中因为存在纳米级炭黑作用使其具有优良的耐老化性能，故而其活化分子转换少；高黏沥青中不存在抗老化成分，聚合物改性剂易老化，从而短期老化过程中，活性分子转换多，活化能升高明显。

2. 弯曲梁流变试验

国内外现行评价沥青低温性能主要通过弯曲梁流变试验(BBR)(图 4-12)，研究者发现该试验与现场温度开裂的相关性良好。弯曲梁流变试验应用简支梁理论，采用弯曲梁流变仪对沥青小梁施加蠕变荷载以模拟沥青在路面温度应力作用下的力学响应，以此评价沥青低温抗开裂能力。低温性能主要以沥青蠕变劲度模量 S 和蠕变速率 m(劲度模量随时间变化的斜率)两个参数进行评价，前者越小后者越大，表明该种沥青抵抗低温开裂的能力越强。根据 AASHTO 规范规定，$S \leqslant 300$ MPa，$m \geqslant 0.3$ 时，可认定其在该温度下具有足够的抵抗低温破坏能力，超过该范围，则判定此时沥青混凝土处于开裂边缘状态。本次试验的 S、m 结果如图 4-13 和图 4-14 所示。

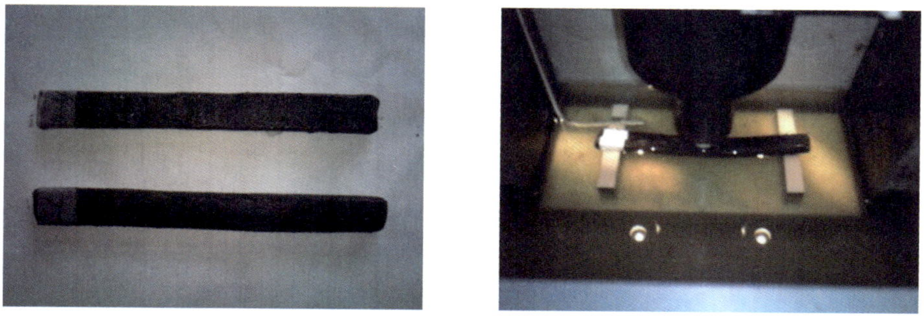

图 4-12　沥青胶结料小梁弯曲蠕变试件及试验

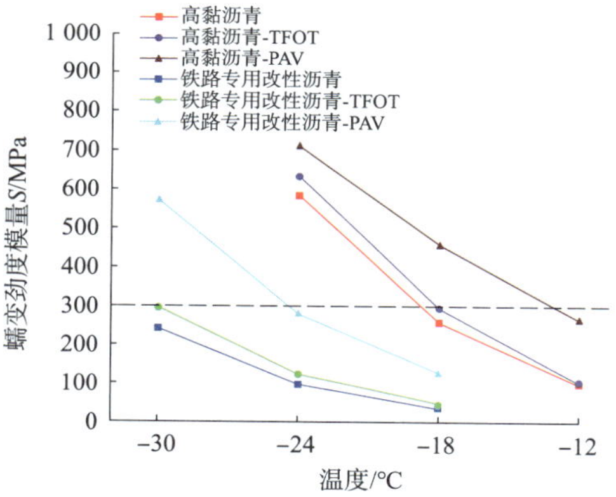

图 4-13　改性沥青低温劲度模量 S 结果

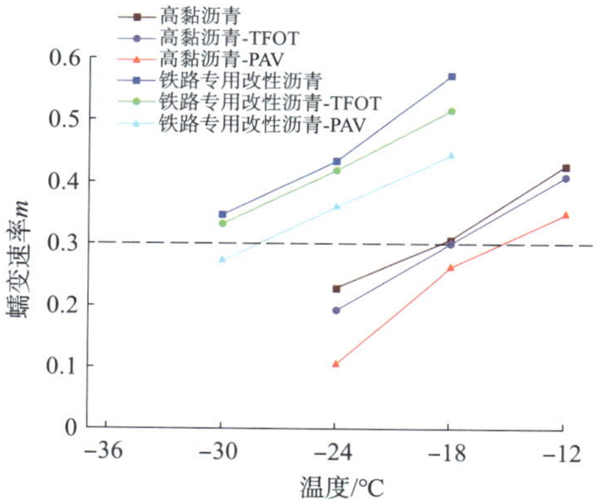

图 4-14　改性沥青低温劲度模量随温度变化斜率结果

根据图 4-13 和图 4-14 可知，相同温度下，铁路专用改性沥青低温弯曲劲度明显低于高黏沥青，仅为后者一半，m 值大于高黏沥青，其低温性能继承了橡胶沥青的良好性能。在 −28 ℃时，高黏沥青低温弯曲劲度 S 是判定指标 300 MPa 的 2 倍，m 小于 0.3，表明高黏沥青低温时变形适应性弱于铁路专用改性沥青。依据低温等级判定标准，铁路专用改性沥青低温失效温度为 −34 ℃，高黏沥青低温失效温度为 −22 ℃。综上所述，铁路专用改性沥青具有更为优越的低温抗开裂性能。

3. PG 分级

PG 分级依据《公路工程沥青及沥青混合料试验规程》(JTG E20—2011)。高温分级时原样及短期老化(TFOT/RTFOT)沥青以 30 ℃为初始温度，6 ℃一个温度为级差，长期压力老化(PAV)以 15 ℃为初始温度，3 ℃为一个级差。

试验所用仪器为 Anton Pear 生产的剪切流变仪，试验温度高于 30 ℃时，转子大小为 25 mm，试验两端转子间距 1 mm；试验温度低于 30 ℃时，转子大小为 8 mm，试验两端转子间距 2 mm，图 4-15 为试验仪器及试验样品。试验结果如图 4-16 所示。

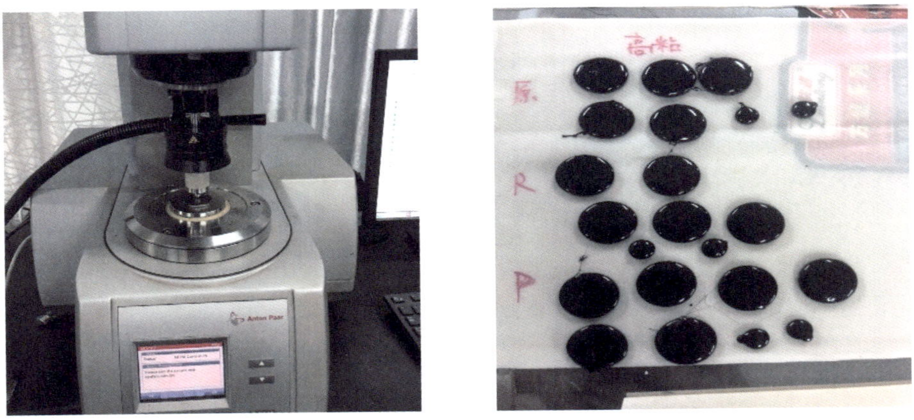

(a)试验仪器　　(b)试验样品

图 4-15　DSR 仪器及试验样品

根据 AASHTO 规范，原样 $G^*/\sin\delta \geqslant 1.0$ kPa，短期老化(TFOT)$G^*/\sin\delta \geqslant 2.2$ kPa，长期压力老化(PAV)$G^*\sin\delta \leqslant 5\ 000$ kPa，可认定两种沥青高温等级分别为 78 和 84，结合低温试验结果，可判定该种沥青 PG 分级分别为：铁路专用改性沥青 PG78-34，高黏沥青 PG84-22。

为了适应不同地区温度环境，可以适当调整铁路专用改性沥青改性配方。若专用改性沥青用于严寒地区可适当增加橡胶与 SBS 掺量，以及采用高标号基质沥青，提高改性沥青的低温抗裂性能。若专用沥青用于中部或南部夏季高温地区可适当降低橡胶掺量，改善改性沥青的高温性能。依此制备三种铁路专用改性沥青(Ⅱ型为上文所述的专用改性沥青，

Ⅰ型是偏重于高温性能，Ⅲ型偏重于低温性能），PG 分级试验结果如图 4-17～图 4-19 所示。Ⅰ型 PG 分级 PG84-22，Ⅱ型 PG 分级 PG76-34，Ⅲ型 PG 分级 PG70-40，所以铁路专用系列改性沥青的工作温域范围为－40～82 ℃。

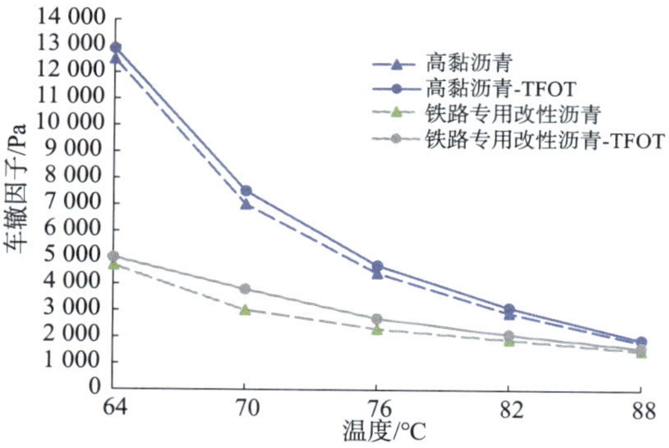

图 4-16　PG 分级-高温等级分级

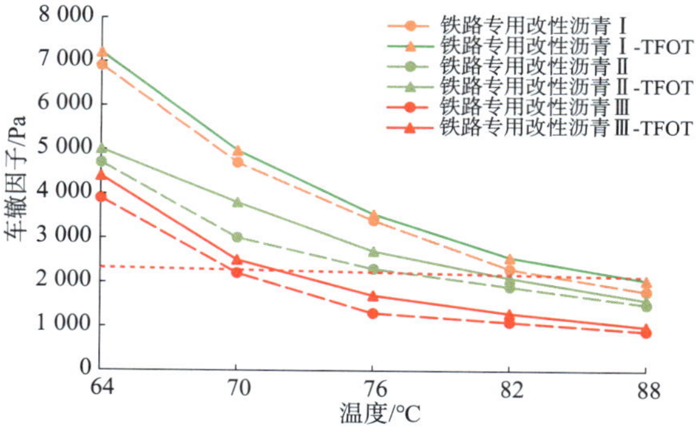

图 4-17　铁路专用改性沥青系列 PG-高温等级分级

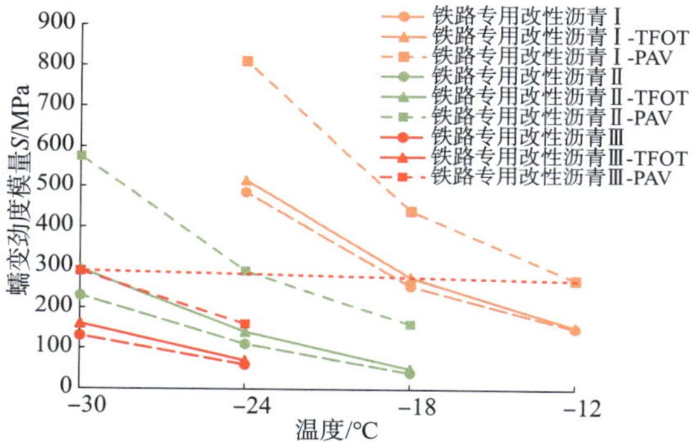

图 4-18　铁路专用改性沥青系列低温劲度模量 S 结果

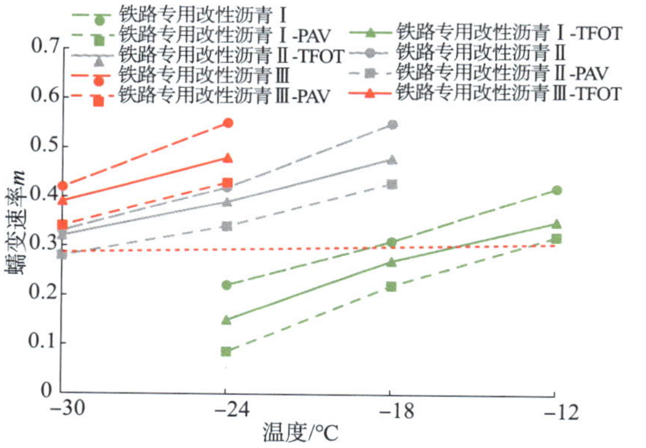

图 4-19　铁路专用改性沥青系列低温劲度模量 m 结果

4. 线性幅度扫描试验

线性振幅扫描（linear amplitude sweep，LAS），也称快速疲劳试验，简称 LAS 试验（AASHTO TP 101）。该试验采用的是应变控制的加载方式，即对荷载进行扫描，其中扫描时间计划为 300 s，在这个时间段内，荷载的施加方式为线性增加，振幅范围：0.1%～30%。本试验方法适用于旋转薄膜烘箱试验（TFOT）和沥青压力老化试验（PAV）。

该试验方法旨在评价沥青胶结料在循环荷载作用下的抗损伤能力。材料损伤累积速率的特性可以用预测模型来表示路面结构条件以及预期的交通荷载对沥青混凝土疲劳性能的影响。

LAS 试验相对其他试验来说，其操作简单，并且耗时短、快速，300 s 的规定时间使得疲劳试验时间成为可控因素。VECD 模型对 LAS 试验数据得到的应力应变进行非线性拟合，进而得到沥青的损伤特性曲线，基于此可以根据损伤特性预测疲劳性能。

沥青样品制备与高温分级试验一致，试验温度为 25 ℃，转子直径 8 mm，转子距底座距离 2 mm。LAS 试验过程分两阶段：第一阶段为频率扫描，以获得沥青流变参数；第二阶段为线性幅度扫描，以恒定的频率在线性增加的振幅下造成加速疲劳损伤。

根据线性幅度扫描试验，经数据处理可得到沥青剪应变增大过程中损伤积累曲线如图 4-20所示。由图 4-20 可以看出，铁路专用改性沥青原样及其短期老化沥青的损伤曲线基本趋于水平，其表明橡胶的弹性作用可提高沥青的抗疲劳损伤能力，但随着长期老化的作用，两种复合改性材料损伤速率迅速增加，与此对应的疲劳寿命迅速减少。但铁路专用改性与高黏沥青存在的不同之处，铁路专用改性沥青及高黏沥青初始损伤速度快，铁路专用改性沥青在一定损伤积累后趋于平缓，然而高黏沥青却一直较为陡峭，表明此时高黏沥青容易迅速发生疲劳破坏，其将影响路面的使用性能。取不同的沥青混凝土防水封闭层可能产生的 γ_{max} 计算不同的沥青疲劳寿命，得到结果见图 4-21。

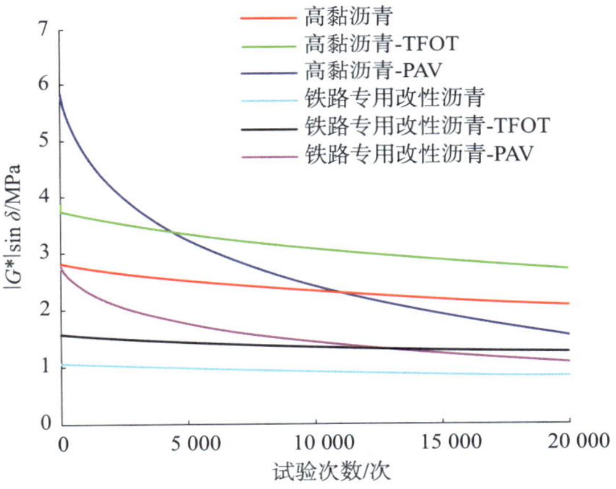

图 4-20　两种改性沥青不同老化状态损伤曲线

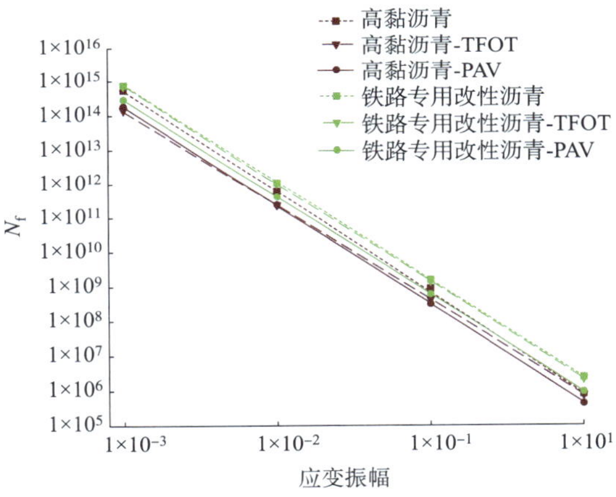

图 4-21　沥青寿命与基层结构应变-疲劳寿命关系

根据图 4-21 结果，两种改性沥青在老化发生时，疲劳寿命均迅速减少，但是铁路专用改性沥青始终比高黏沥青高一个数量级。根据现有研究，由沥青得到的疲劳参数与沥青混凝土的疲劳寿命虽不能等效，其预测的疲劳寿命值与其实际对应的沥青混凝土实测的寿命值有一致的规律，即当某种沥青的疲劳性能较好时，与其对应的沥青混凝土的疲劳性能也较好，该结果将在沥青混凝土疲劳寿命的评价中得到验证。

5. 老化试验

铁路专用改性沥青作为一种采用了先进稳定化处理工艺的 SBS/橡胶粉复合改性沥青，与常规的 SBS 改性沥青和橡胶改性沥青相比，在不同使用温度范围内的各项性能均有着不同程度的提高。但其作为高速铁路路基段沥青混凝土防水封闭结构的胶结料，对于沥青混凝土组成材料(主要考虑沥青)的抗老化性能提出了更高的要求。

为此,本研究通过延长 PAV 老化时间,探究老化过程中铁路专用改性沥青的性能演化规律,主要从中温疲劳、低温抗开裂及高温抗变形行为三方面进行评价。对铁路专用改性沥青(TA)和高黏沥青(HV)进行实验室模拟的短期老化试验(RTFOT)和长期老化试验(PAV),高黏沥青作为对照组。其中,PAV 试验在原有标准试验 20 h 的基础上还进行了 40 h 和 60 h 的加长试验,用以探究铁路专用改性沥青抵抗超长期热氧老化的能力。后文用到了五种老化状态的沥青,分别是原样沥青、短期老化后的沥青、20 h PAV 老化、40 h PAV 老化和 60 h PAV 老化后的沥青,下文中以 V、T、20P、40P 和 60P 代替。

(1)高温稳定性

MSCR 试验是一种控制应力的旋转剪切试验,试验总时间为 300 s,其中前 200 s 的应力水平为 0.1 kPa,后 100 s 的应力水平为 3.2 kPa,计算时取后 200 s 所采集到的数据;测试过程中以 10 s 为一个加载周期,其中前 1 s 为加载阶段(即施加应力),后面 9 s 为卸除应力的恢复阶段。考虑到铁路专用改性沥青高温性能较好,因此试验温度提高设置为 70 ℃,试验所用转子的直径为 25 mm,平行板间隔为 1 mm。根据相应的计算规范,可以得到六个评价指标:0.1 kPa 条件下的蠕变恢复率($R_{\_0.1}$)和不可恢复柔量($J_{nr\_0.1}$),3.2 kPa 条件下的蠕变恢复率($R_{\_3.2}$)和不可恢复柔量($J_{nr\_3.2}$)以及评价沥青在高温条件下对于荷载大小的敏感性指标 R_{diff} 和 J_{nr_diff}。主要观察指标为 $J_{nr\_3.2}$ 和 J_{nr_diff},因为前者代表着沥青在高温、较大剪切应力水平条件下的抗变形能力,其值越小,代表着沥青的抗车辙性能越好;后者则是在基于 MSCR 试验的分级标准中,用来进行沥青高温性能分级的一个指标。

图 4-22 为两种沥青的 MSCR 试验对比结果。蠕变恢复率主要表征沥青胶结料在高温条件下的变形恢复能力。由图 4-22(a)和图 4-22(b)可以看出,随着老化时间的增加,两种沥青的蠕变恢复率均呈现出下降趋势,老化后沥青应力消散能力下降。同时,铁路专用改性沥青的下降速率明显低于高黏改性沥青,因此就蠕变恢复率这一指标而言,铁路专用改性沥青受到长时间热氧老化的影响要低于高黏改性沥青。图 4-22(c)和图 4-22(d)为两种沥青在两种应力水平条件下的不可恢复柔量,可以发现,在未老化和短期老化条件下两种沥青的不可恢复柔量都非常小,均低于基于 MSCR 试验的性能分级阈值(0.5)。一般而言,老化后沥青变硬,其不可恢复柔量应该呈现出下降趋势,但在本研究中两种沥青均呈现出上升趋势。这可能是源于改性沥青中高聚物改性剂的降解作用,从而使得沥青在此试验条件下表现出老化后“软化”的现象。图 4-22(e)和图 4-22(f)为两种沥青的蠕变恢复率和不可恢复柔量对于应力水平的敏感性指标,可以看出铁路专用改性沥青受到老化的影响要远小于高黏改性沥青,说明铁路专用改性沥青在经历长时间的热氧老化之后仍然可以保证对于较高剪切应力的适应能力。

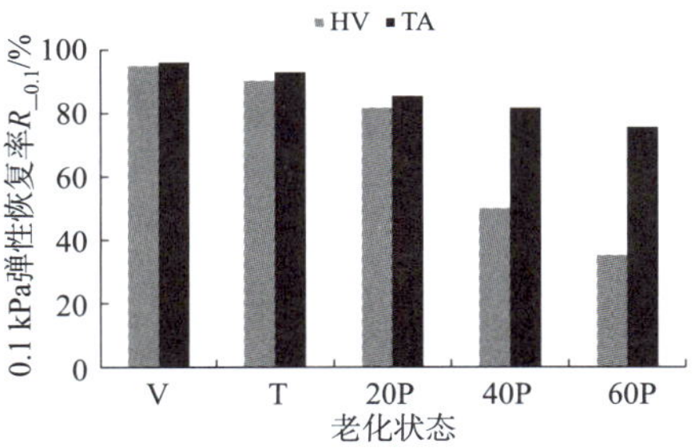

(a)0.1 kPa 下恢复率

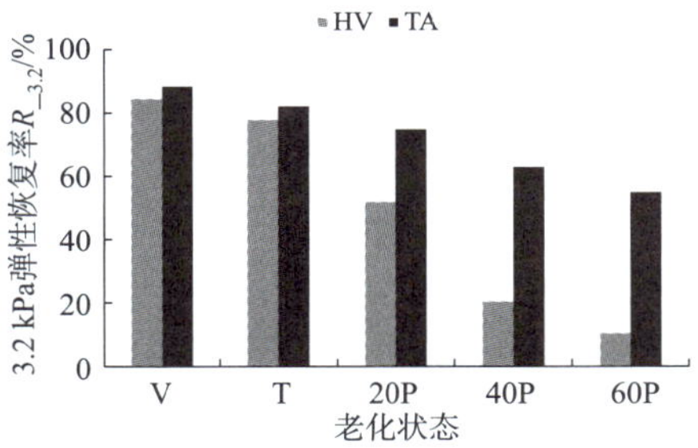

(b)3.2 kPa 下恢复率

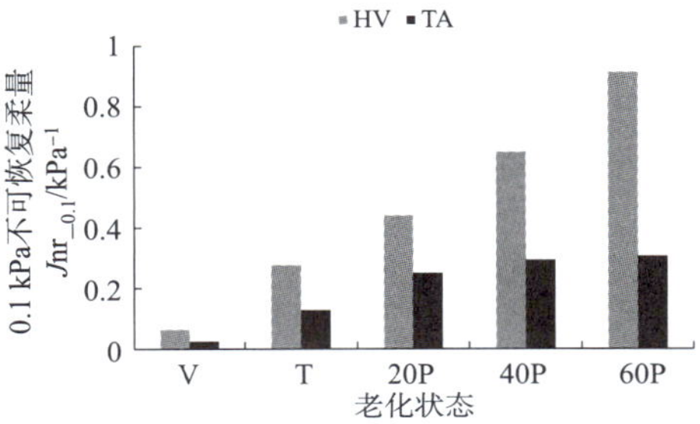

(c)0.1 kPa 下 J_{nr_diff}

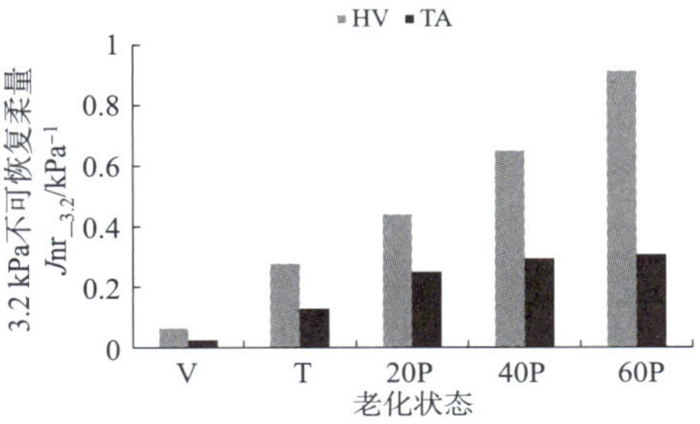

(d)3.2 kPa 下 J_{nr_diff}

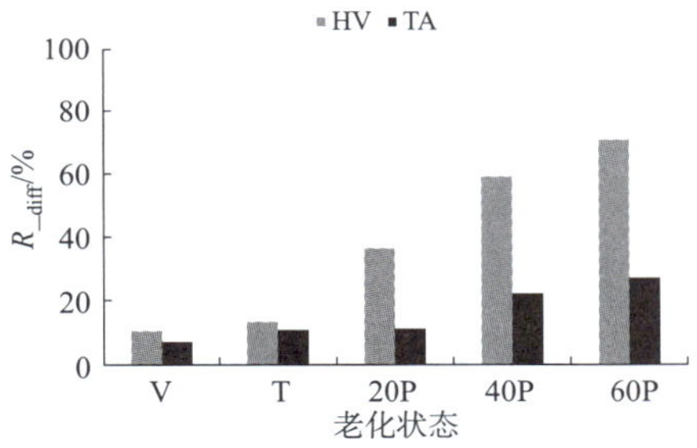

(e)$R_{\_diff}$

图 4-22　两种沥青的 MSCR 试验结果

图 4-23 为两种沥青在 3.2 kPa 的剪切应力下蠕变恢复率和不可恢复柔量之间的关系。在参考线之上的点说明对应沥青具有较好的弹性行为。可以看到,高黏沥青在经过 40 h 的 PAV 老化之后,弹性特征大幅减弱,而铁路专用改性沥青在不同老化状态下均能表现出较为优良的弹性行为,从这个方面可以看出铁路专用改性沥青的抗老化性能较为优异。

(2)中温抗疲劳性能

中温抗疲劳性能试验方法采用的是线性振幅扫描(linear amplitude sweep,LAS)试验,具体试验和计算与 4.3.3 节相同。试验主要可以得出三部分结果:应力应变曲线,用以分析沥青在加载过程中的疲劳屈服和失效过程;损伤特征曲线,用以分析沥青在加载过程中的伪劲度随损伤强度的变化过程;疲劳曲线和疲劳寿命,可以直接评估沥青的疲劳性能好坏。

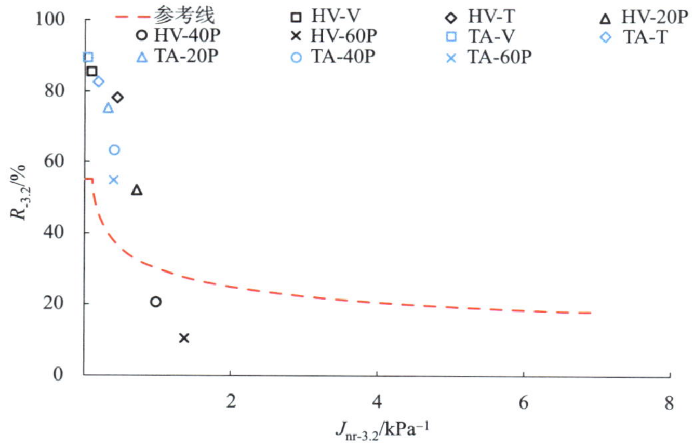

图 4-23　70 ℃下两种沥青蠕变恢复率和不可恢复柔量关系

两种沥青的失效应变和失效应力见表 4-2。由表 4-2 可知，两种沥青的失效应变随着老化程度的提高而减小，失效应力随着老化程度的提高而增加，说明老化后的沥青在 LAS 试验过程中，其抵抗疲劳破坏的能力下降，所能承受的失效应变也随之降低，失效应力的提升主要来自老化后沥青模量的增加。值得注意的是，铁路专用改性沥青在未老化状态下的失效应变非常高(接近于 LAS 试验的最大应变值)，这间接说明了铁路专用改性沥青在初始状态下的优良抗疲劳性能。

表 4-2　两种沥青的失效应变和失效应力汇总

沥青种类	老化状态	失效应变/%	失效应力/MPa
高黏沥青(HV)	Virgin	21.55	0.222
	TFOT	18.85	0.242
	PAV-20 h	18.21	0.318
	PAV-40 h	15.03	0.324
	PAV-60 h	14.82	0.327
铁路专用改性(TA)	Virgin	21.99	0.154
	TFOT	19.41	0.188
	PAV-20 h	18.73	0.195
	PAV-40 h	16.68	0.255
	PAV-60 h	15.93	0.359

图 4-24 为两种沥青的损伤特征曲线，纵坐标为材料的归一化伪劲度 C，也可以理解为材料的完整性参数，横坐标为外界输入的损伤强度 D。可以看出，随着老化程度的加剧，两种沥青的损伤特征曲线斜率增加，则说明老化后沥青的抵抗外界损伤的能力下降。同时也可以发现，铁路专用改性沥青的斜率变化较高黏改性沥青小，说明铁路专用改性沥青在抵抗

疲劳破坏方面的抗老化性能较好。

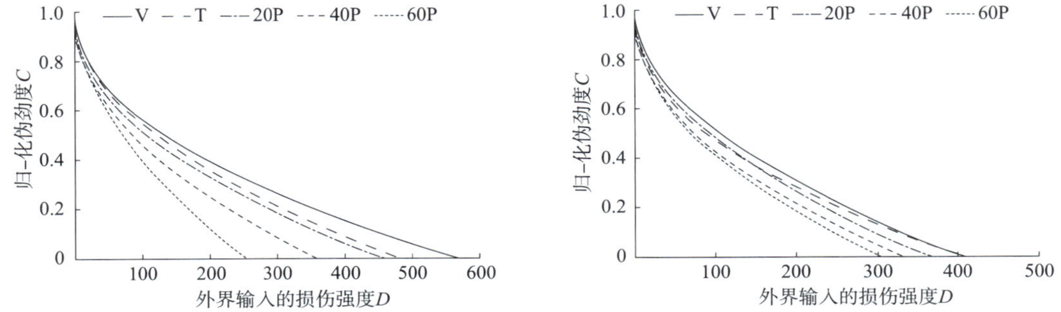

(a)高黏沥青　　(b)铁路专用改性沥青

图 4-24　两种沥青的损伤特征曲线

图 4-25 为两种沥青的疲劳寿命曲线(为了使图像更直观,采用了双对数坐标系),可以看到两种沥青在不同应变水平下的疲劳寿命均随着老化程度的加剧而减小。铁路专用改性沥青在未老化状态下的疲劳寿命异常优良,比高黏改性沥青高出了多个数量级,因而即使其疲劳寿命变化率相较于高黏改性沥青大,由于其优异的初始疲劳性能,在 PAV 老化时间达到 60 h 后,疲劳寿命仍然明显高于高黏改性沥青。

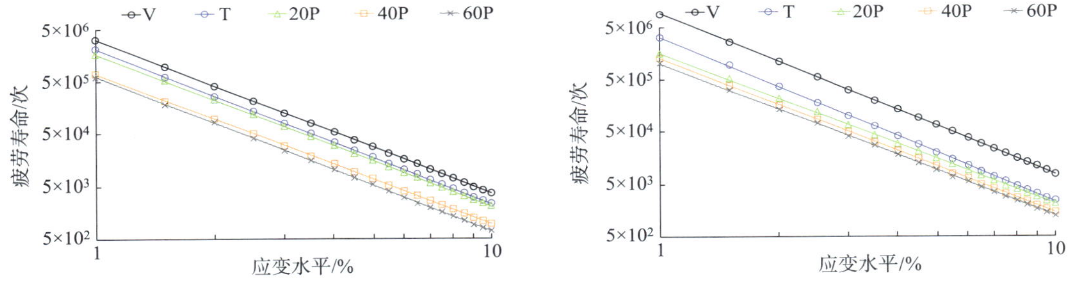

(a)高黏沥青　　(b)铁路专用改性沥青

图 4-25　两种沥青的疲劳曲线

(3)低温抗裂性能

由于防水封闭层主要运用于高寒地区,因此两种沥青在低温度条件下的抗裂性能随着老化状态的改变具有十足的研究意义。本章主要采用弯曲梁流变(BBR)试验进行低温性能研究。

图 4-26 为两种沥青的低温临界服役温度图,可以看出,高胶沥青在不同老化状态下,无论是按照 S 还是 m 决定的临界温度均低于高黏改性沥青,且其随着老化的变化率较高黏改性沥青小。

综上所述,高胶沥青中橡胶粉的有效溶胀,吸收基质沥青中的一部分轻质组分,使得沥青在老化过程中的轻质组分挥发速率减缓;裂解炭黑的存在起到了一定的补强作用;有效的三维网络结构,使得铁路专用改性沥青抗老化性能提升明显。

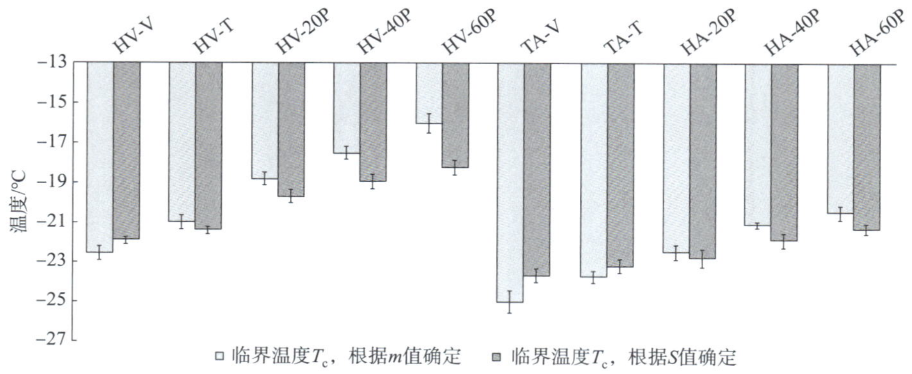

图 4-26　两种沥青连续低温分级结果

4.3.4　微观结构研究

从沥青与沥青混凝土两个宏观的角度，对高黏沥青与铁路专用改性沥青两种复合改性方式对 SBS 改性沥青的改性效果进行了研究，发现两者对 SBS 沥青性能都具有一定的改性效果，但是两者之间还存在很大差异。为了更好地研究两种复合改性方式的本质，本节利用荧光显微镜与红外光谱两种试验手段从微观的角度进一步探究两种改性沥青的微观结构。

(1)荧光显微镜

荧光显微镜系统是从激光光源照射出具有特定波长的光线，被检物体受光线的激发后产生人眼可见的荧光，然后通过显微镜成像系统收集物体被激发出的微小荧光，并将其放大后呈现出来的系统(图 4-27)。本章试验一般采用的荧光显微镜类型为落射式荧光显微镜，光源从样品上方射入，观察反射的结果。

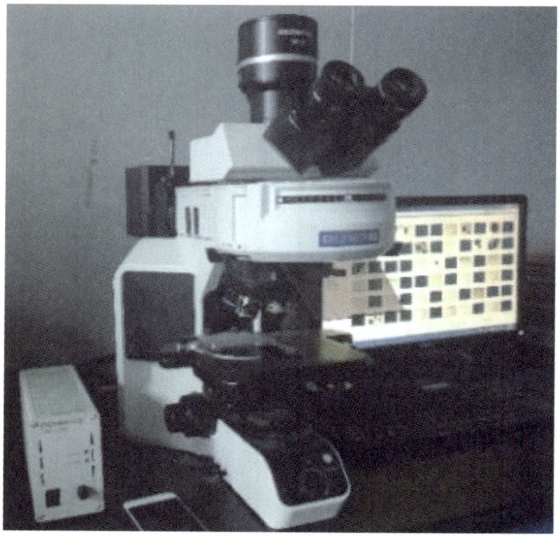

图 4-27　荧光显微镜系统

荧光显微镜系统可以发出不同波段的激发光。在蓝紫光区段，由于不饱和烃中不饱和键受激发后发出相应黄色荧光，所以沥青质为褐色，橡胶粉颗粒大部分呈黑色，少部分呈现亮度较弱的黄色，而 SBS、TPS 等外掺的改性材料却明显地发出黄绿色荧光。所以本章试验拟定采用蓝紫光作为激发光源。分别对 SBS 改性沥青，高黏沥青和铁路专用改性沥青进行荧光显微镜试验，试验结果如图 4-28～图 4-30 所示。

图 4-28　SBS 改性沥青荧光结果(×150)

图 4-29　高黏沥青荧光结果(×150)

由图 4-28～图 4-30 可得，图 4-28 中，SBS 充分地分散在基质沥青中，SBS 得到了较好的发育，SBS 改性剂颗粒细化，亮度降低，SBS 相和沥青相之间的界限也越来越模糊。图 4-29 中，SBS 中掺入了 TPS 改性剂，发出黄光的部位增多，说明沥青中不饱和键的含量得到提升，其中黄光区域大小不一，较大部分为 TPS 改性剂，周边不规则状态为 TPS 分解过程。但是荧光部分增大的面积不足 10%，又说明 SBS 改性剂在复合改性的过程中又发生了分解，C＝C 双键遭到破坏，部分荧光消失。图 4-30 中，亮度较高的黄色区域为沥青中 SBS 成分，亮度较暗区域为浅度裂解后的橡胶成分，较暗区域的面积有大有小，则为橡胶的裂解程度不同而产生大小不一的橡胶相，橡胶在沥青中发生溶胀，包裹吸收轻质组分，体积变大，边界变得模糊不清。由于橡胶与沥青接触面积增大，使沥青与橡胶之间的联系更为紧密，从而使铁路专用改性沥青具有更好的稳定性同时各项性能得到大幅的改善。

图 4-31 为铁路专用改性沥青在更高放大倍数、白光下得到的结果。废旧橡胶在经过浅度裂解和高速碾磨后，提高了沥青中橡胶的掺量，同时橡胶分子量的降低，与沥青完全接触，充分溶胀，提高了橡胶在沥青中稳定性。在橡胶支链断裂同时，释放出炭黑，炭黑能有效地提高沥青与骨料的黏附性，提高沥青混凝土的性能。

图 4-30　铁路专用改性沥青荧光结果(×150)

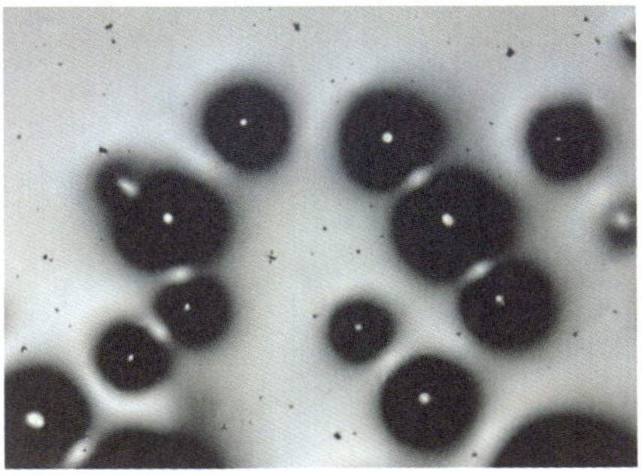

图 4-31　白光下铁路专用改性沥青荧光结果(×300)

(2)红外光谱

物质分子一直不停地做振动和转动运动,多原子分子组成多种振动图形而产生不同的频率。红外光谱分析仪就是利用这一点,用红外光波(波长为 0.75～1 000 μm)对试验样品进行照射,利用分子与光子运动的相互关系进行分析判断和比对。有机官能团在红外光波照射下一般都有特定的光波吸收频率,据此获得沥青中相应官能团种类的信息。傅里叶红外光谱仪又是红外光谱测定中扫描时间较快的仪器,测试灵敏度高且具有很高的分辨率,因此在沥青的结构分析中多采用傅里叶红外光谱仪进行试验。

红外光谱的样品制备主要分为三种:糊状法、压片法和薄膜法。根据试验中待测的复合改性沥青较低温度下弹性较高而温度较高时又较为黏稠,在压片或碾磨过程中处理复杂而且容易污染模具等特点,糊状法与压片法都不适合,所以采用第三种方法——薄膜法。此法样品为纯样品制成的薄膜,制样过程将样品溶解在可挥发的溶剂中,然后将溶液滴在红外晶片上,待溶剂完全挥发后可得到样品的薄膜。三种改性沥青原样的红外光谱测试结果如图 4-32～图 4-34 所示。

由图 4-32～图 4-34 可知,2 852.24 cm^{-1}和 2 923.604 cm^{-1}的强吸收峰为脂肪族(烷烃和环烷烃)C—H 伸缩振动特征峰,此部分可判断沥青中存在着大量脂肪烃;1 456.016 cm^{-1}和 1 500 cm^{-1}两处强吸收峰对应的是 C—H 面内弯曲振动吸收峰,此部分可判断沥青中烷烃基团的存在;1 600.654 cm^{-1}处吸收峰对应的是苯环中 C═C 化学键的伸缩振动吸收谱带,在 650～900 cm^{-1}的苯环取代区内,863.967 cm^{-1}、809.969 cm^{-1}、750.186 cm^{-1}和 723.187 cm^{-1}的四个小峰是芳香族分子苯环上 C-H 面外弯曲振动的吸收峰。此部分可判断沥青中芳香族化合物的存在。以上是众多改性沥青所共有的吸收峰,为沥青材料的特征峰。

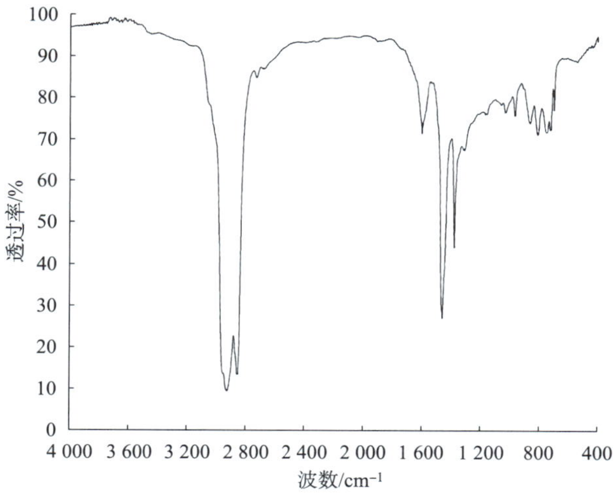

图 4-32　SBS 改性沥青红外光谱

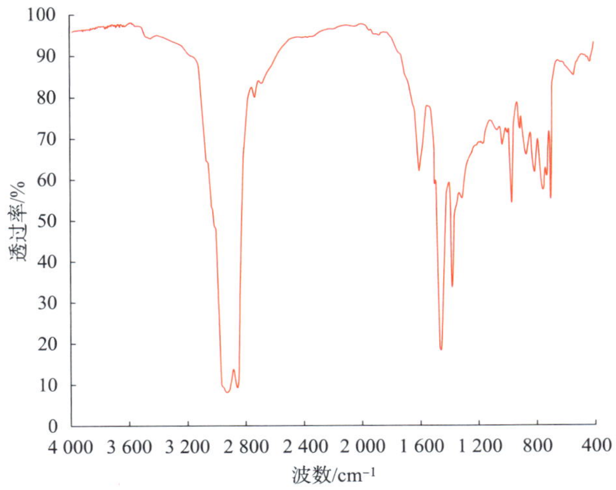

图 4-33　高黏沥青红外光谱

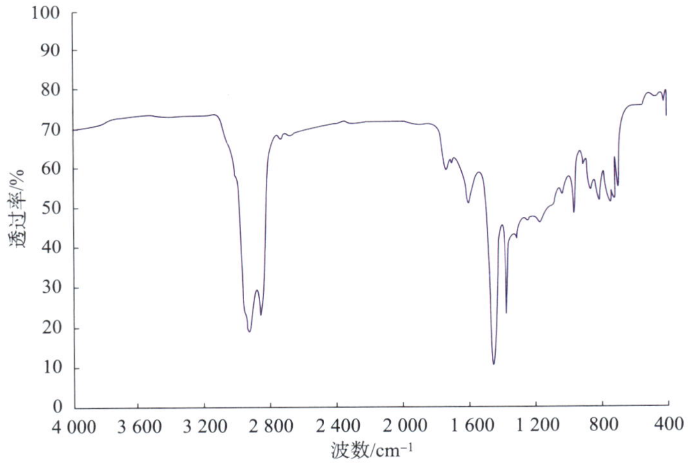

图 4-34　铁路专用改性沥青红外光谱

与基质沥青相比，SBS 改性沥青出现了一个新的吸收峰，在波数 996.178 cm^{-1} 处。这个新出现的吸收峰为 SBS 中所含丁二烯的 C ═C 双键振动吸收峰，所以这个吸收峰又为 SBS 改性沥青的特征峰。

高黏沥青与 SBS 改性沥青相比，并没有出现新的吸收峰，只是 996.178 cm^{-1} 处 C ═C 双键振动吸收峰与苯环取代区内四个小峰的强度增大。红外光谱图像中，吸收峰的位置反映了对应基团的类型，吸收峰的强度则能反应该基团的相对含量，吸收峰越强烈，则对应基团的含量越高。这是因为高黏沥青中加入了 10% 的 TPS 改性剂，TPS 改性与 SBS 改性剂类似，也是苯乙烯与丁二烯聚合物，TPS 改性剂的加入使丁二烯基 C ═C 与苯环的相对含量增大。这也说明高黏沥青中没有发生明显的化学改性，而是与 SBS 改性方式相同的物理共混方式。

铁路专用改性沥青与 SBS 沥青相比，2 921.675 cm^{-1}、2 852.249 cm^{-1}、1 376.948 cm^{-1} 与 1 456.016 cm^{-1} 基质沥青的特征峰强度有所降低，是因为铁路专用改性沥青中加入了废旧轮胎橡胶 CTR，致使基质沥青的相对含量降低。966.178 cm^{-1} C═C 双键振动吸收峰与苯环取代区内四个小峰的强度有所增大，是由于 CTR 中也含有大量烯烃与芳香烃 C═C 双键结构。铁路专用改性沥青的红外光谱与之前两种改性沥青相比，出现了四个新的较强吸收峰。1 743.363 cm^{-1} 与 1 240.025 cm^{-1} 两处分别为 C═O 伸缩振动吸收峰与—C—O—C—不对称伸缩振动吸收峰，CTR 中含有大量聚酯类结构，从而使铁路专用改性沥青拥有类似橡胶优良的低温性能。在 472.482 cm^{-1} 与 418.484 cm^{-1} 两处吸收峰是由于重新硫化交联作用而产生的。铁路专用改性沥青中橡胶经过浅度裂解，支链被打开，主链保存，而形成链状结构，由于新的交联作用，形成了化学网络，在低温下提高了弹性，在高温下提高了黏度和弹性，同时，因为三维结构可以有效地与未被反应的橡胶颗粒相互作用，或使其与未反应的橡胶颗粒紧密结合，从而阻止或减少它们的沉淀改善了高温储存稳定性。

红外透射光谱的纵坐标有两种表示方法，分别是透射率 T(%)和吸光度 A，对应着两种光谱为透射率光谱和吸光度光谱。有研究表明，吸光度光谱一定程度上能定量表示沥青中官能团的含量。因此可以利用这一结论对沥青的抗老化性能进行定量研究。本研究将透射率光谱转化为吸光度光谱来进行表示，转换结果如图 4-35～图 4-37 所示。

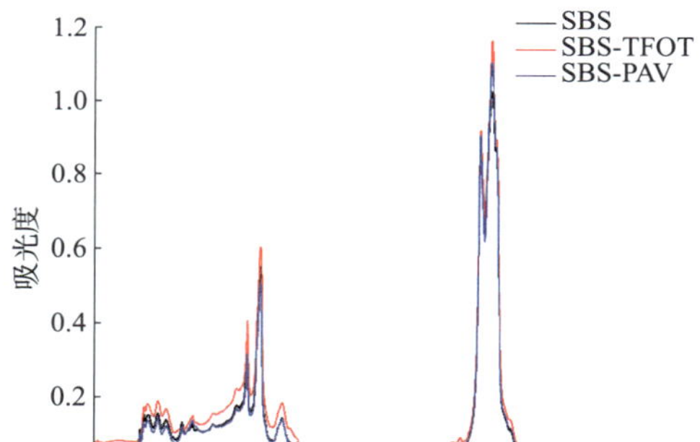

图 4-35　SBS 改性沥青红外光谱

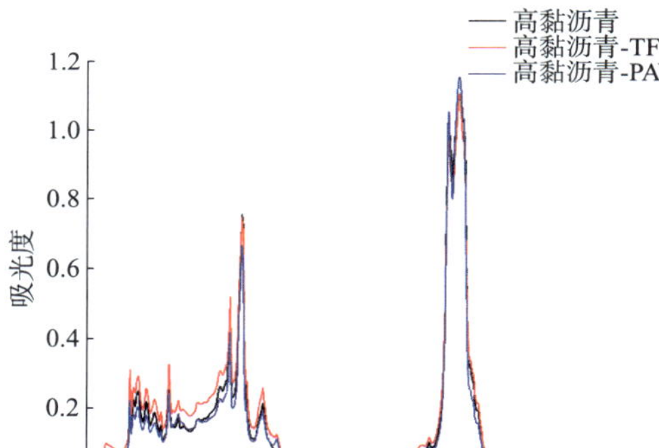

图 4-36　高黏沥青红外光谱

研究发现，沥青热氧老化过程中主要是 C 和 S 的氧化，生成羰基 C═O(1 600 cm^{-1} 附近)和亚砜基(1 030 cm^{-1} 附近)S═O，故引入羰基指数 CI，亚砜基指数 SI 和烯烃指数 CC 定量分析沥青的老化程度。对于吸光度图谱，先确定图谱曲线的基线，如图 4-38 所示。

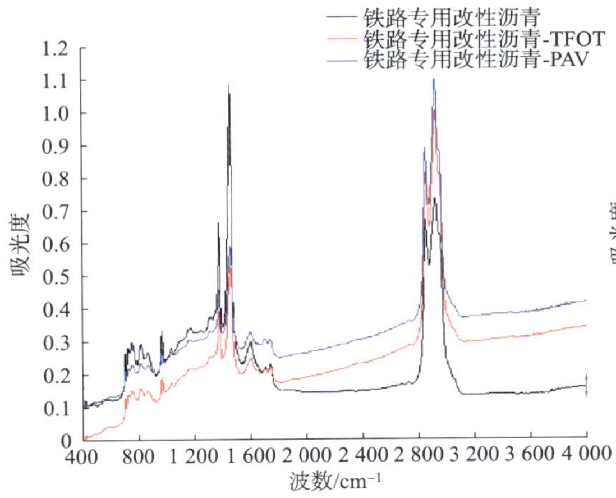

图 4-37　铁路专用改性沥青红外光谱

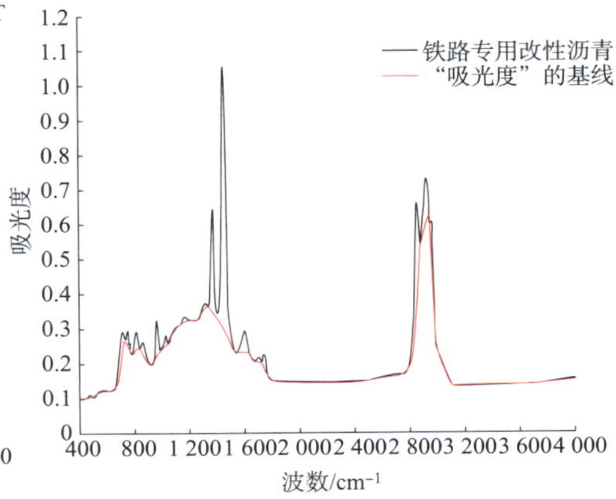

图 4-38　铁路专用改性沥青基线确定

五种沥青各状态下的羰基指数 CI、亚砜指数 SI 与烯烃指数 CCI，结果见表 4-3。

表 4-3　沥青红外光谱定量分析

沥青种类	$A_{C=O}$	$A_{S=O}$	A_{-CH_2-}	$A_{C=C}$	CI	SI	CCI
SBS	0	0.269	40.325	0.579	0	0.006 7	0.014 4
SBS-t	0.509	0.457	39.523	0.422	0.012 9	0.011 6	0.010 7
SBS-PAV	0.942	0.668	42.306	0.435	0.022 3	0.015 8	0.009 8
高黏沥青	0	0.476	40.885	18.735	0	0.011 6	0.458 2
高黏沥青-TFOT	0.607	0.537	39.998	16.161	0.015 2	0.013 4	0.404 0
高黏沥青-PAV	0.736	0.596	40.173	16.056	0.018 3	0.014 8	0.399 7
铁路专用	1.336	0.402	38.981	21.368	0.034 3	0.010 3	0.548 2
铁路专用-TFOT	0.801	0.246	26.037	11.893	0.030 8	0.009 4	0.456 8
铁路专用-PAV	0.874	0.267	26.362	11.515	0.033 2	0.010 1	0.436 8

由表 4-3 可知，无论是 SBS 改性沥青还是高黏沥青，在老化前，羰基的含量都为 0，因为高黏改性剂以 TPS 为主，TPS 是一种类 SBS 聚合物，所以改性后的沥青原样不含 C═O 基团。在老化之后，两者便都开始有少量的羰基生成，即发生吸氧氧化反应，经过长期老化，羰基含量持续增加，高黏沥青的增加幅度较 SBS 改性沥青小。对于铁路专用改性沥青而言，由于改性剂中加入了 CTR 成分，其中聚酯类结构中含有较多的羰基，随着老化程度的加深，伴随聚酯类结构的受热分解、极性结构的氧化和芳香醛类的氧化等一系列反应发生，羰基指数处于一个波动状态。

对于亚砜基而言，由于亚砜可作为氧化剂，将伯醇类物质氧化为醛，分析老化过程中有羰基的生成，推断短期老化过程中有一部分亚砜基团作为氧化剂将沥青中醇类物质氧化为醛，有所损耗；也可能是因为部分的亚砜基团进一步被氧化为砜基团；另外，亚砜温度高于145 ℃时，容易发生分解反应，这些多方面的原因都可能影响亚砜的生成水平，短期老化数据不具规律性，而长期老化过程中生成的亚砜量较多，发生分解、被氧化和作为氧化剂而消耗的量只占小部分，此时规律较为明显。因此，将原样和长期压力老化后样品中亚砜基量进行对比，从而评判抗老化性能。长期老化过后，SBS改性沥青与高黏沥青的亚砜指数不断增大，说明沥青中-C-S-被热氧化形成亚砜基 S═O。其中 SBS-PAV 沥青的亚砜指数较 SBS 沥青提高了 135.82%，高黏-PAV 沥青较高黏沥青提高 21.62%，这也说明高黏沥青在老化过程中亚砜基的生成量相对较少，老化程度相对较低，抗老化性能有所提升。而铁路专用改性沥青在经过长期压力老化 PAV 之后，亚砜指数并没有明显变化，有可能由于 CTR 中抗老化剂与抗臭氧剂阻碍了氧化反应，或者铁路专用改性沥青体系黏度大和 CTR 的溶胀作用吸收-S-C-结构，阻碍了活性基团与氧接触的频率，整体抗老化性能得到较大提升。

SBS 改性沥青中 C═C 双键含量较少，因而烯烃指数相较复合改性沥青明显偏小。复合改性沥青中 C═C 双键含量高，C═C 双键受热容易发生断裂，SBS 改性沥青烯烃指数在老化过程中较前一状态下降了 25.69%与 8.41%，高黏沥青烯烃指数在老化过程中较前一状态下降了 11.83%与 1.06%，铁路专用改性沥青为 16.67%和 4.38%，所以这一现象在短期老化过程中更为明显。在老化过程中，两者复合改性沥青的烯烃指数都有明显减少，但是经过长期压力老化之后铁路专用改性沥青的 C═C 双键相对含量依旧高于高黏沥青，这一结果也与之前三大指标试验一致，沥青的抗老化性能：铁路专用改性沥青>高黏沥青>SBS 改性沥青。

4.4 碾压密实沥青混凝土材料性能研究

结合碾压密实沥青混凝土防水封闭结构的层位功能定位，在总结归纳热拌沥青混凝土技术参数的基础上，主要设计了 AC-16 和 AC-20 两种规格的沥青混凝土，本节系统地论述 AC-16 规格的沥青混凝土的设计原理、配合比设计方法、性能评价等，AC-20 规格则不过多赘述。

4.4.1 碾压密实沥青混凝土配合比设计

1. 沥青混凝土设计原理

沥青混凝土在组成上可视为由沥青、骨料和空隙组成，三者的体积和质量关系如图 4-39 所示，这种相互关系常采用矿料间隙率、空隙率与沥青饱和度表征，具体计算上，则为各组成材料的相对密度及沥青混凝土的相对密度为桥梁。空隙率是指沥青混凝土内部矿料及沥青以外的体积占其总体积的百分率；矿料间隙率则是指沥青混凝土中全部矿料毛体积以外的体积占沥青混凝土毛体积的百分率;而沥青饱和度则是指矿料间隙被沥青填充的程度。沥青混凝土的配合比设计,其根本目的是选择一个合理的矿料结构和沥青用量,使得沥青混凝土在高低温性能、抗疲劳与抗水损害能力等方面具有综合平衡,并且具有良好的工作性。目前沥青混凝土的配合比设计可分为三类:经验法:如马歇尔设计法,基于相关性能的设计法:以法国的 EME 设计法为代表;基于路用性能的设计法,以 Superpave 设计法为代表。无论哪种设计法,体积分析是沥青混凝土的配合比设计的基础。我国热拌沥青混凝土所采用的马歇尔稳定度试验体系的设计法则综合吸收了经验法与基于路用性能的设计法的成果。

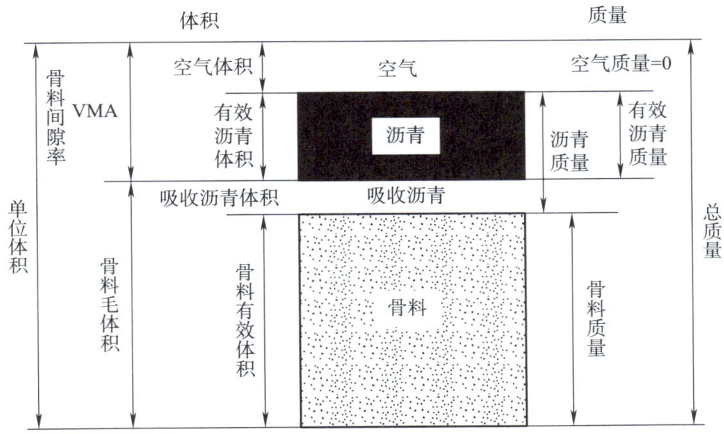

图 4-39 沥青混凝土中各组分体积与质量关系

实际上,考虑到沥青混凝土的材料组成与空隙率的关系,可将沥青混凝土形成一个连续的谱系,如图 4-40 所示。该连续谱系对于发展新型沥青混凝土具有指导意义。传统的沥青混凝土设计通过建立体积参数与相关路用性能指标的关系来实现,而最新研究成果表明,矿料的骨架状态、沥青砂浆的性能以及沥青与矿料的相互作用对沥青混凝土的高、低温性能与抗疲劳性能及抗水损能力等有决定性影响,如图 4-41 所示。根据不同层次结构与沥青混凝土主要性能的影响关系,可实现对沥青混凝土路用性能的综合平衡。在所用原材料确定的情况下,传统的沥青混凝土设计主要是通过优化矿料级配与确定合适的沥青用量来达到优化沥

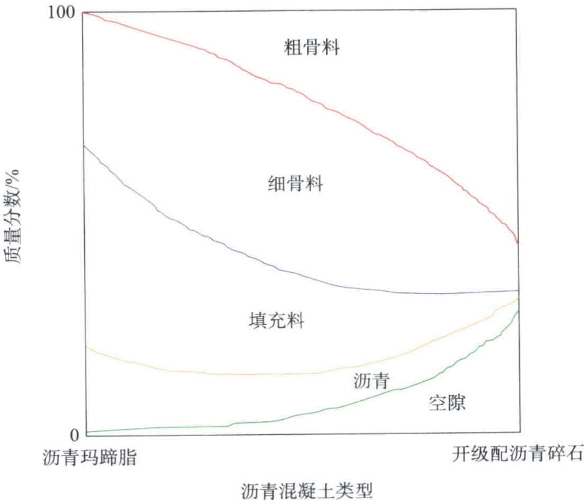

图 4-40 沥青混凝土材料组成与空隙关系

青混凝土的综合性能。随着材料改性技术的发展,对沥青混凝土进行改性已成为对沥青改性之外的另一种重要手段。该技术通过在沥青混凝土拌和过程中加入适量的外掺剂以实现对沥青混凝土特定功能的改善,其操作简便、风险可控、工程灵活度高,近些年来在道路工程中被广泛运用。综合国内外道路工程实践看,外掺剂对沥青混凝土的改性主要体现在:增强沥青砂浆高温或低温性能、改善沥青与矿料的相互作用、降低混合体系的黏度、提高拌和物的流动性,这些技术使沥青混凝土的设计具有很强的灵活性。

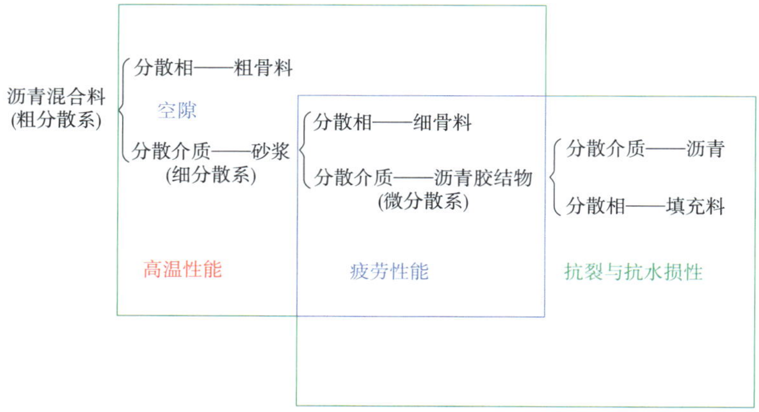

图 4-41 沥青混凝土结构层次与主要性能关系

因沥青混凝土中矿料的最终结构状态不仅取决于原材料组成以及颗粒特性,沥青混凝土的制备工艺、摊铺与碾压工艺亦有着至关重要的影响,因此,选择、设计合适的施工工艺并在施工时严格控制现场压实度与均匀性非常重要。

2. 沥青混凝土配合比设计

AC-16 沥青混凝土配合比设计试验所用沥青为铁路专用改性沥青;矿料包括玄武岩粗、细集料 6 种及填充料 2 种。

(1)原材料性能

所用改性沥青为铁路专用改性沥青的实测技术指标与技术要求见表 4-4。

表 4-4 改性沥青技术要求

检验项目	试验结果	技术要求	检验方法
针入度(25 ℃,100 g,5 s)	7.29 mm	5.0~8.0 mm	GB/T 4509
针入度指数 PI	1.6	≥0.5	GB/T 4509
延度(5 ℃,5 cm/min)	50.1 cm	≥30 cm	GB/T 4508
软化点	90.5 ℃	≥80 ℃	GB/T 4507
弗拉斯脆点	−28 ℃	≤−25 ℃	GB/T 4510

续上表

检验项目		试验结果	技术要求	检验方法
175 ℃运动黏度		1.12 Pa·s	≤1.5 Pa·s	SH/T 0739
闪点		280 ℃	≥260 ℃	GB/T 3536
溶解度		92%	≥90%	GB/T 11148
弹性恢复率(25 ℃)		93%	≥85%	SH/T 0737
储存稳定性(离析,48 h 软化点差)		1.3 ℃	≤2.0 ℃	SH/T 0740
薄膜烘箱试验(163 ℃,5 h)	质量变化	−0.2%	±0.6%	GB/T 5304
	针入度比(25 ℃)	86%	≥70%	GB/T 4509
	延度(5 ℃)	34.7 cm	≥20 cm	GB/T 4508

各规格骨料的筛分结果见表 4-5 和图 4-42。

表 4-5　骨料筛分结果(筛孔通过百分率)　　%

骨料类型/mm	筛孔尺寸/mm											
	26.5	19	16	13.2	9.5	4.75	2.36	1.18	0.6	0.3	0.15	0.075
10～20	100	94.87	59.65	26.89	1.55	0.12	0.12	0.12	0.12	0.12	0.12	0.12
5～10	100	100	100	100	100	7.16	0.08	0.08	0.08	0.08	0.08	0.08
0～5	100	100	100	100	100	100	80.85	55.84	35.54	22.15	14.99	2.86

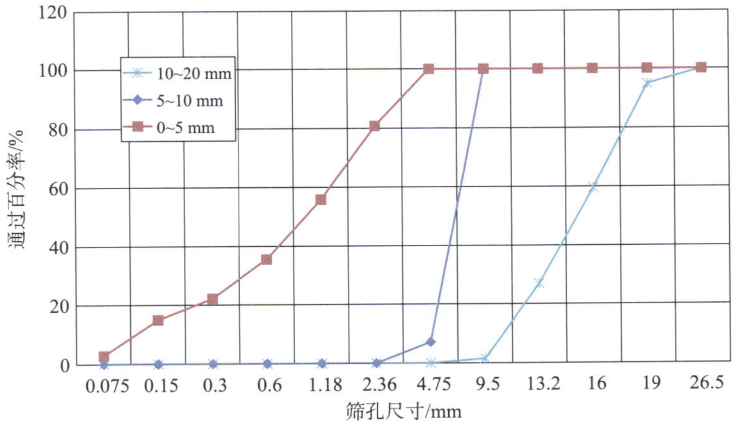

图 4-42　骨料筛分曲线

粗、细骨料性能测试结果见表 4-6 与表 4-7。

表 4-6 粗骨料实测性能与技术要求

检验项目	试验结果		技术要求	检验方法
	10～20 mm	5～10 mm		
含泥量(水洗)	0.6%	0.7%	≤1%	GB/T 14685
泥块含量	0.1%	0.13%	≤0.25%	GB/T 14685
石料压碎值	15.9%	18.2%	≤28%	GB/T 14685
表观密度	2 928 kg/m³	2 946 kg/m³	≥2 500 kg/m³	GB/T 14685
吸水率	1.8%	1.2%	≤2.0%	JTG E42(T 0304)
对沥青的黏附性	5 级	5 级	≥4 级	JTG E42(T 0616)
坚固性	7%	9%	≤12%	GB/T 14685
针片状颗粒含量	6.5%	10.2%	≤18%	GB/T 14685

表 4-7 细骨料实测性能与技术要求

检验项目	试验结果	技术要求	检验方法
表观密度	2 797 kg/m³	≥2 500 kg/m³	GB/T 14684
颗粒组成	符合要求	符合相关规定	GB/T 14684
坚固性	10%	≤12%	GB/T 14684
砂当量	43%	≤60%	JTG E42(T 0334)

使用的填充料实测性能与技术要求见表 4-8。

表 4-8 填充料实测性能与技术要求

检验项目		试验结果	技术要求	检验方法
表观密度		2 658 kg/m³	≥2 500 kg/m³	GB/T 208
含水量		0.01%	≤1%	GB/T 30190
粒度范围(通过率)	<0.6 mm	99.4%	100%	JTG E42(T 0351)
	<0.15 mm	92.5%	90%～100%	
	<0.075 mm	80.8%	85%～100%	
外观		无团粒结块	无团粒结块	目测
亲水系数		0.4	≤1	JTG E42(T 0353)
塑性指数		2.1	≤4	JTG E42(T 0354)

(2)矿料级配设计

根据 AC-16 沥青混凝土矿料级配范围与相应规格矿料的筛分情况，通过反复试拌与试配试验，所确定合成矿料的比例，见表 4-9 和图 4-43。

表 4-9　沥青混凝土填充料级配范围

技术项目		填充料组成情况				合成级配
		10～20 mm	5～10 mm	0～5 mm	填充料	
通过右列各级筛孔(方孔筛)的质量百分率/%	26.5 mm	100				100.00
	19 mm	94.87				98.73
	16 mm	59.65				90.00
	13.2 mm	26.89				81.88
	9.5 mm	1.55	100			75.60
	4.75 mm	0.12	7.16	100		41.56
	2.36 mm	0.12	0.08	80.85		32.23
	1.18 mm	0.12	0.08	55.84		23.40
	0.6 mm	0.12	0.08	35.54	100	16.23
	0.3 mm	0.12	0.08	22.15	99.40	11.49
	0.15 mm	0.12	0.08	14.99	89.50	8.60
	0.075 mm	0.12	0.08	2.86	80.80	4.00
填充料比例/%		24.79	36.28	35.30	3.63	100.00
毛体积相对密度		2.75	2.711	2.797	2.658	2.749
表观相对密度		2.928	2.946	2.797	2.658	2.878

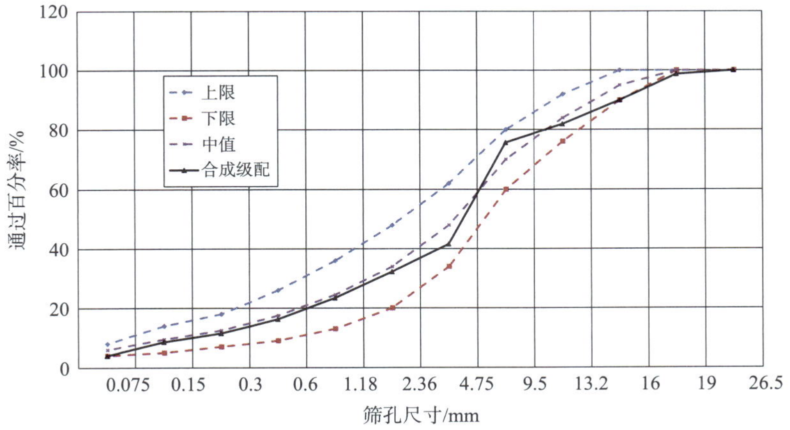

图 4-43　沥青混凝土级配曲线

(3)最佳油石比确定

为确定最佳沥青用量，分别以 4.9%、5.2%、5.5%、5.8%、6.1%五个油石比配制试件，每组四个试件，分别测试其体积参数与稳定度试验指标。油石比确定过程如图 4-44 所示；各项指标以四个试件的算术平均值作为最终结果，见表 4-10。根据试验结果确定沥青混凝土的最佳油石比为5.2%。

图 4-44　油石比确定过程

表 4-10　油石比马歇尔试验结果汇总表

油石比/%	毛体积相对密度 γ_f	最大理论相对密度 γ_t	空隙率 VV/%	矿料间隙率 VMA/%	饱和度 VFA/%	稳定度/kN	流值/mm
6.1	2.476	2.547	2.8	14.65	80.94	11.20	2.95
5.8	2.524	2.558	1.3	12.75	89.61	12.92	3.11
5.5	2.527	2.568	1.8	10.54	83.43	12.89	3.49
5.2	2.524	2.579	2.2	12.25	82.37	10.26	2.75
4.9	2.462	2.590	4.9	14.14	65.18	10.29	2.54

4.4.2　技术要求

1. 防水性能

沥青混凝土作为路基封闭结构应发挥其良好的防排水功能，在地表径水或降水条件下，应基本不渗水，并能通过横向、纵向排水方式将表面水排出路基范围。防水抗渗性一般用渗水系数表征，对于沥青混凝土，其渗透性主要取决于其空隙率的大小。

相关研究表明，沥青混凝土的渗透系数与空隙率有非常好的关联性。渗透系数体现的是水渗入沥青混凝土内部的程度，主要表征连通空隙的数量。而由于空隙率与连通空隙率关系良好，并考虑到连通空隙率测试方法的应用局限性，通常直接将空隙率与沥青混凝土渗水指标联系起来，同时以临界渗水系数和临界空隙率作为密级配沥青混凝土的渗水控制指标，从而达到改善沥青混凝土防水性能的目的。

对密级配沥青混凝土空隙率与渗透系数关系的研究发现，沥青混凝土空隙率小于 4.5%时，其渗透系数不超过 1×10^{-6} m/s，如图 4-45 所示。综合以上研究成果，本次研究中提出在全气候分区内路基碾压密实沥青混凝土的渗水系数要求为 $k\leqslant60$ mL/min。相应地，沥青混凝土的空隙率上限取值为 4%，可以满足沥青混凝土渗水系数要求，该层能够有良好的防水功能。

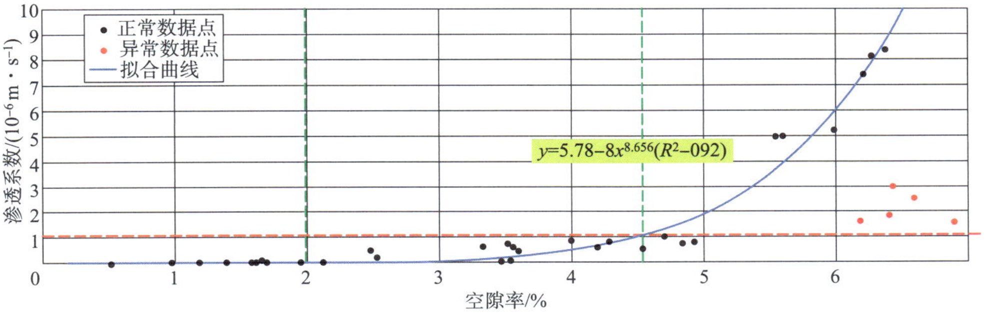

图 4-45　密级配沥青混凝土的空隙率与渗透系数的关系

此外，空隙率越小，外界空气水分越不易进入沥青混凝土内部，沥青混凝土内沥青材料越不容易老化，沥青与骨料之间稳定性越强，沥青混凝土的耐久性越好。

2. 抗水损害性能

沥青混凝土的水稳定性是指沥青混凝土在荷载和一定水分供给条件下抗水损害的能力。由于沥青混凝土在水或冻融循环的作用条件下，进入空隙中的水不断产生动水压力或真空负压抽吸的反复循环作用，使水分渗透沥青膜，吸附于沥青与骨料的界面上，包裹在骨料表面的沥青膜逐渐被水膜所取代，使沥青黏附性降低并逐渐丧失黏结力，沥青膜从骨料表面脱落，导致沥青混凝土出现松散、掉粒，继而形成坑槽、推挤变形等损坏现象。沥青混凝土发生水损害除了与外在因素(水分和荷载)有关外，主要取决于沥青混凝土的内在性能(水稳定性)。影响沥青混凝土水稳定性的因素主要有骨料的性质、沥青胶结料的性质、沥青与骨料之间的相互作用、空隙率以及沥青膜厚度等。沥青混凝土的水稳定性采用浸水条件下沥青混凝土的物理力学性能的变化来表征。广泛应用的方法包括:浸水马歇尔试验、冻融后劈裂试验、浸水车辙试验等。本项目研究中，采用浸水残留稳定度和冻融劈裂强度比来评价沥青混凝土的水稳定性。

浸水马歇尔试验中的残留稳定度与冻融劈裂试验中的冻融劈裂强度比是最常用的评估

沥青混凝土抗水损性的两个技术指标。《公路沥青路面施工技术规范》(JTG F40)对于不同气候分区给出了指标取值,见表 4-11。

表 4-11 沥青混凝土水稳定性检验技术要求

气候条件与技术指标	相应于下列气候分区的技术要求/%				试验方法
年降雨量(mm)及气候分区	>1 000	500~1 000	250~500	<250	
	1. 潮湿区	2. 湿润区	3. 半干区	4. 干旱区	
浸水马歇尔试验残留稳定度(%),不小于					
改性沥青混凝土	85		80		T0709
冻融劈裂试验的残留强度比(%),不小于					
改性沥青混凝土	80		75		T0729

参考《公路沥青路面施工技术规范》(JTG F40),依据铁路沥青混凝土防水封闭层气候分区,全气候分区内碾压密实沥青混凝土的浸水马歇尔试验残留稳定度不应小于 85%,冻融劈裂试验的残留强度比不应小于 85%。

3. 高温稳定性

沥青混凝土施工完成后,应满足后期轨道结构施工所需水泥混凝土罐车和运板车等车辆上道的要求,应针对该阶段车辆荷载对沥青混凝土的影响提出施工指标要求,主要是动稳定度。动稳定度指标主要是考虑上道机械的往复碾压,应保证沥青混凝土层在施工期间不产生车辙、凹槽等变形。由于沥青材料特性,沥青混凝土的抗车辙性能与环境温度密切相关,温度越高的地区,沥青混凝土越易产生车辙,沥青混凝土技术指标的要求更高。同时,动稳定度指标要求的提出也可以减小铁路运营期间轨道结构对沥青混凝土层的反复挤压产生永久变形。由于铁路沥青混凝土防水封闭层气候分区重点关注地区极端最低气温,所以对于高温稳定性能,规定无砟轨道冬严寒区高温变形量不超过 0.28 mm,冬寒区不超过 0.24 mm,冬冷区、冬温区不超过 0.20 mm;有砟轨道冬严寒区高温变形量不超过0.32 mm,冬寒区不超过 0.24 mm。

4. 低温抗裂性

根据相关文献调研,低温开裂是我国北方地区沥青路面主要病害类型之一。沥青混凝土的低温开裂主要是由于降温及温度循环反复作用在沥青混凝土层产生温度收缩裂缝以及由于半刚性基层收缩开裂产生的反射裂缝。它的产生不仅破坏了沥青混凝土的连续性、整体性和美观,最重要的是,地表水不断从裂缝中进入使路基软化,导致路基承载力下降。

抵抗低温开裂可着手于沥青胶结料和沥青混凝土两个层次。首先应选用低温性能更好的沥青胶结料,重点关注沥青胶结料的低温拉伸变形性能。沥青胶结料低温品质指标包括:低温针入度、低温劲度、针入度指数 *PI*、低温延度、弗拉斯脆点、极限拉伸应变、低温弯曲蠕变、低温黏度等。其次应通过配合比设计等方法改善沥青混凝土的低温性能，主要关注沥青混凝土的低温弯曲破坏应变、低温弯拉强度、低温弯曲蠕变、低温弯曲劲度模量、断裂温度、低温线性收缩系数等。考虑到弯曲试验操作最为简便，试验的重复性与复现性好，在公路领域中，被用于沥青混凝土低温抗裂性的评价。因此，本项目研究中选用针对铁路沥青混凝土的低温性能提出了低温弯曲应变和低温弯拉强度指标进行低温性能的控制。

一般情况下，对于公称粒径不大于 19 mm 的沥青混凝土，宜在温度为 −10 ℃、加载速率为 50 mm/min 条件下进行小梁弯曲试验，检验沥青混凝土低温条件下的变形能力。所以根据铁路沥青混凝土防水封闭层气候分区，并参考相关文献和试验分析结果，确定无砟轨道和有砟轨道冬严寒区碾压密实沥青混凝土低温弯曲应变应不小于 3 200 $\mu\varepsilon$ 和 3 000 $\mu\varepsilon$，冬寒区碾压密实沥青混凝土低温弯曲应变应不小于 3 000 $\mu\varepsilon$ 和 2 800 $\mu\varepsilon$，冬冷区、冬温区碾压密实沥青混凝土低温弯曲应变应不小于 2 800 $\mu\varepsilon$ 和 2 600 $\mu\varepsilon$。

基于京张高铁沥青混凝土防水封闭结构试验段实际工程，前期现场试验段监测到在混凝土底座伸缩缝附近沥青混凝土的被动拉伸应变能够达到 400 $\mu\varepsilon$（设置复合土工膜），测试时间为冬季，沥青混凝土动态模量约 8 000 ～9 000 MPa，则对应拉应力水平约 5 MPa。因此为了抵抗底座伸缩缝位置处的温度降低引起沥青混凝土的被动拉伸破坏，提出材料的低温弯拉强度指标。考虑安全系数，全气候分区内碾压密实沥青混凝土的低温弯拉强度应不小于 8 MPa。

5. 疲劳性能

碾压密实沥青混凝土防水封闭结构位于底座/道砟和基床表层之间，与轨道结构共同承受上部列车荷载，在列车荷载和环境荷载长期重复作用下，沥青混凝土材料应具备良好的抗疲劳性能，不至于在列车荷载和环境荷载反复作用下出现疲劳破坏，影响结构整体性能。当前疲劳开裂验算方法主要是建立允许荷载作用次数 N 与沥青混凝土层层底拉应变水平 ε 和动态模量 E 相关的疲劳方程验算。考虑到温度较高时，沥青混凝土具有柔韧性和适应变形的能力，因此不考虑高温条件下的疲劳作用，只建立 N 和 ε 之间的关系。计算的允许荷载作用次数大于服役年限内列车轴载作用次数，才能避免碾压密实沥青混凝土防水封闭结构产生疲劳破坏。

依托京张高铁路基全断面碾压密实沥青混凝土防水封闭结构工程试验段，现场激振试验（对应实际列车动荷载作用）实测沥青混凝土层层底最大拉应变在底座中心位置约为 23 $\mu\varepsilon$，在底座伸缩缝位置约为 29 $\mu\varepsilon$。取最不利的 29 $\mu\varepsilon$ 计算弯曲疲劳寿命，带入室内四点弯曲疲劳试验得到的疲劳方程，可得允许荷载作用次数：

$$N=k\times\varepsilon \tag{4-1}$$

进而可根据轴载作用次数得到相应的服役年限内列车轴载作用次数。通过计算，可知列车荷载对应的应变情况下，京张城际铁路沥青混凝土试验段内取得的试样能够满足 60 年使用寿命的要求。此外，通过理论数值分析，沥青混凝土层层底最大拉应变约 60 $\mu\varepsilon$，带入上式也能够满足使用寿命的要求。因此参考室内试验和理论数值分析结果，对于全气候分区，规定碾压密实沥青混凝土四点弯曲疲劳不小于 20 万次。

6. 力学性能

目前国内外大多数的沥青路面设计方法采用弹性层状体系理论计算沥青路面结构的力学响应。众所周知，弹性层状体系理论分析中一个基本的材料力学参数是杨氏模量，而沥青混凝土则是黏弹性材料，所以严格地讲，沥青混凝土并不存在杨氏模量，不能用弹性层状体系理论分析其本构关系。但是对沥青路面结构进行黏弹性分析，由于分析过程非常复杂，目前还没有达到实用阶段，所以各国在沥青路面设计方法开发过程中，不得不采用弹性层状体系理论，利用其他的一些力学参数来模拟沥青混凝土的杨氏模量。我国早期的路面设计规范(JTG D 50—2006)，规定采用 20 ℃的抗压回弹模量计算弯沉，采用 15 ℃时的抗压回弹模量来计算弯拉应力。而在美国推出的力学-经验设计方法中(NCHRP 1-37A)，则采用动态模量来计算。

基于对相关文献中回弹模量的取值统计，如图 4-46 和图 4-47 所示，可知 20 ℃条件下回弹模量一般在 1 000～1 300 MPa。因此，规定 20 ℃条件下沥青混凝土的抗压回弹模量取值应不小于 1 000 MPa。

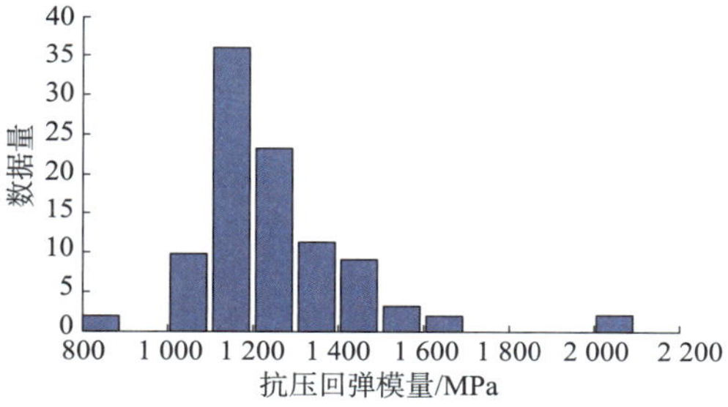

图 4-46　20 ℃ AC-13 抗压回弹模量数据分布

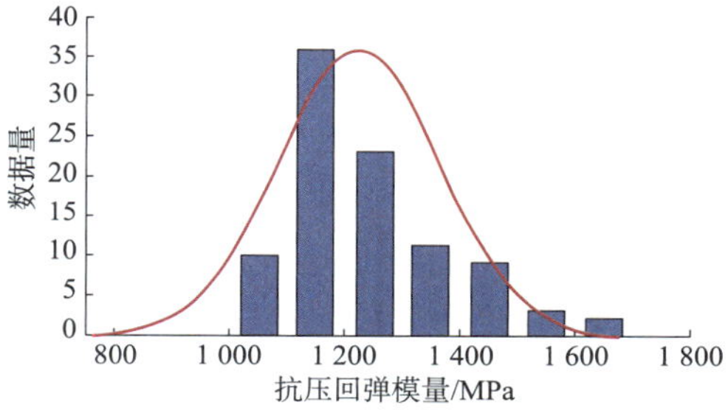

图 4-47　抗压回弹模量分布

动态模量与沥青混凝土材料所处的环境条件密切相关，更能反映轨下沥青混凝土在列车往复荷载作用下的动力响应特性。同时沥青混凝土的高温、低温等性能都与其动态模量密切相关。高速铁路路基沥青混凝土防水封闭结构中沥青混凝土取代了部分基床表层，设置于水泥混凝土底座/道砟与基床表层间，具有“承上启下”的过渡功能，既要为上部结构提供足够的支承作用，也要将应力均匀分散到下部基床结构中。与传统的级配碎石层相同，沥青混凝土对上部轨道系统的支承是通过沥青混凝土层顶面的力学参数即弹性模量来体现的，沥青混凝土应具有较高的弹性模量以满足结构的承载要求，实现上下层的刚度匹配，因此研究沥青混凝土的动态模量显得至关重要，有必要对动态模量提出技术要求。

利用 ANSYS/LS-DYNA 有限元软件建立数值模型，对含沥青混凝土无砟轨道结构进行动力响应分析。为减少运算量，节约计算成本，数值模型的纵向长度为 16.97 m，即三块轨道板；通过设置三维一致黏弹性人工边界消除边界效应，并充分利用轨道结构的横向对称性，通过设置对称边界，在横向取整体结构的一半进行数值模拟分析。列车荷载取半车模型，即转向架荷载，列车轴重取 17 t，一系悬挂刚度取 1×10^6 N/mm，垂向阻尼 2 500 N·s/m。车轮与钢轨接触刚度取 2×10^9 MPa。沥青混凝土模量取 10 Hz 频率下的动态模量，分别取 4 000 MPa，7 000 MPa，10 000 MPa，13 000 MPa 和 16 000 MPa 进行轨道结构的动力响应分析。各结构层尺寸及材料参数见表 4-12。

表 4-12　结构层尺寸及材料参数

结构层	厚度/m	模量/MPa	泊松比	阻尼比
钢轨	—	210 000	0.3	0.015
轨道板	0.2	35 000	0.2	0.03
自密实混凝土	0.1	32 500	0.2	0.03
混凝土底座	0.3	32 500	0.2	0.03
沥青混凝土	0.1	—	0.3	0.05
基床表层	0.3	250	0.3	0.045
基床底层	2.3	200	0.35	0.039
路基本体	3.0	130	0.35	0.035
地基	5.0	110	0.35	0.035
扣件	弹性系数：50 kN/mm；阻尼系数：50 kN·s/m			

模拟过程中取列车运行速度为 360 km/h (100 m/s)进行瞬态动力学分析，获取轨道结构在列车荷载作用下的瞬时动力响应，提取第二块轨道板中间截面的数据作为计算结果，以沥青混凝土层底面拉应变和基床表层顶面压应变为主要指标分析沥青混凝土模量对结构动力响应的影响，计算结果如图 4-48、图 4-49 所示。计算结果显示沥青混凝土层底面拉应变和基床表层顶面压应变均随沥青混凝土模量的增大而减小，表明增大沥青混凝土模量有利于降低列车荷载作用下沥青混凝土层底弯拉应变水平，减小沥青混凝土层竖向变形量。

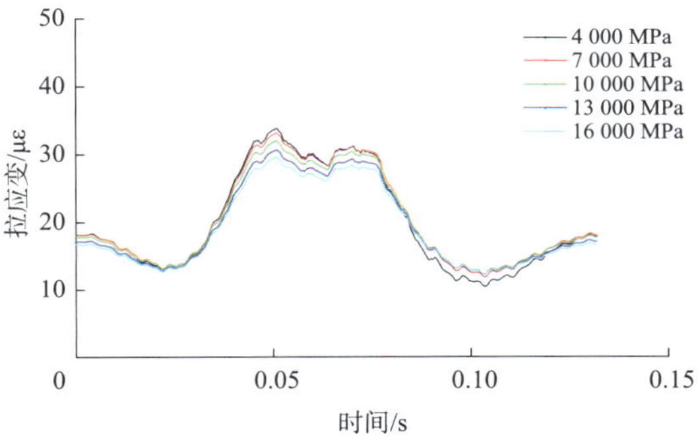

图 4-48　不同沥青混凝土模量下沥青层底面拉应变

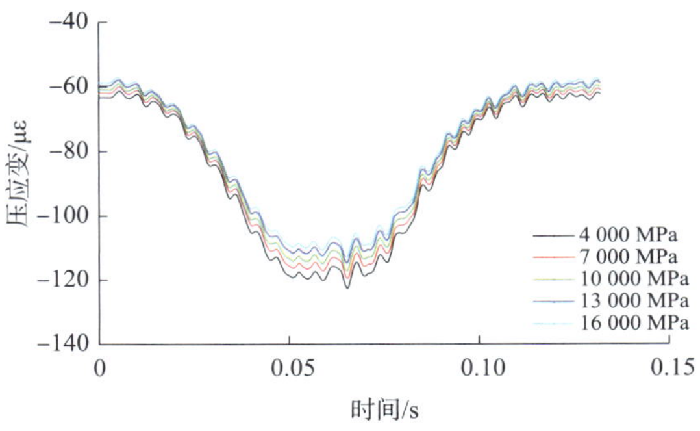

图 4-49　不同沥青混凝土模量下基床表层顶面压应变

基于有限元动力响应分析得到的影响规律，沥青混凝土层层底拉应变和基床表层顶面压应变均随沥青混凝土模量的增大而减小，表明增大沥青混凝土模量有利于降低列车荷载作用下沥青混凝土层层底弯拉应变水平，减小沥青混凝土层竖向变形量，但效果不明显。

沥青混凝土防水封闭结构位于底座/道砟和基床表层之间，与轨道结构共同承受上部列车荷载，沥青混凝土防水封闭结构底部产生弯拉应力，损伤累积而发生层底弯拉损伤破坏。沥青混凝土材料疲劳寿命与结构层底拉伸应变和混凝土材料动态模量相关。在仿真过程中，通过改变沥青混凝土防水封闭结构厚度与模量，计算得到沥青混凝土防水封闭结构层底拉伸应变，拟合得到不同厚度 t 沥青混凝土防水封闭结构动态模量-层底拉伸应变呈负指数关系（$\varepsilon_{ti}=a_t E_{Ai} h^{-bt}$）。同时沥青混凝土防水封闭结构厚度越小，其层底拉伸应变越大。考虑极限状态时，厚度 h 应取最小结构厚度，代入公式，确定沥青混凝土疲劳寿命 N 与动态模量 E 的关系（$N_d=cE_{Ai}^{-d}$）。按照 60 年使用年限进行设计，等效换算设计使用年限内沥青混凝土防水封闭结构的荷载作用次数，分别考虑三种轨道结构类型，取最大动态模量为沥青混凝土设计动态模量 E_{Ai}。通过带入相应代表性数据，确定沥青混凝土设计动态模量 $E_{Ai}=$ 6 000 MPa。

根据列车动力荷载作用下基床顶面受力监测结果，封闭结构处所受荷载作用形式可近似为 10 Hz 的正弦波形加载。参考国内外相关研究，考虑沥青混凝土动态模量随温度变化以及地区温度变化复杂等特点，统一选用全国近十年平均气温，通过计算全国近十年平均气温近似 15 ℃。所以遵循 AASHOTO 试验规范，以 10 Hz、15 ℃条件下实测材料模量作为封闭结构沥青混凝土动态模量，封闭结构沥青混凝土动态模量需不低于沥青混凝土设计动态模量。通过室内配合比试验和京张城际铁路沥青混凝土试验段动态模量的研究分析，可知密级配沥青混凝土动态模量与级配关系密切，特别是粗细骨料的比例。针对高速铁路路基沥青混凝土防水封闭结构的功能要求，所设计的沥青混凝土材料级配一般偏细，15 ℃温度条件 10 Hz 下的动态模量实测值约 5 500～8 000 MPa。此外底座水泥混凝土的模量一般约 30 GPa，基床级配碎石模量约 150 MPa。因此兼顾结构性和经济性，基于京张高速铁路沥青混凝土防水封闭结构试验段实际工程，确定全气候分区内碾压密实沥青混凝土动态模量指标为：15 ℃、10 Hz 下的动态模量不低于 6 000 MPa。

抗压强度指标是考虑上道机械等的轴载作用，抗压强度应不低于施工车辆轴载产生的压应力水平，避免沥青混凝土一次性受压破坏。以中型 60 t 水泥罐车为例验算，一般水泥混凝土罐车为三轴双轮形式（不考虑前轮的荷载分担），假设车轮与地面接触面积为 $0.02\ m^2\times12=0.24\ m^2$，则车轮对地面的压强为 $60\times10^3\times10\ N/0.24\ m^2=2.5$ MPa，安全系数选取 1.6，故提出碾压密实沥青混凝土的抗压强度不小于 4 MPa。

4.4.3 性能评价

通过上节功能特性分析，沥青混凝土性能评估试验主要有：渗水试验、浸水马歇尔试验和冻融劈裂试验、车辙试验、抗压强度试验、动态模量和回弹模量试验、低温弯曲试验、四点弯曲疲劳试验等。

本节对比分析铁路专用沥青混凝土材料(下文简写为"T")与公路常用 SBS 改性沥青混凝土材料(下文简写为"W")室内性能试验结果,所述性能对比试验中所用骨料(AC-16)、级配、成型方法、试验方法均相同,且试件均以最佳油石比成型。

1. 防水性能

(1)渗水系数

《公路工程沥青及沥青混合料试验规程》(JTG E20—2011)轮碾成型方法 T 0703 制作沥青混凝土试件,并根据 T 0730 方法选取路面渗水检测设备进行试验。

渗水系数按下式计算:

$$c_w=\frac{V_2-V_1}{t_2-t_1}\times 60 \tag{4-2}$$

式中　c_w——路面渗水系数,mL/min;

V_1——第一次计时的水量,mL,通常为 100 mL;

V_2——第二次计时的水量,mL,通常为 500 mL;

t_1——第一次计时的时间,s;

t_2——第二次计时的时间,s。

依据上述试验方法,进一步通过室内试验评估两种沥青混凝土的防水抗渗性,试验过程如图 4-50 所示。试验结果详见表 4-13。

图 4-50　渗水试验装置

表 4-13　渗水系数试验结果

试验项目	T			W		
	1	2	3	1	2	3
厚度/cm	5.02	5.03	5.11	5.12	5.13	5.11
V_1/mL	100	100	100	100	100	100
V_2/mL	100	100	100	100	100	100
t_1/s	0	0	0	0	0	0
t_2/s	180	180	180	180	180	180
c_w/(mL·min^{-1})	0	0	0	0	0	0
c_w平均/(mL·min^{-1})	0			0		

由表 4-13 可知,铁路专用改性沥青混凝土和公路 SBS 改性沥青混凝土的渗水系数均为 0,不透水,满足渗水系数不大于 60 mL/min 的要求,也证明了沥青混凝土材料防水性。

(2)空隙率

依据《公路工程沥青及沥青混合料试验规程》(JTG E20—2011)试验方法 T 0705，测试两种沥青混凝土旋转压实试件的空隙率，试验结果见表 4-14。

表 4-14　空隙率测试结果

试件编号		空隙率/%	平均值/%
T	1-1	1.9	1.67
	1-2	1.4	
	1-3	1.7	
W	2-1	1.7	1.53
	2-2	1.5	
	2-3	1.4	

由表 4-14 可知，两种沥青混凝土空隙率差异不大，均能够满足所提出的空隙率≤4%的要求。

2. 抗水损害性能

(1)浸水马歇尔试验

浸水马歇尔试验采用双面各击实 75 次的马歇尔试件，参照对比试件在 60 ℃水浴保温 48 h，而后将两组试件分别进行马歇尔试验，获得浸水残留稳定度。试验试件如图 4-51 所示，试验结果见表 4-15。

图 4-51　标准马歇尔试件

表 4-15　浸水马歇尔试验残留稳定度结果

试件编号		浸水前高度/mm	浸水前稳定度/kN	浸水后高度/mm	浸水后稳定度/kN	残留稳定度/%
T	1-1	65.33	13.91	65.49	12.33	95
	1-2	65.24	12.43	65.39	11.32	
	1-3	65.31	12.34	65.11	12.59	
	1-4	65.10	14.46	64.98	13.40	
W	2-1	62.23	12.23	61.13	10.87	89
	2-2	62.02	11.78	63.86	10.37	
	2-3	62.58	11.56	62.93	10.41	
	2-4	62.88	12.87	63.07	11.58	

由表 4-15 可知，两种沥青混凝土浸水马歇尔试验残留稳定度均能够满足所提出≥85%的要求，但铁路专用改性沥青混凝土明显优于公路 SBS 改性沥青混凝土。

(2)冻融劈裂强度比

冻融劈裂强度比是在规定条件下对沥青混凝土进行冻融循环，测定试件在受到水损害前后劈裂破坏的强度比，以评价沥青混凝土的水稳定性。冻融劈裂试件采用双面各击实 50 次的马歇尔试件，将试件分为两组，其中一组进行真空饱水，试件在－18 ℃冷冻 16 h 后，经 60 ℃水浴保温 24 h，再将两组试件共同放入 25 ℃水中保温，2 h 后取出分别进行劈裂试验，获得残留强度比。试验过程如图 4-52 所示，试验结果见表 4-16。

图 4-52　冻融劈裂试验装置及劈裂后试件

表 4-16　冻融劈裂试验结果汇总

试验编号		冻融前高度/mm	冻融前强度/MPa	冻融后高度/mm	冻融后强度/MPa	残留强度比/%
T	1-1	64.12	1.061	65.48	0.980	95
	1-2	64.71	1.105	66.00	1.118	
	1-3	64.23	1.136	64.89	1.040	
W	2-1	63.19	1.023	63.19	0.880	86
	2-2	62.66	1.035	64.90	0.894	
	2-3	63.9	0.995	62.5	0.857	

由表 4-16 可知，所设计的两种沥青混凝土冻融劈裂试验的残留强度比均能够满足所提出≥80%的要求，但铁路专用改性沥青混凝土明显优于公路 SBS 改性沥青混凝土，保证了沥青混凝土良好的抗水损性能。

3. 高温稳定性能

试验中的车辙试件通过轮碾法成型(图 4-53)，常温下放置 12 h 以上，之后在 60 ℃条件下保温 5～6 h，最后在 60 ℃、0.7 MPa 条件下进行车辙试验如图 4-54 所示，试验得到的动稳定度结果见表 4-17。

图 4-53　车辙板试件成形

图 4-54　车辙试验过程

表 4-17　动稳定度试验结果汇总

试件编号		45 min 变形量 d_1/mm	60 min 变形量 d_2/mm	DS/(次·mm^{-1})	均值/(次·mm^{-1})
T	1-1	3.458	3.653	3 231	3 060
	1-2	3.525	3.743	2 890	
W	2-1	2.350	2.536	2 877	2 815
	2-2	2.378	2.564	2 752	

由表 4-17 可知，两种沥青混凝土都具有良好的抗车辙性能，其高温变形量满足相应的技术要求。

4. 低温抗裂性能

沥青混凝土低温弯曲试验在−10 ℃±0.5 ℃条件下进行。试验加载速率 50 mm/min，所用试件为通过轮碾成型后切制的长为(250±2.0)mm、宽为(30±2.0)mm、高为(35±2.0)mm 的棱柱体小梁。试验装置如图 4-55 所示，试验后试件见图 4-56。弯曲试验结果汇总于表 4-18。

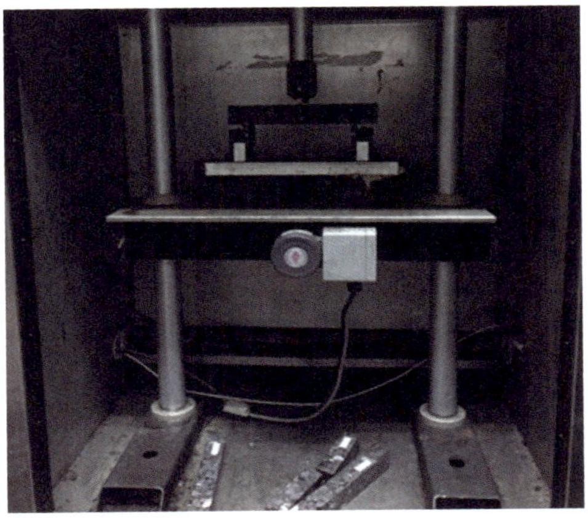

图 4-55　低温弯曲试验装置(UTM)

图 4-56　试验后部分小梁试件

表 4-18　小梁低温弯曲试验结果

试件编号		破坏劲度模量/MPa	破坏应变/με	弯拉强度/MPa
T	1-1	4 242	3 470	14.72
	1-2	3 428	4 104	14.07
	1-3	4 201	2 802	11.77
	1-4	4 093	3 049	12.48
	均值	3 991	3 356	13.26
W	2-1	4 647	2 745	12.75
	2-2	4 298	2 802	12.04
	2-3	3 360	2 791	9.37
	2-4	3 665	2 790	11.43
	均值	3 080	2 782	11.39

由表 4-18 可知，铁路专用改性沥青混凝土具有良好的低温抗裂性能，其低温弯曲破坏应变分别为 3 356 με，弯拉强度分别也达到了 13.26 MPa，低温抗裂性能大幅提升，可满足低温弯曲应变和低温弯拉强度的相关技术要求。

5. 疲劳性能

抗疲劳特性通过室内四点弯曲疲劳试验评价。试验方法参考《公路工程沥青及沥青混合料试验规程》(JTG E20—2011)，试验温度为(15±0.5)℃，加载频率(10±0.1)Hz，采用恒应变控制的连续偏正弦加载模式，直至达到弯曲劲度模量降低到稳定发展阶段的起始弯曲劲度模量的50%对应的加载循环次数。

试验中所用试件为由轮碾成型的沥青混凝土板块试件，切割成长度为(380±5)mm、厚度为(50±5)mm、宽度为(63.5±5)mm的棱柱体试件，试验的应变水平为500 με。试验装置及试件如图4-57所示，试验结果汇总于表4-19。

图4-57 四点弯曲疲劳试验装置及试件

表4-19 室内四点弯曲疲劳试验结果

试验编号		四点弯曲疲劳试验(10 Hz,15 ℃,500 με)结果/万次
T	1-1	87
	1-2	80
W	2-1	23
	2-2	27

注:40万次循环荷载作用后，试件弯曲劲度模量仍处于平稳期。

由于超长服役年限的要求，铁路专用改性沥青混凝土尤其需要具备优异的抗疲劳性能。由表4-20可知，针对性所设计沥青混凝土具有良好的抗疲劳性能，在循环荷载作用40万次后，试件的劲度模量仍处于平稳期，疲劳极限达到80万次，远超技术要求，如图4-58所示。40万作用次数已达到所提出的20万次的两倍，故认为所配制的沥青混凝土满足疲劳性能的相关要求。

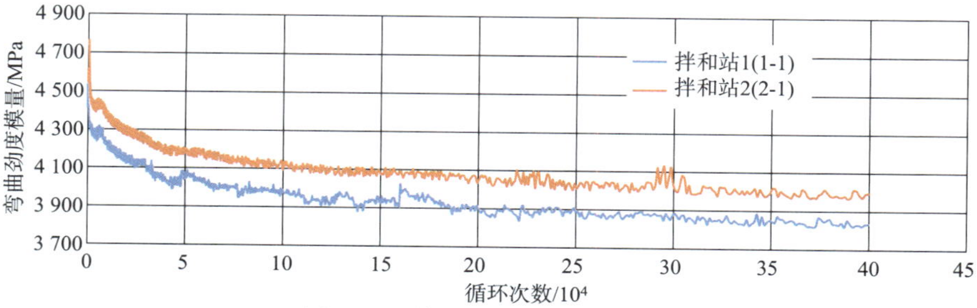

图4-58 其中两个试件疲劳曲线

6. 力学性能

(1)回弹模量

采用静压法成型 6 个 ϕ100×100 mm 的试件对改性沥青混凝土的回弹模量进行检测。3 个用于抗压强度试验,3 个用于回弹模量试验。将试件置于 UTM-100 试验机环境箱内,20 ℃恒温4 h,然后将试件置于压力板上,以 2 mm/min 的恒定荷载进行抗压强度试验,记录荷载峰值,取 3 个试件的平均值作为回弹模量试验控制的荷载值,将平均抗压强度值均分成 0.1p、0.2p、0.3p、…、0.7p 七级作为试验荷载。将回弹试件和变形传感器见图 4-59 安装好,以 2 mm/min 的速率加载至 0.2p 进行预压,保持 1 min,调整试件以保证其不受偏心受压。调整好后,以 2 mm/min 的在试验机上进行试验。试验典型曲线如图 4-60 所示。试验结果汇总于表 4-20,由表 4-20 可知,两者差异不大,所设计铁路专用改性沥青混凝土回弹模量值能够满足≥1 000 MPa 的要求。

图 4-59　单轴压缩回弹模量试验

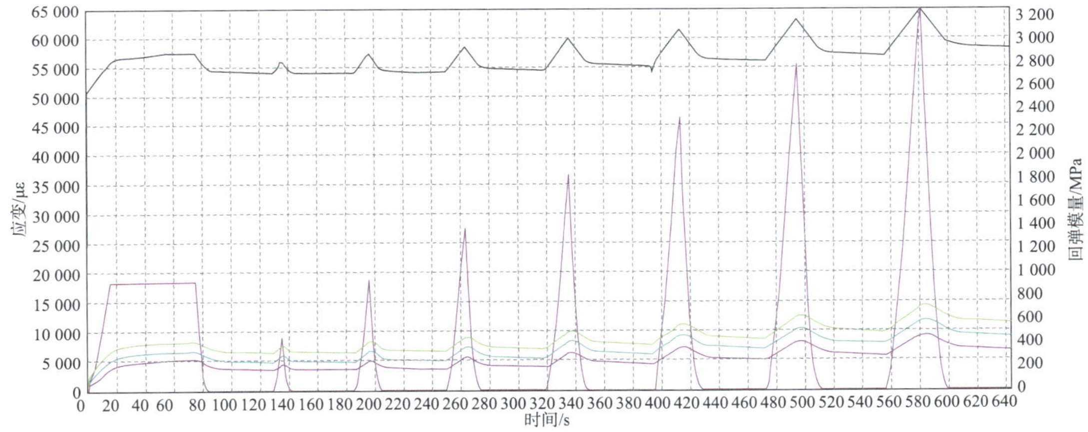

图 4-60　单轴压缩回弹模量试验典型曲线

表 4-20　沥青混凝土抗压回弹模量试验结果

试件编号		回弹模量/MPa	平均值/MPa
T	1	1 182.9	1 223.0
	2	1 263.1	
W	1	1 176.3	1 209.8
	2	1 243.4	

(2)单轴压缩动态模量

测定改性沥青混凝土在线黏弹性范围的单轴压缩动态模量,在无侧限条件下,按一定温度和加载频率对试件施加正弦波轴向压应力,量测试件可恢复的轴向应变。试验温度15 ℃,加载频率依次为 0.01 Hz、0.1 Hz、0.2 Hz 、0.5 Hz、1 Hz、2 Hz、5 Hz、10 Hz、20 Hz、25 Hz 进行测试。旋转压实试件通过钻芯取样制得,直径(100±2)mm、高(150±2.5)mm。试验过程如图 4-61 所示。

图 4-61　单轴压缩动态模量试验

试验过程中,通过对试件施加偏正弦波轴向压应力荷载,在设定温度 15 ℃下由高频至低频进行试验,典型曲线如图 4-62 所示。其中,15 ℃、10 Hz 条件下的试验结果汇总于表 4-21。

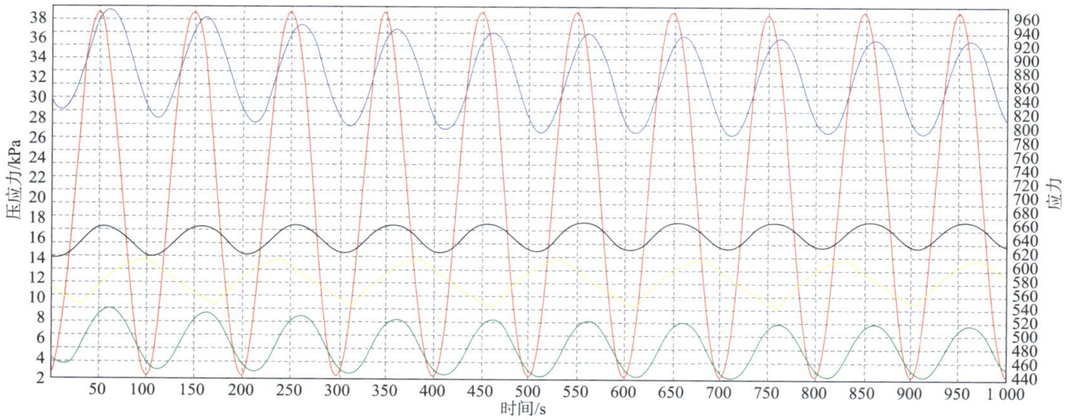

图 4-62　单轴压缩动态模量试验典型曲线

表 4-21　单轴压缩动态模量试验结果

试验编号		动态模量(10 Hz,15 ℃)/MPa	平均值/MPa
T	1-1	8 586	8 112.5
	1-2	7 639	
W	2-1	7 576	7 542
	2-2	7 508	

由表 4-21 可知,所设计沥青混凝土单轴压缩动态模量值能够满足不小于 6 000 MPa 的要求,具有良好的承载性能。

(3)抗压强度

此外,开展了室内抗压强度试验,试件长度(40±1.0)mm,宽度(40±1.0)mm,高度(80±2.0)mm,试验温度 20 ℃,试验结果汇总于表 4-22。可知所设计的沥青混凝土抗压强度大于 4 MPa 的标准,能够满足使用需求。

表 4-22　抗压强度试验测试结果

试件编号		最大峰值荷载/kN	抗压强度/MPa	平均值/MPa
T	1-1	8.59	5.21	5.37
	1-2	8.92	5.53	
W	2-1	8.14	4.94	5.02
	2-2	8.31	5.15	

本章所设计的两种碾压密实沥青混凝土均能够满足防水封闭性、承载性、低温抗裂性和耐久性等技术指标要求,见表 4-23,可应用于工程实施。

表 4-23　碾压密实沥青混凝土性能评估技术指标汇总表

项　目	技术要求	试验结果(T)	试验结果(W)
渗水系数/(mL·min^{-1})	≤60	0	0
空隙率/%	≤4	1.67	1.53
浸水马歇尔试验残留稳定/%	≥85	95	89
冻融劈裂试验的残留强度比/%	≥80	95	86
抗压强度(20 ℃)/MPa	≥4	5.37	5.02
动稳定度(0.7 MPa,60 ℃)/(次·mm^{-1})	≥2 400	3 060	2 815
回弹模量(20 ℃)/MPa	≥1 000	1 223.0	1 209.8
动态模量(100 kPa,10 Hz,15 ℃)/MPa	≥6 000	8 112.5	7 542
弯拉强度(−10 ℃,50 mm·min^{-1})/MPa	≥8	13.26	11.39
弯曲应变(−10 ℃,50 mm·min^{-1})/$\mu\varepsilon$	≥3 000	3 356	2 782
四点弯曲疲劳(10 Hz,15 ℃,500 $\mu\varepsilon$)/万次	≥20	84	25

4.4.4 铁路专用沥青混凝土细观特性演变

1. 工业 CT 技术与三维重构技术

(1)工业 CT 技术

CT 扫描技术全称为计算机射线断面照相技术，CT 扫描仪主要由射线源和探测器两大部分组成，如图 4-63 所示。利用 X 射线束从多个方向以扫描方式透射被检测物体，用特定的探测器采集经过被检测物体后衰减的射线信息，采用图像重建算法，将被扫描物体以灰度图像形式展现出来，其检测的直观结果是被检测物体的断面图像。通过这种断层图像可以清晰地看出被检测物体断层内的结构层次以及有无缺陷。在射线穿透物质的过程中，其强度呈指数关系衰减，且不同密度的物质对射线的吸收系数不同。当前，工业 CT 层析扫描技术的主要应用范围包括：①检测零件内部结构。工业上，无法用常规无损检测方法探测一些复杂零件内部缺陷，而工业 CT 设备具有较强的穿透能力以及较高的测试精度，可以有效检测构件的微小缺陷。②探测材料分布的均匀性。工业 CT 可以较好地对材料内部的不均匀性做出准确判断，通过检测试样内部的密度分布，可以准确定位材料内部的不均匀部分。③研究材料疲劳损伤效应。裂纹的产生和发展是导致试件最终破坏的根本原因，工业 CT 能无损地观测裂纹的发展变化，对材料的力学本构关系给出定量的描述。

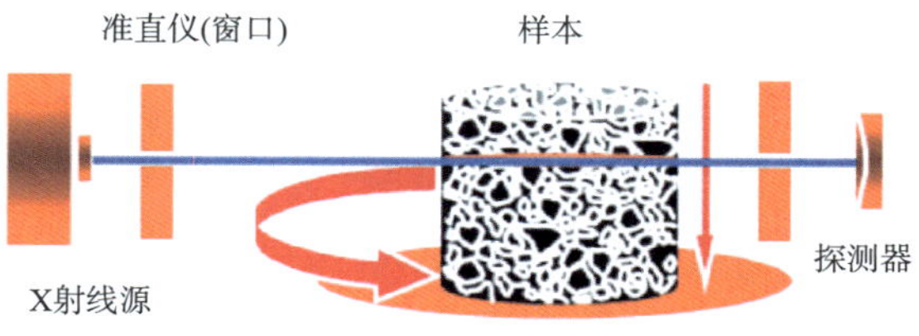

图 4-63 CT 扫描系统

基于上述原理，CT 技术有以下优点：可对材料在受力过程中内部结构的变化进行动态、定量以及无损检测；获得物体切片薄层的密度分布，不存在物体前后缺陷的重叠问题，并可根据物体不同薄层的图像资料进行三维成相；分辨率是评价 CT 机性能的主要指标，高分辨率 CT 机能够为排水沥青混合料内部的渗流过程提供更为精确的细观信息。

(2)三维重构技术

三维重构基于数字图像处理，这是一种采用一系列算法对 CT 扫描断层图进行后期分析的方法。采用 MATLAB 软件进行图像处理，其基本步骤为：首先将通过 X-Ray CT 扫描的断层图(图 4-64)导入至 MATLAB，并将 RGB 三色通道图转换为单通道灰度图，随后确定断面图边界，把选定边界内的图像进行对比度拉伸、降噪，去除 CT 扫描断面图中毛疵和细小的杂质斑点；随后进行扫描断层图中的孔隙及非孔隙部分的阈值分割并二值化；最后通过三维操作建立孔隙三维体模型，由此获取孔隙、孔隙数量及相关细观参数。

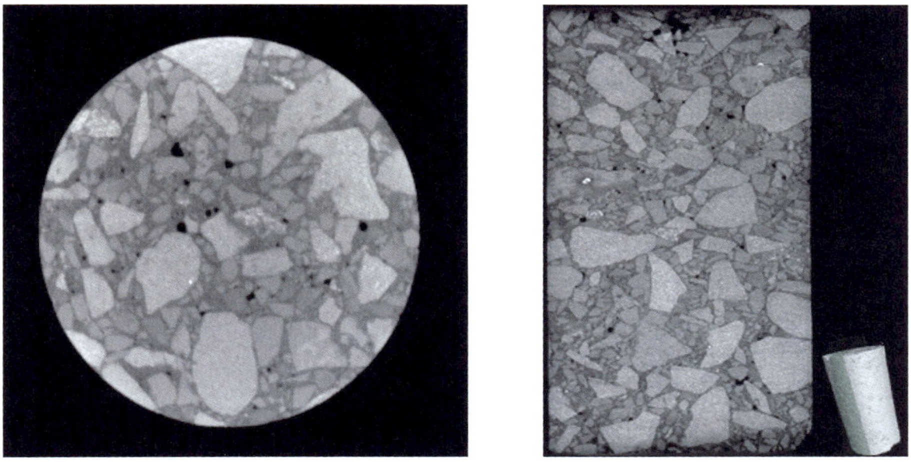

(a)横断面　　　　(b)纵断面

图 4-64　铁路专用沥青混凝土试件 CT 扫描结果

2. 循环冻融下铁路专用沥青混凝土空隙发展规律

重点从两个角度阐述了孔隙结构在冻融循环作用下的三维演变规律。对比冻融循环前后的孔隙三维重构图，见表 4-24，从可视化角度了解冻融损伤对内部结构的损坏机理；根据空隙率与孔隙数量定量地分析冻融循环对沥青混凝土孔隙结构的影响规律。

表 4-24　铁路专用沥青混凝土试件在不同冻融循环次数作用下大孔隙分布汇总

冻融次数	大孔隙分布情况			
15 次	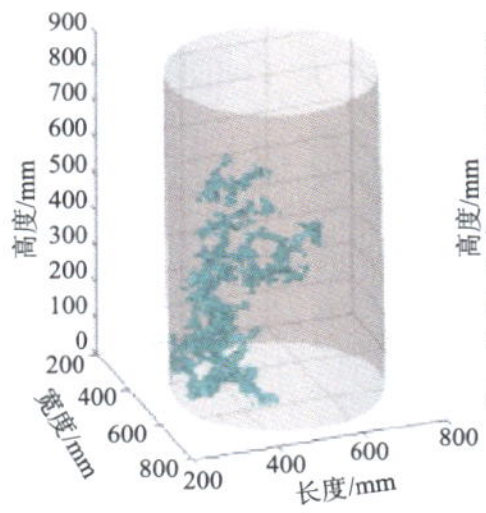	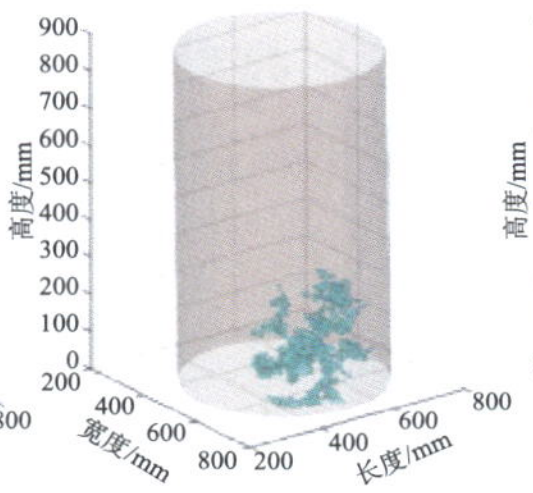	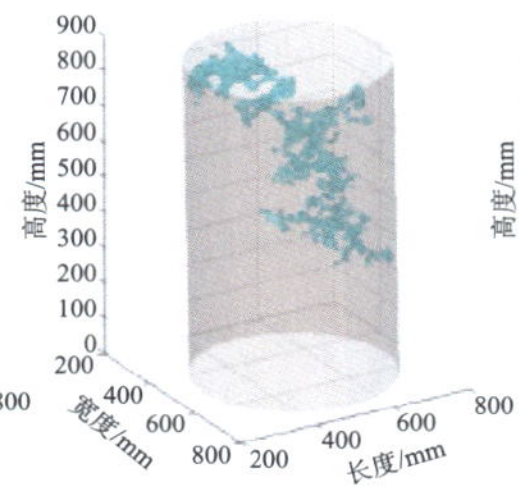	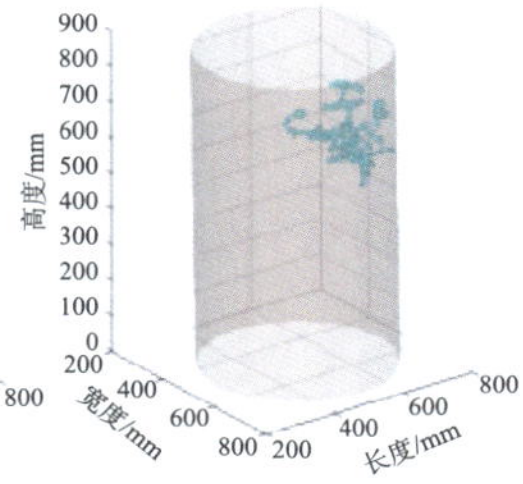
30 次	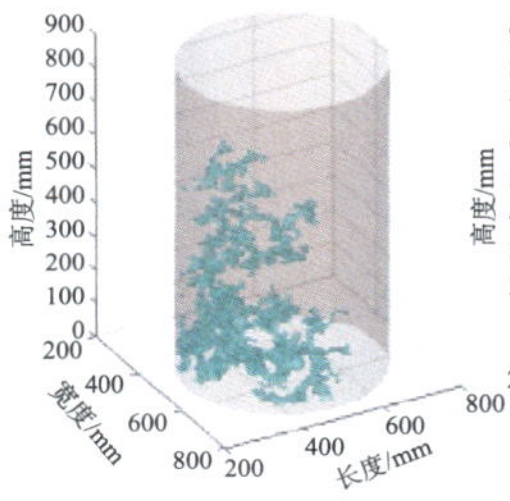	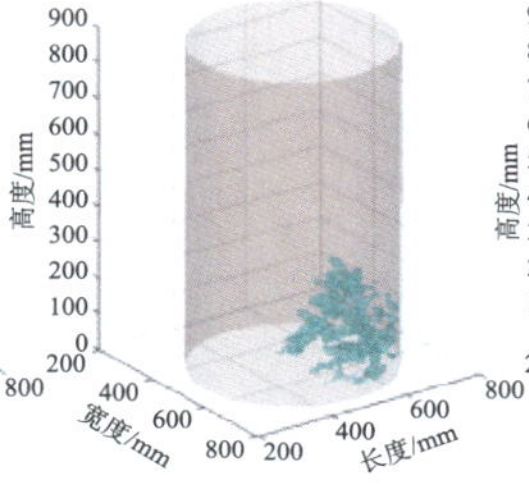	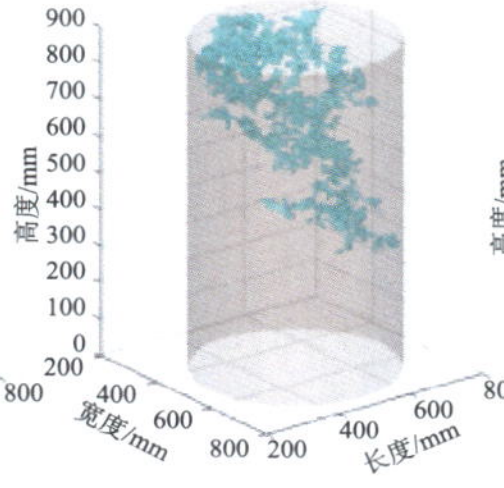	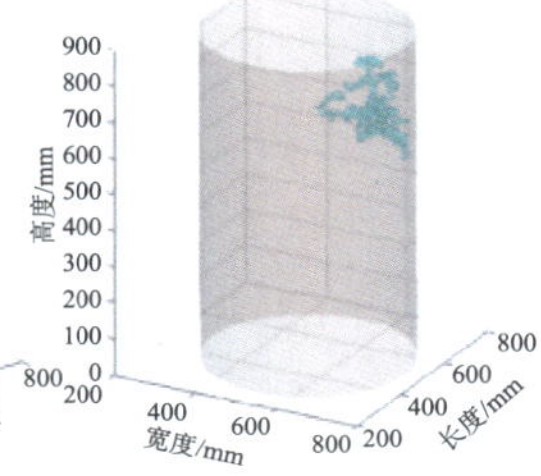

续上表

冻融次数	大孔隙分布情况
45 次	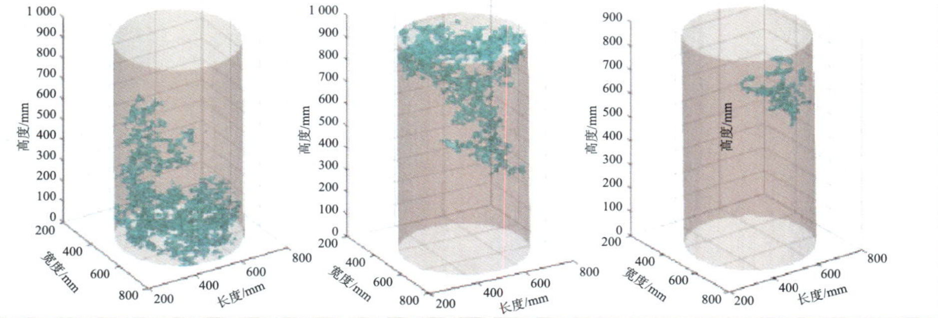
60 次	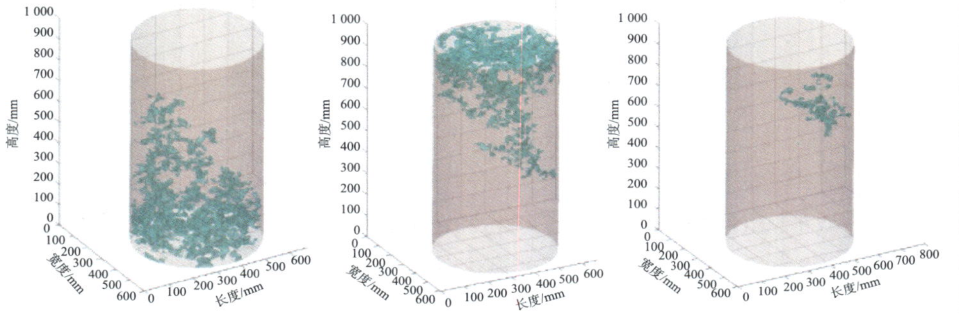

从表 4-24 可以看出，经过 45 次冻融循环后一个二级孔隙与一个三级孔隙发生了连通，两者合并为一个孔隙。在试件的顶部及底部，见图第一列及第三列的大孔隙，其在冻融循环过程中不断地与周围小孔隙连通融合，在横向和纵向不断扩大影响范围，而试件内部的第四列大孔隙则变化不明显，这一研究结果表明在顶底表面部分开口的大孔隙范围的扩大速度相较于完全在内部的闭合大孔隙更快，冻融循环的损伤与水有密不可分的关系。经过 60 次冻融循环后孔隙大小不断发展，但该试件还未出现上下联通孔隙，说明该材料仍具备良好的防水抗渗能力。在高速铁路防水封闭结构的维护过程中，若能对冻融损伤的防水封闭结构进行必要的维修与养护，即对封闭结构上层孔隙进行及时修补，则对于提高沥青混凝土防水封闭结构的耐久性具有重要意义。

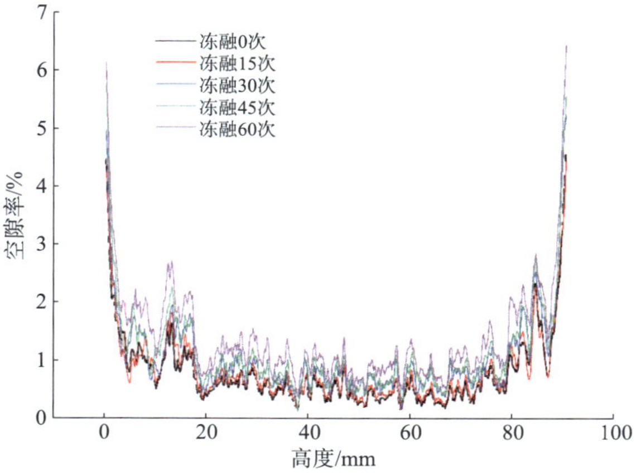

图 4-65　冻融循环作用下断面空隙率变化趋势

图 4-65 可知，所有的试件的断面孔隙在高度分布上均呈现上下端部孔隙高而中间低的分布特点。出现这种情况的原

因是试件成型方式有关。与此同时，分析冻融对试件扫描断面的二维空隙率沿试件高度的变化规律，可以发现随着冻融次数的增加，所有试件的断面空隙率随高度变化的曲线逐渐向上偏移，这一结果表明试件的各断面的空隙率在冻融次数增加后均呈现增长的趋势，但存在部分区域出现断面孔隙的在不同冻融循环次数之间的交错，这一结果可能是因为试件在冻融循环前后直径及高度发生变化。虽然在冻融次数增加的条件下空隙率有所增加，但试件中部的空隙率仍处于较低水平，整体小于 2%，说明在经过 60 次冻融循环作用下，高速铁路路基沥青混凝土仍能保持良好的服役性能。

4.5　自密实沥青混凝土材料性能研究

4.5.1　自密实沥青混凝土配合比设计

1. 原材料

(1)沥青胶结料

针对东北高寒地区高速铁路路基沥青混凝土防水封闭结构进行设计，根据拟使用环境的特点，为确保沥青混凝土具有优良的抗冻抗裂性，沥青胶结料的性能等级宜不低于 PG 64-34，但目前市场上并无满足该要求的产品。为此，研制了适用于高寒地区的新型沥青胶结料聚合物改性沥青(polymer modified bitumen，以下简称 PmB)，并在实施阶段采用高性能 TPS 外掺剂对沥青混凝土进行增强。新型沥青胶结料 PmB 的基本性质测试结果见表 4-25。

表 4-25　高寒区特制 PmB 试验结果及技术要求

试验项目		试验数值	技术要求	试验方法
针入度(25 ℃,5 s,100 g)/(0.1 mm)		104	>80	JTG E20(T 0604—2011)
针入度指数 PI		0.60	≥−0.8	
5 ℃延度/cm		72.8	≥40	JTG E20(T 0605—2011)
软化点/℃		83	≥50	JTG E20(T 0606—2011)
135 ℃动力黏度/Pa·s		1.771	≤3	JTG E20(T 0625—2011)
密度(15 ℃)/(g·cm^{-3})		1.031	实测	JTG E20(T 0603—2011)
闪点/℃		282	≥230	JTG E20(T 0611—2011)
弹性恢复(25 ℃)/%		100	≥60	JTG E20(T 0662—2000)
TFOT 后残留物	5 ℃延度/cm	57	≥30	JTG E20(T 0605—2011)
RTFOT 后残留物	$G^*/\sin\sigma$,70 ℃	2.54	≥2.2	JTG E20(T 0628—2011)
PAV 后残留物	S,−24 ℃	213	≤300	JTG E20(T 0627—2011)
	m,−24 ℃	0.357	≥0.3	

由表 4-25 可知，PmB 的 5 ℃延度达到 72.8 cm，远优于规范对公路用 I-C 型 SBS 改性沥青的要求，表明其具有良好的低温变形能力。为进一步验证其低温性能，开展了低温小梁弯曲流变试验。美国公路研究战略计划(SHRP)以压力老化(PAV)之后沥青试样的蠕变劲度 $S(t)$ 和蠕变劲度变化率 $m(t)$ 作为关键指标。采用这一方法对 PmB 聚合物改性沥青进行试验，并与常用 SBS 沥青对比，见表 4-26。

表 4-26 改性沥青的低温流变性能

沥青	技术指标	−12 ℃	−18 ℃	−24 ℃	−30 ℃
PmB	蠕变劲度 S(PAV,MPa)	—	—	213	485
	m-值(PAV)	—	—	0.357	0.25
SBS	蠕变劲度 S(PAV,MPa)	54.7	316	—	—
	m-值(PAV)	0.446	0.356	—	—

根据判据 $S<300$ MPa，$m>0.3$ 可知，PmB 改性沥青低温等级为−34 ℃，高出常用 SBS 沥青(约−22 ℃)两个低温等级。这就为沥青混凝土适应高寒区极低环境条件提供了必要的保障。

(2)骨料

采用玄武岩粗细骨料及一定量的天然砂，骨料洁净、干燥、颗粒形状好，各项性质均满足现行规范的要求。矿质填充料由优质石灰岩磨细而成，干燥、洁净，不含泥土、杂质和团粒，亲水系数小，安定性好。粗、骨料及填充料的各项性能指标见表 4-27～表 4-29。

表 4-27 粗骨料各项指标试验结果

项目	试验结果	技术要求	试验方法
针片状颗粒含量(不大于)/%	12	18	JTG E42(T 0312—2005)
洛杉矶磨耗值(不大于)/%	20	30	JTG E42(T 0317—2005)
石料压碎值(不大于)/%	15	28	JTG E42(T 0316—2005)
水洗法<0.075 mm 颗粒含量(不大于)/%	0.21	1	JTG E42(T 0310—2005)

表 4-28 细骨料各项指标试验结果

项目	试验结果	技术要求	试验方法
含泥量(小于 0.075 mm 的含量不大于)/%	1.2	3	JTG E42(T 0333—2000)
砂当量(不小于)/%	88	60	JTG E42(T 0334—2005)
棱角性(流动时间不小于)/s	65	30	JTG E42(T 0345—2005)

表 4-29　填充料各项指标试验结果

项　　目	试验结果	技术要求	试验方法
含水量(不大于)/%	0.25	1	JTG E42(T 0103—2000)
外观	无团粒结块	无团粒结块	—
亲水系数(小于)	0.65	1	JTG E42(T 0353—2000)
塑性指数(小于)	2.5	4	JTG E42(T 0354—2000)

各矿料具体的筛分结果及密度状况见表 4-30、表 4-31。

表 4-30　矿料筛分试验结果

公称粒径/mm	通过下列筛孔(mm)的质量百分率(%)								
	13.2	9.5	4.75	2.36	1.18	0.6	0.3	0.15	0.075
1 号(5～10)	100	95.43	11.33	1.20	0.89	0.66	0.59	0.38	0.21
2 号(3～5)	—	100	92.25	5.55	1.20	0.65	0.55	0.48	0.40
3 号(0～3)	—	—	100	81.55	49.35	24.35	10.05	5.75	3.15
4 号(细砂)	—	—	—	100	99.75	86.53	36.06	1.52	1.12
填充料	—	—	—	—	—	—	—	100	98.60

表 4-31　各档料的密度试验结果

试验指标	1 号(5～10 mm)	2 号(3～5 mm)	3 号(0～3 mm)	4 号(细砂)	填充料
毛体积相对密度	2.814	2.812	2.820	2.581	2.684
表观相对密度	2.930	2.879	2.887	2.634	2.684

2. 配合比设计

对于自密实沥青混凝土，基于国内外浇注式沥青混凝土的设计级配范围以及实际工程案例，选用见表 4-32 的 3 种级配进行试拌。以 PmB 聚合物改性沥青作为胶结料，选择适宜的沥青用量，以其为中心±0.5%，进行三组不同油石比的马歇尔、刘埃尔、贯入度试验。将沥青混凝土在马歇尔拌和锅内进行初拌，然后转移到小型 Cooker 车内拌和约 2 h，温度控制在 200～230 ℃，进行刘埃尔试验，成型马歇尔、贯入度等试件，每组油石比的试件数不少于 5 个，进行马歇尔试验、贯入度试验等。

表 4-32　自密实沥青混凝土设计级配

级配类型	通过下列各级筛孔的质量百分率(方孔筛，mm)								
	13.2	9.5	4.75	2.36	1.18	0.6	0.3	0.15	0.075
某大桥	100	80～100	63～80	48～63	38～52	32～46	27～40	24～36	20～30
德国规范	100	95～100	69～74	54～65	—	35～48	30～45	25～37.5	20～30
级配一	100	99.9	78.9	54.1	40.9	31.3	25.0	22.4	19.9
级配二	100	99.4	76.3	54.2	42.3	34.5	29.0	26.0	22.0
级配三	100	98.6	72.5	55.0	47.2	40.1	31.1	26.1	25.1

级配一、级配二，刘埃尔流动度满足小于 60 s 时，其最佳油石比均较大。级配三在表现出较好性能的同时最佳沥青用量最小，因此选用级配三。通过不同油石比情况下沥青混凝土基本性能指标的对比(表 4-33)，确定最佳油石比为 8.5%。

表 4-33　自密实沥青混凝土各指标性能

油石比	空隙率/%	刘埃尔流动度/s	贯入度/mm	贯入度增量/mm
8.0	1.8	49.8(230 ℃)	1.84	0.27
8.5	1.3	10.5(210 ℃)	2.49	0.31
9.0	0.8	12.0(200 ℃)	4.22	0.78

在已取得技术成果的基础上，经反复试配试验，项目组提出了自密实沥青混凝土的矿料级配范围，其结果如图 4-66 所示。

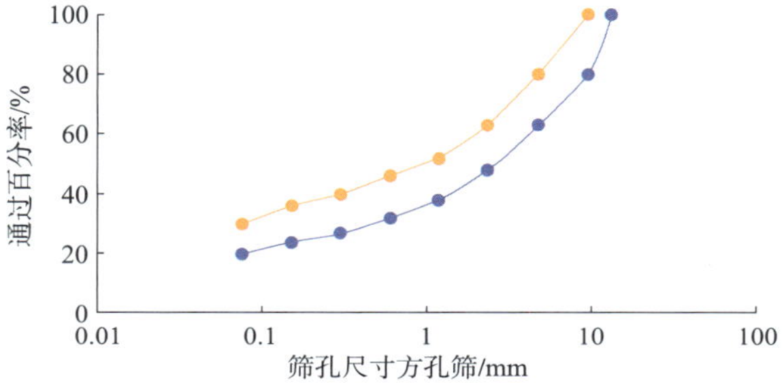

图 4-66　自密实沥青混凝土的矿料级配范围

4.5.2　技术要求

1. 沥青 PG 分级

沥青性能受温度影响较大，所以不同地区不同气温，对于使用沥青的标准应因地而议。同时，自密实沥青混凝土性能很大程度取决于沥青性能。所以依据铁路沥青混凝土防水封闭层气候分区内环境温度的不同，对于沥青分级要求也需变化。冬严寒区内沥青 PG 分级为 PG70-34，冬寒区内沥青 PG 分级为 PG70-28，冬冷区内沥青 PG 分级为 PG76-22，冬温区内沥青 PG 分级为 PG76-16。

2. 防水性能

沥青混凝土防水封闭层的层位功能是有效防止地表径水或降水侵入基层。沥青混凝土材料抗渗性能主要取决于其空隙率的大小。参考碾压密实沥青混凝土空隙率指标要求，自密实沥青混凝土的目标设计空隙率在 1%～2%，全气候分区内，自密实沥青混凝土空隙率上限取值为 2%。

3. 高温稳定性能

考虑高速铁路运维期间行人与养护机械荷载作用，材料在较高温度下不会产生明显变形，参考国内外文献，基于哈齐试验段实际工程，采用 40 ℃贯入度试验和车辙试验(0.7 MPa，40 ℃，1 h)评价自密实沥青混凝土高温稳定性能。由于铁路沥青混凝土防水封闭层气候分区重点关注地区极端最低气温，所以统一规定全气候分区内，自密实沥青混凝土贯入度都不应大于 6 mm。冬严寒区高温变形量不超过 0.32 mm，冬寒区不超过 0.28 mm，冬冷区、冬温区不超过 0.24 mm。

4. 抗水损性能

沥青混凝土的水稳定性采用浸水残留稳定度和冻融劈裂强度比来评价(T0729—2000)。依据铁路沥青混凝土防水封闭层气候分区，雨量指标均按照最高标准进行选取，全气候分区内自密实沥青混凝土的浸水马歇尔试验残留稳定度不应小于 85%，冻融劈裂试验的残留强度比不应小于 85%。

5. 施工和易性

自密实沥青混凝土材料流动特性决定其施工和易性。参考浇筑式沥青混凝土施工流动性评定方式，采用刘埃尔流动度仪测定自密实沥青混合料在 210 ℃时的流动度。结合铁路沥青混凝土防水封闭层气候分区，为了保证混凝土施工和易性，规定全气候分区内，自密实沥青混凝土流动度不大于 60 s。考虑运营期人员和小型机具上道需要，自密实沥青混凝土的抗压强度不小于 2 MPa。

4.5.3　性能评价

依据上节提出的材料技术指标，总结自密实沥青混凝土性能评估试验主要有：渗水试验、浸水马歇尔试验和冻融劈裂试验、车辙试验、抗压强度试验、低温弯曲试验等。

本节依据室内试验结果评估自密实沥青混凝土材料性能，对比材料选择类似且在我国应用较广的沥青玛蹄脂沥青混凝土(SMA)。

1. 密度与防水性

实测自密实沥青混凝土和沥青玛蹄脂沥青混凝土(SMA)对比件的密度、空隙率及相关体积参数平均值见表 4-34。从表 4-34 可以看出，空隙率满足不超过 2%的设计要求。通过渗水试验，SMA 渗水系数为 9.9 mL/min，自密实沥青混凝土无渗水，表明所设计的两种沥青混凝土具有极优良的防水性能。

表 4-34　沥青混凝土空隙率测试结果

类　型	沥青胶结料	毛体积相对密度	空隙率/%	VMA/%	VFA/%
自密实沥青混凝土	PmB	2.435	1.3	18.06	92.96
SMA(对比件)	SBS	2.456	3.5	17.21	78.72

2. 高温稳定性

根据技术要求，按照现行沥青混凝土试验规程进行 60 ℃的马歇尔稳定度试验与 40 ℃的轮辙试验，得到所设计的自密实沥青混凝土稳定度为 6.1 kN>5 kN，满足技术指标要求。

典型试件的贯入度发展曲线如图 4-67 所示。由图 4-67 可知，贯入量初期增长较快，随着时间的推移，其逐渐趋于平缓。自密实沥青混凝土的贯入度为 2.49 mm，贯入度增量为 0.31 mm。结果表明，自密实沥青混凝土具有良好的抗变形能力，能避免在行人、养护机械荷载作用下发生下陷、推移等病害。

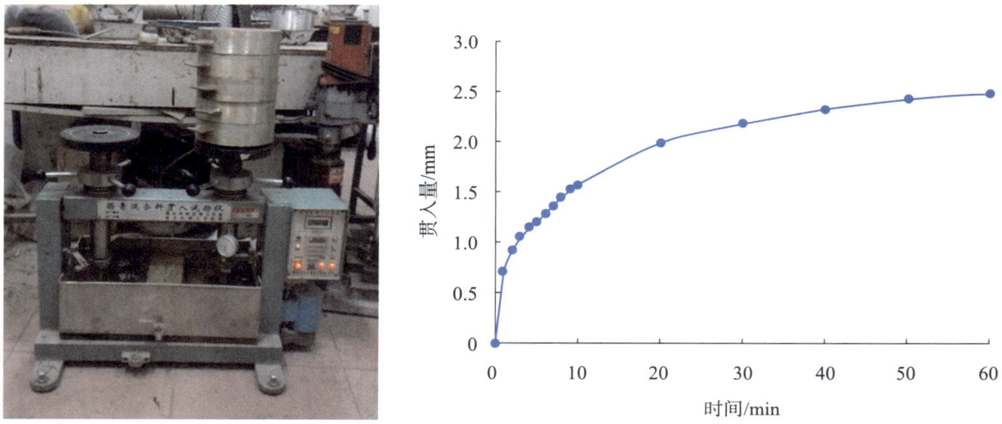

图 4-67　自密实沥青混凝土试件的贯入度试验及典型贯入曲线

3. 低温抗裂性

(1)低温弯曲试验

低温弯曲试验温度为 −10 ℃。采用万能材料试验机 UTM-25 加载，加载速率为 50 mm/min，试件尺寸为 250 mm×35 mm×30 mm，每组不低于 5 个试件。计算得到各组试件破坏时的弯曲强度、极限应变与劲度模量的平均值列于表 4-35。

表 4-35　沥青混凝土低温弯曲数据平均值

类　型	沥青胶结料	弯曲强度/MPa	极限应变/με	劲度模量/MPa
自密实沥青混凝土	PmB	18.55	6 693	2 772
SMA(对比件)	SBS	10.57	3 404	3 105

由表 4-35 可见，采用 PmB 的沥青混凝土，其弯曲应变远高于 3 000 με，且优于对比 SMA 试件。

(2)线收缩系数试验

根据现行沥青混凝土试验规程测试沥青混凝土的线收缩系数，试验起始温度为 5 ℃，降温速率为 10 ℃/h，试件尺寸为 200 mm×20 mm×20 mm，每组不少于 3 个试件，以其平均值作为代表值，各沥青混凝土的试验结果见表 4-36。

表 4-36　线收缩系数试验试验结果

温度区间/℃	自密实 PmB/10^{-5}℃$^{-1}$	SMA(对比件)/10^{-5}℃$^{-1}$
5～−5	2.150	3.044
−5～−15	1.983	2.230
−15～−25	1.656	1.806
均值	1.93	2.360

从试验结果看，在三个温度区间内，自密实沥青混凝土的线收缩系数小于 SMA 对比试件，这说明自密实沥青混凝土的温度敏感度小于 SMA。温度高于 5 ℃时，因松弛作用可以忽略温度应力的影响。因此，将 5 ℃以下的均值作为沥青混凝土的线收缩系数，则线收缩系数为 1.93×10^{-5}、2.36×10^{-5}，弯曲劲度模量（参考低温弯曲试验）分别为 2 771 MPa、3 105 MPa。不考虑基床渗透性级配碎石层的收缩系数（计算趋于保守），假设降温区间为 50 ℃，材料变形受到约束时，其内部所产生的温度应力分别为 2.67 MPa、3.66 MPa，远小于其抗弯拉强度，因此设计的沥青混凝土因单次降温产生收缩开裂的可能性极小。

(3)断裂温度试验

为进一步验证抗裂性，测试了自密实沥青混凝土在不同温度时的抗拉强度，同时采用约束试件的温度应力试验（降温速率：−10 ℃/h）的温度应力，以评估其断裂温度。对于受约束试件，因温度应力的增加导致试件抗拉强度的下降，残留的抗拉强度为非约束条件下的抗拉强度与同温度条件下受约束时试件内的温度应力之差，根据残留抗拉强度与温度应力之比可准确估计出自密实沥青混凝土防水封闭结构在真实工况降温条件下的抗拉强度。

试验结果如图 4-68 所示，其断裂温度低于 −30 ℃，残留抗拉强度约为 6.1 MPa，−11～−25 ℃为其温度疲劳区间。

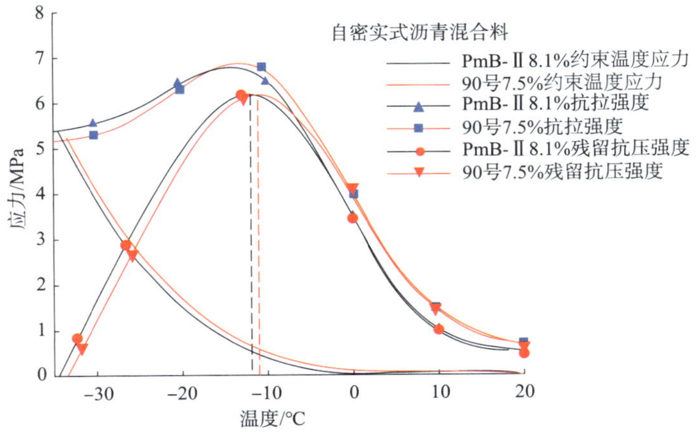

图 4-68　自密实沥青混凝土的抗拉强度、温度应力与残留抗拉强度曲线

4. 抗水损性与耐候性

根据技术要求，按现行沥青混凝土试验规程开展冻融劈裂试验，试验结果见表 4-37。

表 4-37　沥青混凝土的冻融劈裂试验结果

类型	沥青	试件类型	最大荷载/kN	试件高度/mm	劈裂强度/MPa		TSR/%
					测试值	平均值	
自密实沥青混凝土	PmB	标准试件	7.87	62.1	0.80	0.83	94.70
			8.46	63.2	0.84		
			8.38	62.8	0.84		
		条件试件	7.53	63.1	0.75	0.78	
			8.00	63.7	0.79		
			8.22	64.1	0.81		
SMA	SBS	标准试件	9.75	63.2	0.97	1.06	89.6
			11.89	62.8	1.19		
			10.40	64.1	1.02		
		条件试件	9.98	63.5	0.99	0.95 (3.6%)	
			9.50	64.2	0.93		
			9.45	63.9	0.93		

从表 4-37 可见，所设计的自密实沥青混凝土其冻融劈裂强度比接近 95%，表明抗水损性优良。低空隙率阻止了水侵入沥青混凝土内部以及沥青薄膜和骨料之间，有助于阻断水降低沥青与骨料相互黏结的可能性，从而大幅度减小了冻融破坏的程度。空隙率低是保证自密实沥青混凝土水稳定性好的重要原因。

为进一步评估，项目组测试了 PmB 经压力老化进程后试样的弯曲流变性能，实测结果见表 4-38。结合原样试件的测试结果看，经长期老化后，试件的低温弯曲流变参数并未发生显著变化，表明所设计的沥青胶结料具有优良的抗老化性能。

表 4-38　PmB 的长期老化前后的弯曲流变试验结果(−24 ℃)

技术指标	原样试件	长期老化试件
蠕变劲度/MPa	203	213
m 值	0.352	0.357

同时采用视频光学接触角测量仪测试沥青混凝土的表面自由能，借此评估其长期自愈合性能。经计算得到 PmB 和 SBS 的表面能及其分量，见表 4-39。PmB 聚合物改性沥青极性表面能最小，非极性表面能最大。根据 Lytton 等人的研究成果可知，极性表面能越小，长期自愈速度越快；非极性表面能越大，短期自愈速度越快。可见 PmB 自愈速度最快，对防水封闭大有裨益。

表 4-39　两种沥青的表面能

沥青	与测试液体的接触角/(°)		极性分量/(mJ·m^{-2})	非极性分量/(mJ·m^{-2})	总表面能/(mJ·m^{-2})
	水	甘油			
PmB	101.42	92.84	3.08	12.72	15.80
SBS	83.33	80.15	14.85	7.87	22.72

5. 结构性能

为研究自密实沥青混凝土与周边构造物(级配碎石层、轨道板支撑层)黏结的结构性能，进行了拉拔试验和剪切试验。由于级配碎石层与沥青混凝土的黏结强度定量分析难度较大，故仅研究了沥青混凝土与水泥混凝土之间的拉拔与剪切强度，以供参考。

(1)拉拔试验

拉拔试件直径为 101.6 mm，高为 80～100 mm 的圆柱体复合结构。采用马歇尔模具成型，将水泥混凝土块置于模具底部，其上浇筑沥青混凝土。自密实沥青混凝土与水泥混凝土界面均未涂抹黏结层材料(剪切试件亦如此)。拉拔试验开始前，在复合试件表面涂刷配置好的树脂胶，然后将表面打磨干净的拉拔夹具黏结在试件两端，在室内常温下静置 24 h，待树脂胶固结后进行试验。

将试件在规定温度 25 ℃和 60 ℃下保温 4 h，采用 SANS 电子万能试验机进行拉拔试验，如图 4-69 所示。试验拉伸速率采用 10 mm/min。试验过程中万能试验机配套软件系统记录了不同时间的荷载与位移数据，由层间拉拔强度试验的位移—应力曲线，得出最大拉拔强度，每组试件不低于 5 个试件，以其平均值作为代表值。

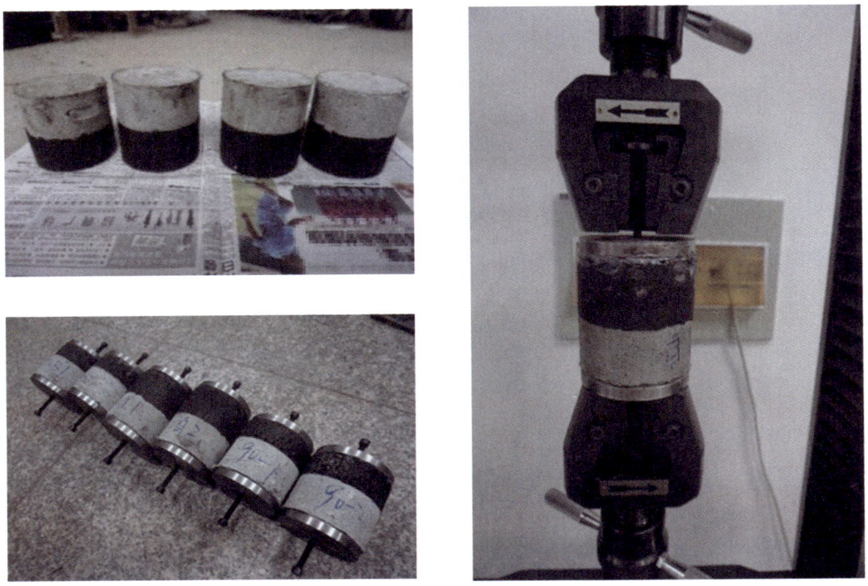

图 4-69　拉拔试验研究

试验结果表明，25 ℃时，自密实沥青混凝土复合试件从水泥混凝土部分断开，其实际黏结强度要高于 0.371 MPa。因为基本不受荷载作用，温度应力是其需要克服的主要作用力。从有限元模拟的结果看，沥青混凝土与构造物间的黏结强度基本满足温度应力的要求。因此，在正常摊铺挤密情况下自密实沥青混凝土与无砟轨道结构之间具有良好的黏结密贴效应。考虑到现场施工的条件，建议现场施工时宜注重界面清洁与边侧自密实沥青混凝土的挤密提浆处理；为进一步增强黏结效果，亦可考虑在连接处洒布适量沥青胶结料或粘贴沥青贴缝条等措施。

（2）剪切试验

剪切试件采用 50 mm×50 mm×64 mm 的长方体复合试件，利用复合车辙板成型。在室内常温下静置 48 h 后脱模，然后进行试件切割。剪切试验装置及试验过程如图 4-70 所示。

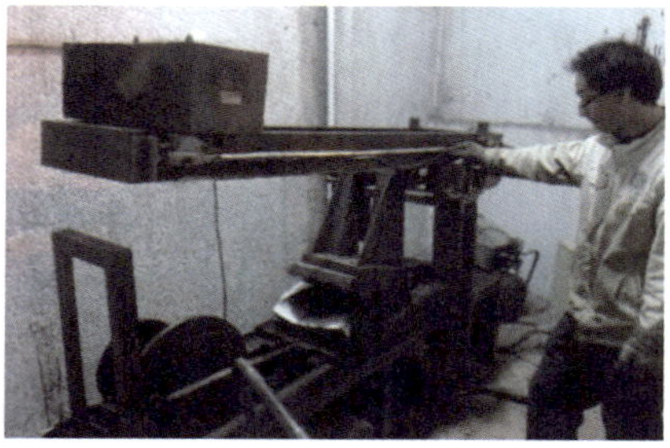

（a）复合车辙板成型

（b）复合车辙板拆模

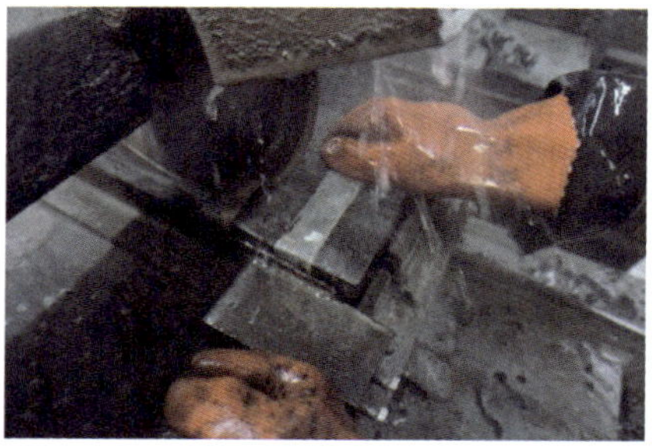

（c）试件切割

（d）切割好的试件

（e）剪切试验

（f）25 ℃下自密实试件剪切后断面

图 4-70　剪切试验装置及试验过程

采用 UTM-25 进行剪切强度试验，加载装置见图 4-70(e)，剪切角为 45°，加载速率 10 mm/min，试验温度为 25 ℃和 60 ℃，每组试件不低于 5 个，实测所设计自密实沥青混凝土与水泥混凝土之间的平均剪切强度为 2.01 MPa@25 ℃、0.70 MPa@50 ℃，满足与构造物之间的黏结强度。

4.5.4　预拌重熔自密实沥青混凝土施工可行性分析

预拌重熔自密实沥青混凝土，即通过预制沥青胶砂，现场重熔破碎加入粗骨料，现场摊铺成型的新型自密实沥青混凝土。预拌重熔自密实沥青混凝土主要需解决两个问题，一是预制沥青胶砂长期存储后可能出现的老化问题，二是现场破碎重熔时二次加热后混凝土可能出现的性能衰减。所以需要从长期储存和重熔两个方面进行研究，分析现场试件长期储存前后、破碎重熔前后的性能衰减情况。

1. 长期储存对自密实沥青混凝土性能影响

采用 2014 年 8 月于哈齐客运专线现场取样试件进行实验。部分试件现场取样后直接测试，部分试件于 2016 年 1 月进行测试。对比分析长期储存对自密实沥青混凝土性能的影响，具体对比结果见表 4-40。

表 4-40　长期储存前后自密实沥青混凝土性能

日期	低温弯曲试验			马歇尔稳定度/kN	贯入度/mm	空隙率/%	冻融劈裂强度比/%
	抗弯拉强度/MPa	最大弯拉应变/με	弯曲劲度模量/MPa				
2014 年 8 月	15.95	3 467.62	4 655.96	4.54	2.79	0.94	90.2
2016 年 1 月	13.76	2 955.49	4 708.67	8.57	3.03	0.43	80.9

从低温弯曲试验的结果来看，长期储存对现场成型试件的低温抗裂性能有一定的影响。长期储存后，试件的最大弯拉应变下降了 14.8%，仍能满足《公路沥青路面施工技术规范》中冬严寒区改性沥青混凝土破坏应变的规范要求。从马歇尔稳定度和贯入度试验的结果来看，长期储存提高了现场成型试件的高温稳定性。从试件空隙率及冻融劈裂试验结果来看，长期储存后空隙率会有略微升高，但依然严格满足规范中不大于 2%的规定。随着轻质油分的挥发，空隙率的上升速度会越来越小，最终趋于稳定。长期储存后试件的劈裂强度残留比依然严格满足规范中不低于 80%的规定，说明长期储存后自密实沥青的防水及水稳定性依然满足规范的要求。综合分析，长期储存后自密实沥青混凝土的低温抗裂、高温稳定、防水及水稳定性能都能满足其作为防水封闭层的设计要求。

2. 重熔对自密实沥青混凝土性能影响

一般的自密实沥青混凝土是在大型沥青拌和楼内直接添加沥青胶结料、填充料和粗细骨料，且原材料都是经过加热的。拌和后的混凝土需要在 Cooker 车中完成二次拌和和运输,时间约为 2～3 h,且波动幅度很大。本项目设计的预拌重熔自密实沥青混凝土施工工艺较一般的自密实沥青混凝土相比,虽然减少了 Cooker 车运输拌和的步骤,但也涉及沥青胶砂的现场重熔。

具体步骤为首先将现场成型试件置于 180 ℃烘箱中保温 2 h,待混凝土软化有一定流动性后放入 Cooker 拌和锅拌和 1 h,最后成型试件。为保证拌和均匀每次拌和混凝土不少于 30 kg。对比分析重熔前后沥青混凝土关键性能的变化情况,评估二次加热对自密实沥青混凝土施工和易性、低温抗裂性、防水性能、水稳定性以及高温稳定性的影响,结果见表 4-41。

表 4-41　重熔前后自密实沥青混凝土性能

项　目	施工和易性		低温抗裂性		防水性	水稳定性	高温稳定性
	刘埃尔流动度/s	温度/℃	弯曲劲度模量/MPa	变异性/%	空隙率/%	冻融劈裂强度比/%	贯入度/mm
重熔前	10.5	210	4 708.67	16.38	0.43	80.9	2.53
重熔后	7.6	230	4 929.59	4.32	1.54	87.3	3.24

重熔前后刘埃尔流动度均符合 240 ℃下小于 20 s 的规定。因此,可认为重熔后刘埃尔试验结果依然满足规定,重熔并不影响混凝土的施工性能。

对比发现,重熔后沥青混凝土最大弯拉应变,较现场筑直接成型的自密实沥青混凝土的弯曲劲度模量小幅度下降,也可认为重熔对自密沥青混凝土低温性能影响不大。但是重熔后试件的变异系数较重熔前下降了约 14%,试验结果稳定性提升明显,因此不应简单认为重熔后低温抗毁性能有所提高,而应是认为重熔后材料的路面整体低温抗裂稳定性有所提高,即重熔减少了材料因拌合不均匀导致的低温抗裂性降低的情况,提高了材料的整体抗裂性能。

重熔前后贯入度值均小于 4 mm,满足技术要求。可以看出,重熔前贯入度值小于重熔后试件。分析这是由于重熔前后试件沥青中轻质组分变化引起的。重烙前后马歇尔试件的空隙率均达到设计要求,不大于 3%。重熔后的材料空隙率较重熔前有所上升,分析认为这是由于破碎重熔过程中空气进入,降低了原有沥青胶结料的密实程度,导致混凝土整体空隙率上升。从冻融劈裂试验结果看,重烙后试件冻融劈裂强度比有一定提升。即水稳定性仍然能满足防水封闭层设计要求。

第5章 沥青混凝土结构破坏模式与设计方法

在沥青混凝土防水封闭结构体系中，自沥青混凝土层以下直至土基，可以视作多层弹性层状体系，这与公路中路面结构形式十分相似。沥青混凝土材料的抗弯拉强度要比抗压强度小得多，且沥青混凝土防水封闭结构的受力状态也以受拉为主，因此在结构设计中对沥青混凝土的受拉行为重点进行关注。

5.1 工作状态

由图5-1可知，公路沥青路面结构中，沥青混凝土层作为面层直接承受车轮荷载，沥青混凝土层层底将产生弯拉应变；而在铁路轨道结构中，轮轨力通过钢轨、扣件、道砟（或轨道板等结构）等传递至沥青混凝土防水封闭结构时，沥青混凝土防水封闭结构层底也将产生拉应变。

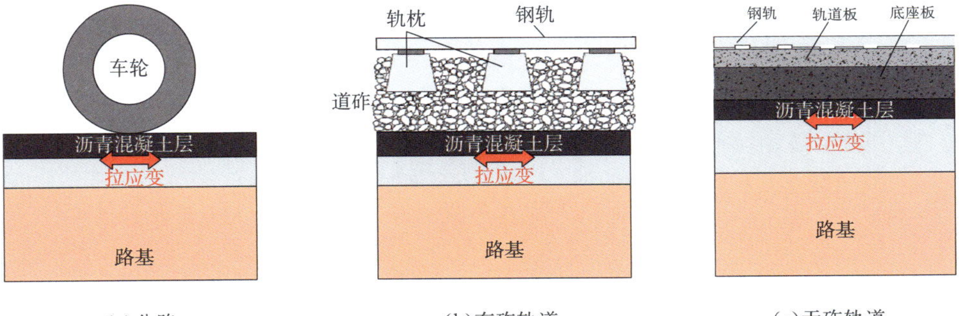

(a)公路　(b)有砟轨道　(c)无砟轨道

图5-1　公路与铁路结构中沥青混凝土层受力对比

在自然条件下，环境温度呈昼夜和季节的周期性变化，沥青混凝土层中各点的温度因获得辐射能也呈周期性变化。当气温骤降时，沥青混凝土体积收缩，届时将会产生拉应力。沥青混凝土为典型的黏弹性材料，温度较高时，沥青混凝土表现出更多黏性，温度降低，所产生的温度应力将因应力松弛而消失。但在低温范围内，沥青混凝土呈弹性，过快的降温速率将使沥青混凝土层内的应力来不及松弛，进而造成应力的不断累积，待温度应力积累到超过沥青混凝土的极限抗拉强度时，将以裂缝的形式将应力释放。因此，在结构设计中温度应力亦不容忽略。

然而,铁路与公路在荷载模式、约束条件等方面存在较大差异,导致高速铁路沥青混凝土防水封闭结构的劣化机制和破坏模式不同。目前,公路沥青路面主要存在疲劳开裂、低温开裂、永久变形、半刚性基层反射裂缝等破坏形式。此外,公路采用轴重为 100 kN 的单轴双圆(双轮组)均布荷载作为设计荷载,如图 5-2 所示,且沥青混凝土表面不受约束,而高速铁路主要采用沿钢轨纵向四个等间距为 1.6 m 幅值为 200 kN 垂直于钢轨顶面的单点活荷载为设计荷载,如图 5-3 所示,因无砟轨道混凝土刚度大、整体性强,高速铁路沥青混凝土防水封闭结构受到幅值相对较小的面荷载,且沥青混凝土表面受无砟轨道混凝土底座的约束。

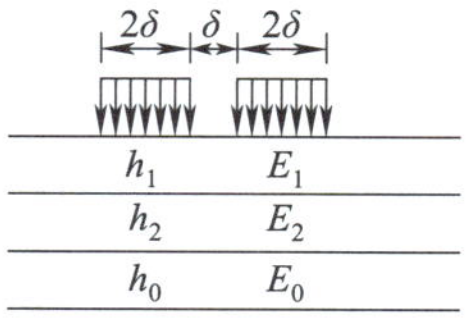

图 5-2　公路设计荷载图式

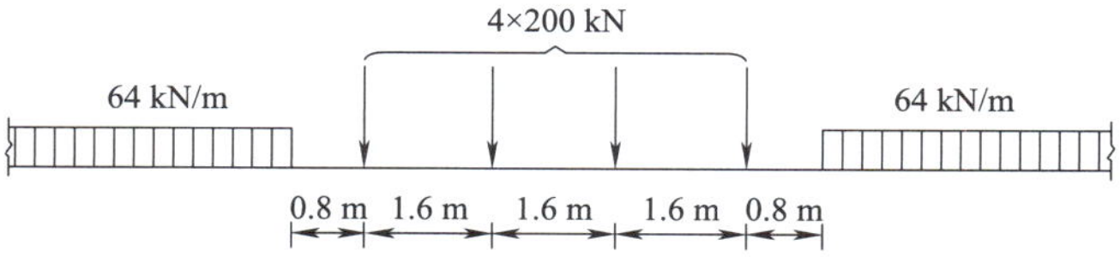

图 5-3　高速铁路 ZK 标准荷载图式

因此,亟须针对高速铁路特有的破坏形式、荷载模式、约束条件开展沥青混凝土防水封闭结构破坏模式的研究。

5.2　破坏模式

根据沥青混凝土防水封闭结构的工作状态和功能定位,项目组总结了高速铁路路基沥青混凝土防水封闭结构存在的 3 种破坏模式,分别为表层被动拉伸、底层弯拉损伤、材料低温开裂,其中表层被动拉伸破坏与无砟轨道结构与沥青混凝土防水封闭结构相互作用关系密切,为无砟轨道结构体系的特有破坏模式,破坏模式示意如图 5-4 所示。

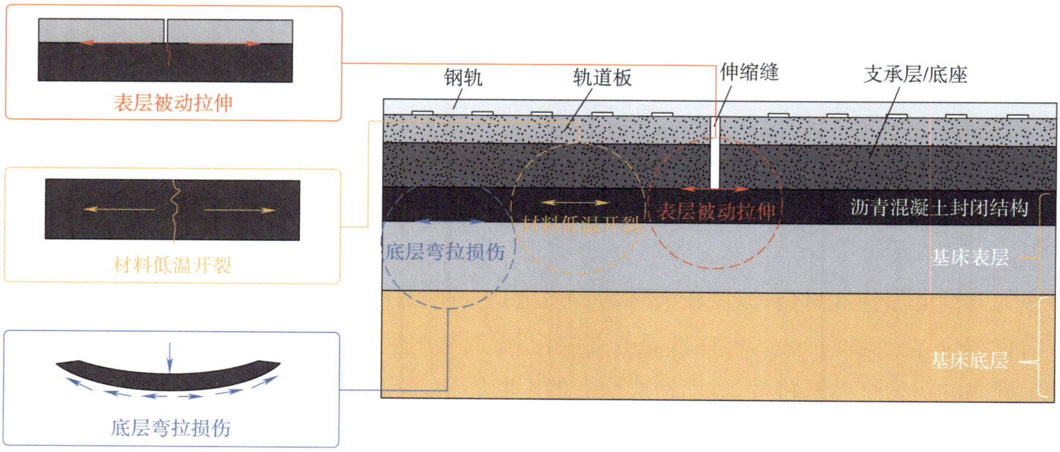

图 5-4　沥青混凝土防水封闭结构破坏模式示意

(1)底层弯拉损伤,是指在高速列车循环动荷载作用下,由于实际列车荷载作用次数超过沥青混凝土防水封闭结构的容许荷载作用次数,导致沥青混凝土防水封闭结构产生的自下而上疲劳裂缝,形成沥青混凝土防水封闭结构的疲劳损伤破坏。

(2)材料低温开裂,是指在结构温度整体变化幅度较大时,由于沥青混凝土防水封闭结构内部产生的温度应力超过其材料容许的拉伸应力,导致沥青混凝土防水封闭结构出现的开裂破坏。

(3)表层被动拉伸,是无砟轨道结构体系特有的破坏模式,是指由于混凝土支承层/底座和沥青混凝土材料热力学参数不同,使其在周期性温度荷载作用下的变形不同步、不协调,使在混凝土支承层/底座伸缩缝对应位置处的沥青混凝土防水封闭结构存在明显应力集中,导致沥青混凝土防水封闭结构在混凝土支承层/底座对应位置产生开裂。

综上所述,我国高速铁路沥青混凝土防水封闭结构在进行结构设计时,需开展列车荷载作用下底层弯拉损伤验算和材料低温开裂验算,对于单元式无砟轨道结构还需开展被动拉伸破坏验算。

5.3　设计方法

5.3.1　表层被动拉伸验算

针对单元式无砟轨道结构,全断面碾压密实沥青混凝土防水封闭结构表层被动拉伸验算应满足式(5-1)的规定。

$$N_b \geqslant N_{temp} \tag{5-1}$$

其中设计使用年限内周期性温度荷载作用次数和全断面沥青混凝土结构被动拉伸破坏的允许荷载作用次数可按式(5-2)和式(5-3)进行计算。

$$N_{temp} = Y \times n \tag{5-2}$$

$$N_b = 1.134\ 728 \times 10^{-3} \times 10^{[4.84 \times V_b/(V_b+V_v)]-3.339\ 6} \times E_{Ai}^{-0.854} \times \varepsilon_{temp}^{-3.291} \tag{5-3}$$

式中　N_{temp}——设计使用年限内周期性温度荷载作用次数,按每天 1 次计;

N_b——全断面沥青混凝土结构被动拉伸破坏的允许荷载作用次数;

ε_{temp}——周期性温度荷载作用下全断面沥青混凝土结构的拉伸应变最大值,应利用仿真软件分析确定;

Y——设计使用年限;

n——作用频次,按日温差计算每天 1 次计,按照年温差计算每年 1 次计。

V_v——沥青混凝土的空隙率,应通过试验确定;

V_b——沥青混凝土的沥青用量,应通过试验确定;

E_{Ai}——沥青混凝土动态模量,不同季节所选用沥青混凝土的动态模量,应通过试验确定，当缺乏试验数据时，可根据工程所在地区不同季节的典型温度确定；建议夏季按照近 10 年最热月平均气温确定，冬季按照近 10 年最冷月平均气温确定，春季和秋季按照近 10 年典型月或对应季节近 10 年的平均气温确定。

若 $N_b < N_{temp}$，则需在单元式无砟轨道结构支承层/底座伸缩缝对应位置采取铺设复合土工膜的工程措施，以减小单元式无砟轨道结构支承层/底座伸缩缝对应位置处全断面碾压密实沥青混凝土防水封闭结构表面的应力集中。利用仿真分析计算铺设复合土工膜后全断面碾压密实沥青混凝土防水封闭结构的最大拉伸应变，并带入式(5-1)～式(5-3)进行表层被动拉伸验算，可调整复合土工膜的铺设长度，直至满足要求。

沥青混凝土的动态模量可按照 JTG E20—2011(T 0738)中的试验方法试验确定。当缺乏试验数据时，沥青混凝土的动态模量可根据工程所在地区的典型温度查图 5-5 确定，图 5-5 为美国沥青协会提出的不同温度下沥青混凝土动态模量曲线，美国和日本铁路沥青混凝土设计方法中，材料均按该曲线进行选取。不同地区的典型温度可根据当地近 10 年按照不同季节的平均气温确定。若采用图 5-5 中的沥青混凝土动态模量进行结构验算时，最终选定沥青混凝土的动态模量应不小于图 5-5 中结构验算时选用的动态模量建议值。

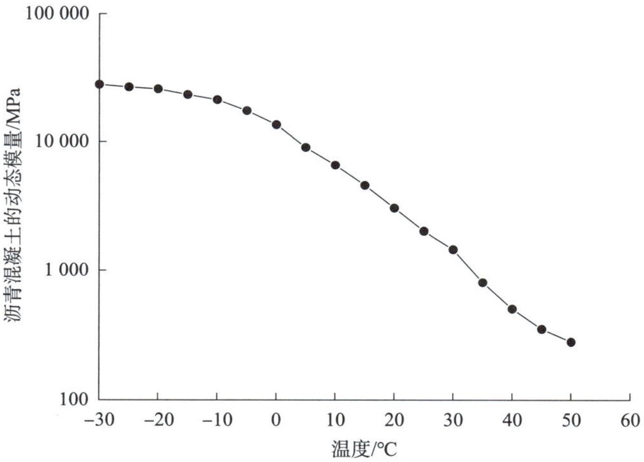

图 5-5　不同温度下沥青混凝土的动态模量

沥青混凝土的空隙率和沥青用量可按照《公路工程沥青及沥青混合料试验规程》(JTG E20—2011)中的试验方法试验确定。当缺乏试验数据时，可按照相似特点的沥青混凝土防水封闭结构工程中的空隙率和沥青用量进行选取，进行初步结构验算。当沥青混凝土材料选定后，应根据沥青混凝土材料的配合比设计报告中试验确定的空隙率和沥青用量，重新进行结构验算。

5.3.2　底层弯拉损伤验算

全断面碾压密实沥青混凝土防水封闭结构列车荷载作用下底层弯拉损伤验算可按式(5-4)进行验算。

$$M_A = \sum_{i=1}^{4} m_{Ai} \leqslant 1 \tag{5-4}$$

式中　M_A——全断面碾压密实沥青混凝土防水封闭结构的总伤损度，其值应不大于 1；伤损度 M_A 大于 1 时，应调整全断面碾压密实沥青混凝土防水封闭结构的结构组合方案或提高沥青混凝土材料的动态模量，直至满足要求；

m_{Ai}——全断面碾压密实沥青混凝土防水封闭结构在不同季节的伤损度。

全断面碾压密实沥青混凝土防水封闭结构总损伤度 M_A 应不大于 1；M_A 大于 1 时，应调整全断面碾压密实沥青混凝土防水封闭结构的结构组合方案(增加沥青混凝土防水封闭结构的厚度)或提高沥青混凝土材料的动态模量，直至满足要求。

全断面碾压密实沥青混凝土防水封闭结构的总损伤度 M_A 由其一年四季的损伤度进行合计得到，不同季节全断面碾压密实沥青混凝土防水封闭结构的损伤度可按式(5-5)进行计算。

$$m_{Ai} = (N_d \times w_i)/N_{ai} \tag{5-5}$$

式中　w_i——季节权重系数，可根据不同季节占一年的时长确定，一年四季的总权重 $w=1$；

N_d——设计使用年限内碾压密实沥青混凝土防水封闭结构的荷载作用次数；

N_{ai}——不同季节碾压密实沥青混凝土防水封闭结构疲劳破坏的允许荷载作用次数。

不同季节的全断面碾压密实沥青混凝土防水封闭结构的损伤度 m_{Ai} 可用对应该季节的允许荷载作用次数 N_{ai} 与该季节的设计使用年限内荷载作用次数之比来表示，其中该季节的设计使用年限内荷载作用次数可根据设计使用年限内全断面碾压密实沥青混凝土防水封闭结构的荷载作用次数乘以季节权重得到，可按式(5-6)和式(5-7)进行计算。

$$N_d = Q \times P \times Y \times 365 \times [16 \times A/(A+B) + 8 \times B/(A+B)] \tag{5-6}$$

$$N_{ai} = 1.134\ 728 \times 10^{-3} \times 10^{[4.84 \times V_b/(V_b+V_v)]-3.339\ 6} \times E_{Ai}^{-0.854} \times \varepsilon_{ti}^{-3.291} \times \beta \tag{5-7}$$

式中　Q——行车密度；

P——每节车厢荷载作用次数，无砟轨道 $P=2$，有砟轨道 $P=4$；

A,B——16 辆编组和 8 辆编组所占比例；

ε_{ti}——不同季节全断面碾压密实沥青混凝土防水封闭结构的层底拉伸应变，应利用仿真软件分析确定；

β——轨道类型系数，无砟轨道 $\beta=1$，有砟轨道 $\beta=0.6$。

其余物理符号含义同前。

郑万高速铁路和秦沈客运专线路基面动应力时程曲线如图 5-6 所示。

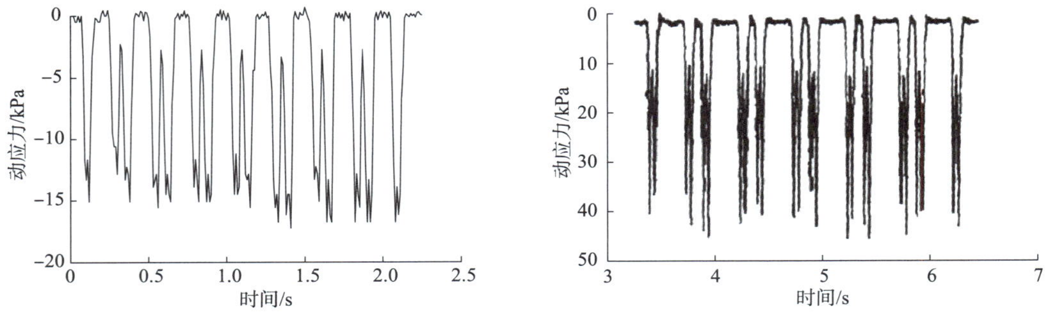

(a)无砟轨道　　(b)有砟轨道

图 5-6　路基实测动应力时程曲线

郑万高速铁路试验工点实测动应力时程曲线，采用 CRTSⅠ型双块式无砟轨道，试验列车为 8 辆编组的 CRH380 动车组，共 16 个转向架，含 32 个轴，固定轴距 2.5 m。从图 5-6(a)动应力时程曲线可以看出，对应每节车厢的 4 个轮对共有 4 个动应力峰值，每个转向架下 2 个轮对动应力叠加程度大，相邻车厢轮对间动应力有一定叠加；无砟轨道路基面动应力的一次加卸载过程由一个转向架的两个轴载共同作用产生，而非单轴作用的结果。

秦沈客运专线试验工点第二次综合试验实测动应力时程曲线，轨枕为Ⅲ型钢筋混凝土枕，道床厚度为 35 cm。试验列车为“先锋号”动力分散型电力动车组，列车为 6 辆编组，全列车长 158.4 m，共 12 个转向架，含 24 个轴，车辆定距 18.0 m，固定轴距 2.5 m。从图 5-6(b)动应力时程曲线可以看出，时程曲线包含 24 个峰值，与全车轴数对应，说明有砟轨道路基承受列车动荷载作用的一次加卸载过程由单轴载完成。

综上所述，列车荷载作用次数以路基实测动应力峰值作为判断依据，可按照以下原则进行计算：对于无砟轨道结构体系，列车荷载作用次数按照列车转向架作用次数计，即每节车厢按 2 次计；对于有砟轨道结构体系，列车荷载作用次数按照轴载作用次数计，即每节车厢按照 4 次计。此外，设计使用年限内列车荷载作用次数应根据设计使用年限、线路行车密度、列车编组情况等因素综合确定。

5.3.3　材料低温开裂验算

低温裂缝开始于沥青混凝土的表面并随着时间向下扩展，低温裂缝密度与降温速率密切相关，而裂缝的宽度取决于极端最低气温。由于沥青混凝土的低温开裂主要与环境极端最低气温和降温速率有关，因此公路领域围绕沥青路面低温开裂的研究具有重要的借鉴意义。

国外沥青路面低温开裂预估方法较多，可分为力学经验法与回归分析法两类。具有代表性的是美国 AASHTO 2002 的力学经验法与加拿大 Haas 的统计分析法。采用美国 AASHTO 2002 的模型预估裂缝开裂量时，须输入分析期内(通常为 20～30 年)沥青层中不同时刻(每小时)的温度-深度变化数据，其预估的精度与沥青路面温度输入数据的精度密切相关，在沥青路面设计期间要提供精确的路面温度资料是相当困难的，因此在国内外该模型仍处于研究和完善阶段。加拿大在做了大量的裂缝调查与分析工作之后，提出了裂缝开裂频率与沥青品质、温度、路基类型、路龄及路面厚度之间的关系模型，即 Haas 低温裂缝预估模型，其函数模式为

$$I=f(S,a,d,m,t) \tag{5-8}$$

式中 I——裂缝指数，即双车道 500 f_t(152.4 m)区间内全幅横向裂缝(通缝)数目加上半幅横向裂缝(未贯通裂缝)数目的 1/2，裂缝长度小于车行道宽度一半的不计入；

S——沥青的原始劲度，根据加荷时间 20 000 s 和在冬季设计温度为 m 时以 Mcleod 法确定；

a——路龄；

d——路基类型参数，砂 $d=5$，亚黏土 $d=3$，黏土 $d=2$；

m——低温设计温度；

t——沥青层厚度。

在加拿大 C-LTPP 的研究报告中，Haas 模型的具体形式为

$$I=30.397\ 4+0.602\ 6S\lg d-1.249\ 58m-21\ 316\lg d-0.874t\lg S+1.338\ 4a\lg S+6.797\ 7\lg S \tag{5-9}$$

式中 d——路基类型参数。

不同国家与地区对 Haas 模型进行了较为广泛的验证，大量的裂缝调查数据表明，Haas 模型能很好地预估沥青路面低温开裂。Haas 还根据模型中各参数间的关系给出了预测沥青低温开裂指数的诺模图，可以更加方便地计算裂缝指数，如图 5-7 所示。

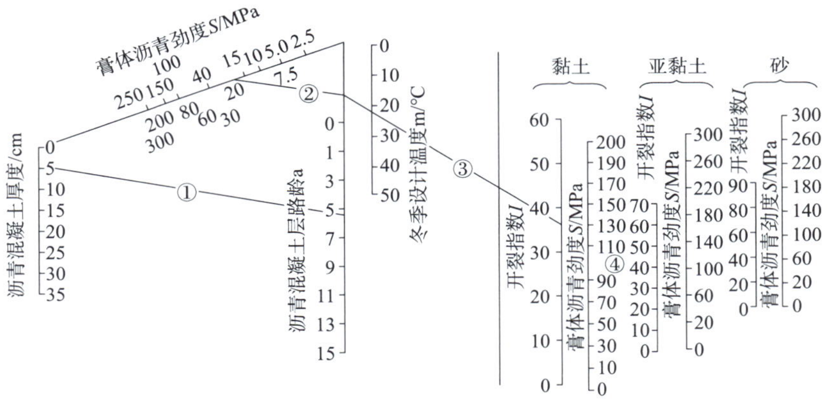

图 5-7　预测沥青低温开裂指数诺模图

注：例如，沥青混凝土厚 5 cm，路龄 6 a，原膏体沥青劲度 20 MPa，冬季设计温度 −20 ℃，路基土为亚黏土，时间为 2 000 s；①线和②线是平行的；在第④步骤中，选定与土基相应的尺度结果；6 a 的开裂指数 20。

由于 Haas 模型评价路面开裂状态的裂缝指数是以 500 f_t 为长度单元进行评价的，应用

起来十分不便，所以提出修正建议：将 500 f_t 的裂缝指数换算为 100 m 的裂缝指数。为此，则只需在公式前乘以一个换算系数即可，其值为 100/152.4=0.656 2；将公式中沥青层厚度的单位改为 cm，为此须在沥青层厚度前面乘以转换系数 0.393 7。

Haas 与 Hajek 在加拿大作了大量低温裂缝调查，证实 Haas 模型预测的开裂指数与路面实际开裂指数相当接近，是一个成功的预估模型。但是我国与加拿大的气候条件、地理条件存在或多或少的差异，需根据试验路调查数据对 Haas 模型的适应性进行了分析。

我国分析了东北地区 10 余条路段的沥青性质、路面结构、路基土质类型等于路面低温开裂状况的关系，参考加拿大 Haas 模型，建立了路面低温开裂指数预估模型，相关成果已纳入《公路沥青路面设计规范》(JTG D50—2017)。

全断面碾压密实沥青混凝土防水封闭结构的材料低温开裂验算应采用低温开裂指数(low temperature cracking index，LTCI)表示，其验算应满足式(5-10)的规定。

$$\text{LTCI} \leqslant 3 \tag{5-10}$$

式中 LTCI——全断面碾压密实沥青混凝土防水封闭结构低温开裂指数，其值应不大于 3，否则应改变所选用的沥青材料，直至满足要求。

全断面碾压密实沥青混凝土防水封闭结构的低温开裂指数可按式(5-11)进行计算。

$$\text{LTCI} = 1.95 \times 10^{-3} \times S_t \times \lg b - 0.075 \times (T + 0.07 \times h_a) \times \lg S_t + 0.15 \tag{5-11}$$

式中 T——全断面碾压密实沥青混凝土防水封闭结构低温设计温度，℃，为连续 10 年年最低气温平均值；

S_t——全断面碾压密实沥青混凝土防水封闭结构低温设计温度加 10 ℃试验温度条件下，表面层沥青弯曲梁流变试验加载 180 s 时蠕变劲度，MPa；

h_a——全断面碾压密实沥青混凝土防水封闭结构设计厚度，mm。

5.3.4 设计流程

全断面碾压密实沥青混凝土防水封闭结构存在底层弯拉损伤、材料低温开裂和表层被动拉伸破坏三种破坏模式，需分别开展底层弯拉损伤验算、材料低温开裂验算、表层被动拉伸验算。全断面碾压密实沥青混凝土防水封闭结构可按图 5-8 进行设计。

全断面碾压密实沥青混凝土防水封闭结构可按照以下流程进行设计：

(1)根据工程的设计要求和荷载参数、路基和轨道结构参数、温度条件等设计参数，收集所在地区的常用沥青混凝土防水封闭结构组合和材料性质要求，初拟结构组合方案，确定材料的设计参数。

(2)开展底层弯拉损伤验算、材料低温开裂验算、表层被动拉伸验算，并判断初定的结构组合方案是否满足沥青混凝土防水封闭结构的设计要求。

(3)对通过结构验算的结构组合方案进行技术经济性分析，确定沥青混凝土防水封闭结构的技术方案。

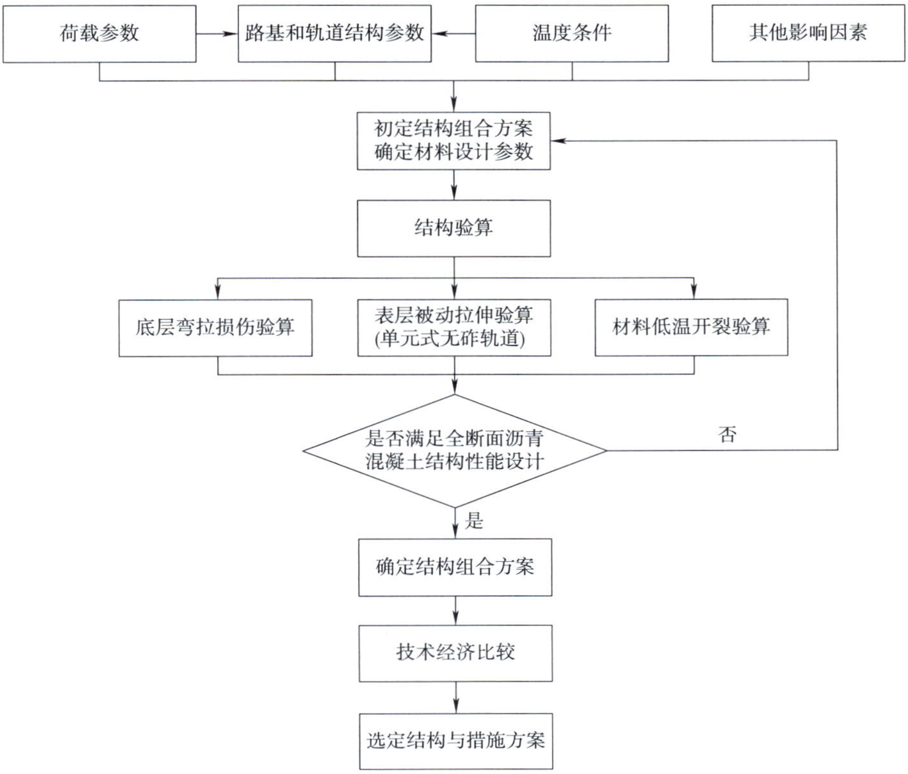

图 5-8　高速铁路路基全断面碾压密实沥青混凝土防水封闭结构设计流程

第 6 章　高速铁路沥青混凝土施工与质量控制技术

“三分材料，七分工艺”。高效优良的施工工艺控制是确保高铁路基沥青混凝土防水封闭结构施工质量的关键。本章结合高铁沥青混凝土结构的施工特点，系统介绍了全断面碾压密实和局部自密实沥青混凝土防水封闭结构的施工工艺与质量控制标准。

6.1　施 工 特 点

高速铁路路基沥青混凝土防水封闭结构的施工工艺控制的重点是沥青混凝土材料的后场生产、运输、现场施工与调度协调等 4 个主要环节，这 4 个环节之间密切联系又相互制约，任何一个环节配合不当，都会使整个施工系统阻塞和混乱。区别于高速公路，高速铁路路基沥青混凝土结构的施工与质量控制具有以下特点：

1. 施工断面复杂

高速公路和市政道路通常采用路肩排水和中央分隔带排水等形式，对应其沥青路面通常设计成单侧横向排水或三角形双侧横向排水。全断面碾压密实沥青混凝土结构在有砟轨道区段可采用三角形的设计断面，而在无砟轨道区段通常采用双人字或双梯形的断面形式，即路肩通过两侧横坡直接排出路基范围，线间通过横向汇集至线路中心，再沿线路纵坡汇至线间集水井。双梯形和双人字设计断面给沥青混凝土施工带来巨大挑战，加之尚无与设计断面相匹配的专用施工装备，导致高速铁路路基沥青混凝土结构无法快速、高效地进行施工作业。

2. 沿线构筑物多

高速公路和市政道路范围内仅存在井盖、雨水井等构筑物，但其构筑物顶面标高不超过沥青路面的设计标高，不会影响沥青路面的整体摊铺与压实等施工作业。高速铁路沿线构筑物较多，通常沿线路纵向每隔 50 m 左右会设置接触网支柱基础，按照一定间隔还会设置线间集水井、拉线基础等，且上述构筑物除线间集水井外均高于沥青混凝土结构的设计标高，对沥青混凝土的摊铺产生较大影响，加之构筑物周围大型压实机械无法作业，局部压实困难的问题也较为突出。

3. 接口处理难度大

高速铁路沿线的接触网支柱基础、线间集水井等构筑物为水泥混凝土材料，其与沥青混凝土的黏结性较差，如若处理不当，这些接口将成为全断面沥青混凝土防水封闭结构的薄弱环节，进而影响其整体的防水效果。

4. 质量控制要求高

高速铁路路基沥青混凝土结构的施工质量直接决定了其服役性能，因此对沥青混凝土生产的稳定性、温度控制的精确性、施工过程控制的全面性等提出了较高要求，以避免高速铁路路基沥青混凝土出现级配离析、生产离析、压实度不足等问题。

基于上述施工特点与难点的分析，本章拟通过改造施工装备、优化施工组织方案等解决复杂断面施工效率低、无配套施工装备的技术难题；通过提出局部压实和接口处理方案等，解决高速铁路构筑物周边压实、接口处理难度大的技术难题；通过研发拌和站信息化平台、智能温度监控系统等，实现高速铁路沥青混凝土的全过程质量控制。

6.2　施工工艺与关键技术

结合 3.1 节的研究成果，全断面碾压密实沥青混凝土防水封闭结构主要适用于新建高速铁路特殊或重点区段的防水封闭，局部自密实沥青混凝土防水封闭结构则主要适用于运营铁路养护维修等工况条件下高速铁路路基的防水封闭。因此，本节对新建高速铁路区间路基、站场路基全断面碾压密实沥青混凝土防水封闭结构以及运营线路局部自密实沥青混凝土防水封闭结构的施工关键技术进行系统研究。

6.2.1　全断面碾压密实沥青混凝土防水封闭结构

全断面碾压密实沥青混凝土防水封闭结构的施工主要包括：洒布透层、黏层沥青，测量放线，沥青混凝土的拌和、运输、摊铺、压实、养护等工序，关键工序如图 6-1～图 6-6 所示。

图 6-1　洒布透层、黏层沥青

图 6-2　测量放线

图 6-3　沥青混凝土拌和

图 6-4　沥青混凝土摊铺

图 6-5　沥青混凝土压实

图 6-6　沥青混凝土养护

通过郑徐高速铁路、武冈高速铁路、京张高速铁路、郑万高速铁路几个工程试验段的开展，总结并固化全断面碾压密实沥青混凝土防水封闭结构的施工工艺，具体工艺流程如图 6-7 所示。

6.2.2　局部自密实沥青混凝土防水封闭结构

依托哈齐客运专线自密实沥青混凝土防水封闭结构工程试验段的实施，形成了自密实沥青混凝土防水封闭结构的施工工艺，主要包括：拌和站初拌、Cooker 车保温精拌、吊装卸料、自密实成型、人工修整等工序，关键工序如图 6-8～图 6-11 所示。

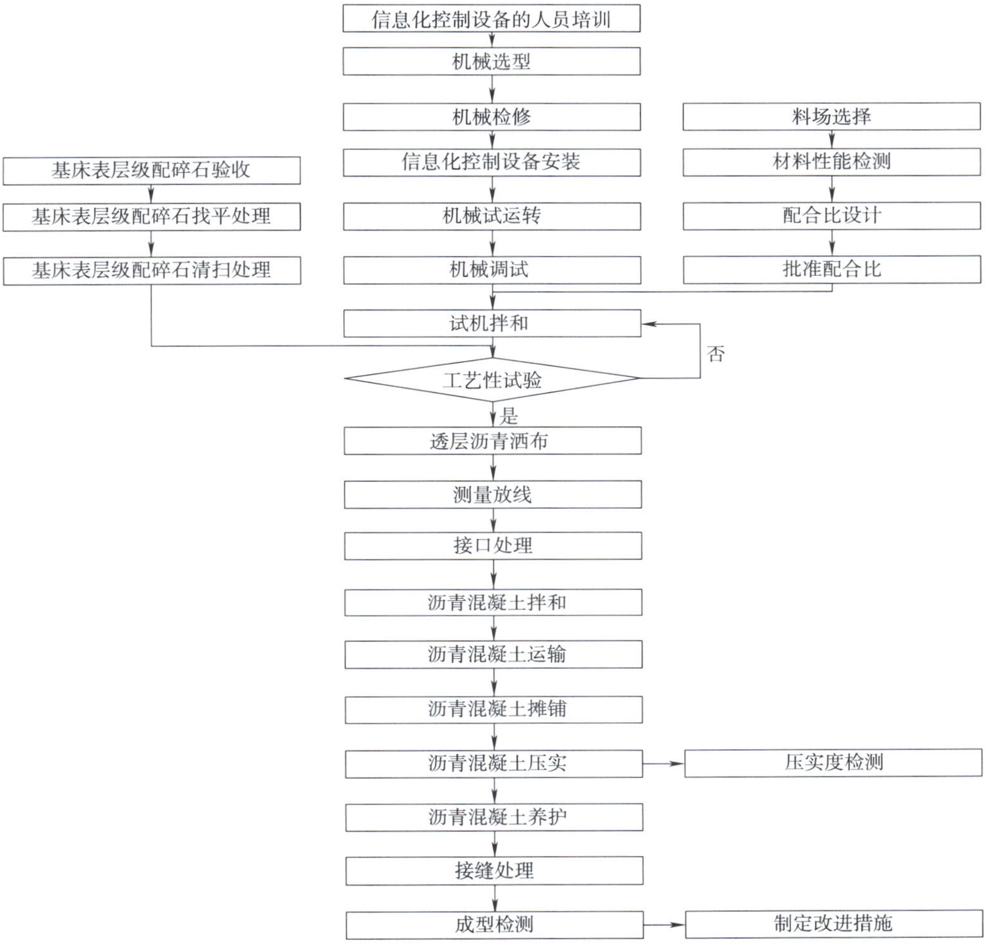

图 6-7　铁路路基全断面沥青混凝土防水封闭结构施工工艺流程示意

图 6-8　拌和站初拌

图 6-9　Cooker 车保温精拌

图 6-10　吊装卸料

图 6-11　人工修整

1. 施工准备

针对自密实沥青混凝土，摊铺之前，应将线间及两侧路基表面进行清理整平烘干。与构造物衔接处，应将灰尘清理干净然后涂抹热沥青。路肩两侧，采用约 50 mm 厚的挡板控制铺装厚度与平整度。

2. 拌和与运输

(1)自密实沥青混凝土在生产过程中应符合以下要求：

自密实沥青混凝土的总体拌和工艺为“拌和楼初拌＋Cooker 精拌”。各工序的建议温度按表 6-1 控制。

表 6-1　沥青混凝土建议施工工序温度

工　　序	建议施工温度/℃
沥青加热温度	160～165
骨料加热温度	260～280
沥青混凝土出场温度	180～200
沥青混凝土最高温度(废弃温度)	250
沥青混凝土到场温度	200～240
摊铺温度	200～240

拌和完成的沥青混凝土应均匀一致，无结团成块或无严重的粗、细骨料分离现象。拌和过程中质量不合格或高于废弃温度的沥青混凝土，应予以废弃。沥青混凝土拌和时间根据具体情况经试拌确定，以沥青均匀裹覆骨料为度。间歇式拌和机每盘的生产周期不宜少于 45 s，其中干拌时间不少于 5～10 s。

(2)沥青混凝土在运输过程中应符合以下要求：

自密实沥青混凝土采用 Cooker 保温搅拌运输。沥青混凝土出厂时应逐车检测沥青混凝土的重量和温度，记录出厂时间，签发运料单。运料车进入摊铺现场前，轮胎上沾染的泥土等杂物应清理干净。运料车在摊铺现场，不得急刹车、急弯掉头，防止对透层、黏层沥青造成损伤。当工作面允许时，Cooker 车直接驶入工作面卸料。对于因施工场地狭小，Cooker 无法进入到工作面上，通过转运斗进行沥青混凝土的转运，卸料，自流动性成型。

3. 摊铺

自密实沥青混凝土摊铺前，运料车中沥青混凝土的温度应满足相关规定。采用“之”形布料，通过其自流动性成型。对于厚度不均匀部分，采用铁锹布料或取料，并用刮板整平。与构造物衔接处，采用木镘刀进行揉搓，保证黏结牢固。

4. 细部处理

自密实沥青混凝土防水封闭结构横向接缝采用平接缝。对部分接缝进行切槽灌浆（热沥青）处理。在部分坡度不足处，设置倒角结构。考虑到路基可能的含水情况，在摊铺过程中至摊铺完成 1 h 左右，自密实沥青混凝土防水封闭结构可能会出现因下承层水分汽化等原因导致的鼓包现象，在此期间加强观察并进行消泡处理。

6.3　质量控制标准

6.3.1　一般规定

沥青混凝土施工前，应进行现场工艺性试验，验证沥青混凝土性能，完善施工工艺和施工组织。沥青混凝土施工前，施工方应根据设计要求、工艺性试验结果、施工条件和环境因素等，编制施工技术专项方案，经批准后进行实施。沥青混凝土防水封闭结构施工前，应对路基变形观测装置、电缆槽、排水沟、集水井、接触网支柱、预埋的管道及线缆等进行处理保护。沥青混凝土防水封闭结构施工应符合下列条件：路基沉降变形应满足设计要求；电缆槽、排水沟、需预埋的管道及线缆等施作完成；基床表层级配碎石施作完成，并满足验收标准，压实质量应符合《铁路路基设计规范》（TB 10001）和《高速铁路设计规范》（TB 10621）的规定。接触网支柱基础和线间集水井宜在沥青混凝土防水封闭结构施工后进行施作。沥青混凝土不应得在气温低于 10 ℃、雨天、5 级风及以上大风以及雨天的情况下施工。沥青混凝土施工必须符合国家环境和生态保护的规定，防止废水、废料、废气污染环境，做到文明施工。

6.3.2　施工准备

所有参与施工的人员，应参加岗前培训和技术交底，熟知和遵守本工种的安全操作规程和技术要领。所有进场材料检验合格后均应进行标识。不同料源、品种、规格的骨料之间应设置隔离措施，存放场地应硬化处理，并设置防雨和排水措施。

沥青混凝土施工前，应对施工机械和设备进行调试，对机械设备的配套情况、技术性能、传感器计量精度等进行认真检查、标定；应对施工环境进行确认，满足施工要求后方可进行施工；应对级配碎石层顶面标高、几何尺寸和质量进行复核；应对沥青混凝土防水封闭结构进行施工放样。

6.3.3 透层、黏层沥青洒布

透层沥青洒布前，应清扫干净级配碎石层浮渣，并遮挡电缆槽、集水井、接触网支柱基础等构筑物避免污染。

透层沥青宜采用沥青洒布车一次喷洒均匀，当有遗漏时，应人工补洒，当有多余的透层沥青未渗入基床表层时，应在该部位撒布粗砂，必要时作适当碾压。

透层沥青的建议洒布量在 0.7～2.0 L/m^2，具体用量应通过试洒确定。

透层沥青渗入级配碎石层后方可铺筑沥青混凝土。级配碎石层完工时间较长、表面过于干燥时，可对级配碎石层少量均匀洒水，待级配碎石层稍干后洒布透层沥青。

透层沥青洒布后，应封闭交通，待其充分渗透且水分蒸发，在 48 h 内进行沥青混凝土的摊铺。

自密实沥青混凝土防水封闭结构可不洒布透层沥青。

当沥青混凝土设计为 2 层，在沥青混凝土层之间必须喷洒黏层沥青，可采用沥青洒布车或手工沥青洒布机均匀喷洒，黏层沥青的建议洒布量在 0.3～0.6 L/m^2，具体用量应通过试洒确定。

黏层沥青宜在当天洒布，待其破乳、水分蒸发完成后，紧跟着铺筑沥青混凝土，确保黏层沥青不受污染。

6.3.4 拌　　和

沥青混凝土应在沥青拌和厂（场、站）采用间歇式拌和机拌和。拌和厂的设置应符合以下要求：符合国家有关环境保护、消防、安全等规定；应充分考虑交通堵塞的可能，确保沥青混凝土的到场温度满足要求，且不致因颠簸造成沥青混凝土离析。

间歇式拌和机应符合以下要求：总拌和能力应满足施工进度要求，除尘设备完好，能达到环保要求。冷料仓的数量满足配合比需要，不宜少于 5～6 个。具有添加外掺剂的设备。间歇式拌和机具备记录材料用量、拌和温度等参数的功能。

沥青混凝土在生产过程中应符合以下规定：沥青混凝土的生产与施工温度应根据沥青的黏度-温度曲线确定，采用 TB 0625—2011 沥青旋转黏度试验确定沥青的黏度，适用于拌和的沥青黏度为(0.17±0.02)Pa·s，适用于压实的沥青黏度为(0.28±0.03)Pa·s。缺乏黏度-温度曲线时，可参照表 6-2 的范围选择。当表中温度与实际情况不符时，容许做适当调整。拌和完成的沥青混凝土应均匀一致，无花白料、无结团成块或无严重的粗、细骨料分离现象。拌和过程中质量不合格或高于废弃温度的沥青混凝土，应予以废弃。

表 6-2　沥青混凝土的施工温度

工　　序	温度要求/℃
沥青加热温度	160～185
骨料加热温度	比沥青温度高 10～30
沥青混凝土出料温度	170～185

续上表

工　序	温度要求/℃
沥青混凝土最高温度(废弃温度)	200
到场温度,不低于	160
摊铺温度,不低于	160
初压开始温度,不低于	150
碾压终了的表面温度,不低于	90
开放交通时的路表温度,不高于	50

沥青混凝土拌和时间根据具体情况经试拌确定,以沥青均匀裹覆骨料为准。间歇式拌和机每盘的生产周期不宜少于 45 s,其中干拌时间不少于 5～10 s。

6.3.5　运　　输

(1)沥青混凝土宜采用较大吨位的运料车运输,并应采取保温、防雨、防污染措施。运料车车厢应清扫干净,并涂刷隔离剂,防止沥青混凝土与车厢黏结。

(2)从拌和机向运料车装料时,应多次挪动车辆位置,平衡装料,防止粗、细骨料离析。

(3)自密实沥青混凝土应采用具有加热且可调节温度慢速搅拌功能的运料车运输。

(4)自密实沥青混凝土在运料车内的搅拌时间应不低于 45 min,为防止沥青混凝土老化,运料车内的最高温度应不得超过 240 ℃,最长时间不得超过 6 h。

(5)沥青混凝土出厂时应逐车检测沥青混凝土的重量和温度,记录出厂时间,签发运料单。

(6)运料车到达施工现场应符合以下规定:运料车进入摊铺现场前,轮胎上沾染的泥土等杂物应清理干净;运料车在摊铺现场,不得急刹车、急弯掉头,防止对透层、黏层沥青造成损伤。

(7)沥青混凝土的到场温度应满足表 6-2 中的规定。当出现成团、结块时,不得摊铺。

6.3.6　摊　　铺

(1)碾压密实沥青混凝土摊铺前,应检查透层、黏层沥青的质量。未按规定洒布透层、黏层沥青时,不得摊铺沥青混凝土。

(2)碾压密实沥青混凝土摊铺前,应悬挂用于控制沥青混凝土顶面标高的施工导线或导梁,并复核其标高。

(3)碾压密实沥青混凝土应采用全自动沥青摊铺机进行摊铺,且施工前将熨平板预热至100 ℃以上。自密实沥青混凝土可采用人工摊铺,自由边一侧应设置挡板。

(4)沥青混凝土摊铺前,运料车中沥青混凝土的温度应满足表 6-2 中的规定。

(5)摊铺机应采用自动找平方式,摊铺时应缓慢、均匀、连续作业,摊铺速度宜控制在1～3 m/min,不得随意变换速度或中途停顿,不得出现明显的离析、波浪、裂缝、拖痕。

(6)夜间摊铺时,应采取照明措施,保证作业现场照明亮度。

(7)雨季摊铺时，运料车和工地应配备防雨设施，加强工地现场、沥青拌和厂之间的联系及各工序的衔接，控制摊铺长度。

6.3.7 压　实

沥青混凝土施工应配备足够数量的压路机，选择合理的压路机组合方式，按阶梯形路线进行作业，且压实过程应紧密跟随、稳步有序。压实过程中温度应满足表 6-2 中的规定，并根据沥青混凝土种类、压路机、气温、层厚等情况经工艺性试验确定。在不产生推移和裂缝的前提下，初压、复压、终压都应在尽可能高的温度下进行。对大型压路机难以作业的部位，应采用小型振动压路机或冲击夯具碾压密实。压路机不得在未碾压成型路段上转向、调头、加水或停留。压路机起动、停止应减速缓行，不得紧急刹车、制动。

6.3.8 接缝设置与处理

沥青混凝土纵向接缝设置与施工应符合下列要求：摊铺时采用梯队作业的纵缝应采用热接缝，相邻摊铺机摊幅重叠宽度宜为 50～100 mm，将已摊铺部分留下 100～200 mm 宽暂不碾压，作为后续部分的基准面，最后做跨缝碾压，消除缝迹。原则上不设置纵向冷接缝，当必须设置时，宜设置于混凝土支承层/底座范围内。冷接缝施工时，应及时清除边缘未压实部分，涂洒少量沥青，与已铺层重叠摊铺 50～100 mm，先在已压实部分行走碾压新铺层 150 mm 左右，然后压实新铺部分。

沥青混凝土横向接缝施工时，应清除端部厚度不足或未压实部分，涂洒少量沥青，粘贴止水带。铺筑新料接头应使接缝处软化，压路机先进行横向碾压，再纵向碾压成为一体，充分压实，连接平顺。

线间集水井、电缆槽、接触网支柱基础、排水沟等构筑物与沥青混凝土接触的边缘，应对界面进行清理，并在构筑物边缘粘贴止水带。

6.3.9 养生与成品保护

(1)施工完成后，所有施工机械应退出当天完工的作业区。未开放交通前，禁止任何车辆驶入，且表面不得放置重物。

(2)待沥青混凝土摊铺层完全自然冷却，沥青混凝土表面温度低于 50 ℃后，方可开放交通。

(3)开放交通后，施工车辆上道行驶时，应采取防污染措施，减速慢行，不得急刹车、急弯掉头，履带式机械和超重车辆不得上道行驶。

(4)沥青混凝土施工完成后，后续施工应采取防污染措施，不宜在沥青混凝土表面钻孔、切槽、刻痕等。

(5)对于必须钻孔、切槽等情况，应制订专项修复方案，可采用沥青或沥青砂对钻孔、切槽等部位进行修补，保证修补密实、不透水。

第 7 章　工程应用示范

高铁路基沥青混凝土防水封闭结构已在哈齐、郑徐、武冈、京张、郑万等线路线路成功应用，解决了不同区域气候及长期列车荷载下轨道-路基结构防水封闭长效性难题，提升了我国高铁轨道-路基结构的工程品质与服役水平。本章依托实际工程对示范应用情况进行具体阐述。

7.1　全断面碾压密实沥青混凝土结构

7.1.1　郑徐客运专线全断面碾压密实沥青混凝土防水封闭结构

郑徐客运专线碾压密实沥青混凝土防水封闭结构试验段位于开封市，总长度为 70 m（DK51＋860～DK51＋930），设计采用掺加高模量沥青增强剂的沥青混凝土，在基床表面铺设 6 cm 厚沥青混凝土层，对应混凝土底座厚度由 30 cm 减至 24 cm，郑徐客运专线全断面碾压密实沥青混凝土防水封闭结构首次实现了轨道结构的优化，如图 7-1 所示。整个试验段于 2015 年 9 月下旬完成施工。

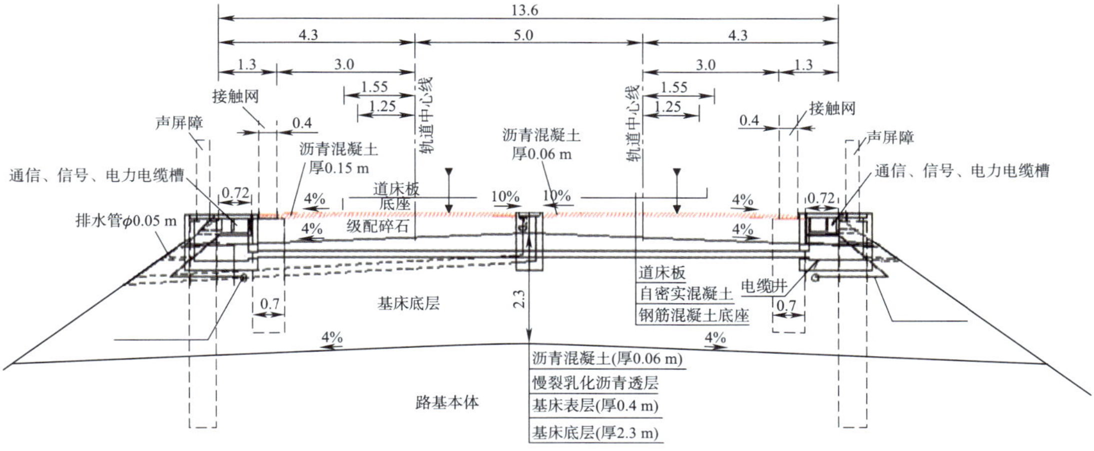

图 7-1　郑徐客运专线碾压密实沥青混凝土防水封闭结构方案示意(单位：m)

试验段项目采用全机械化方式作业，即采用沥青拌和楼拌制沥青混凝土，自卸汽车运输、沥青混凝土摊铺机摊铺、重型机械压实，对于机械作业受限处采用人工辅助布料、小型压路机与平板夯振压，所需的乳化沥青黏层由乳化沥青洒布车洒布，关键施工机械与设备如图 7-2 所示，现场施工情况如图 7-3 所示。各工点脱轨系数、减载率和轮轴横向力最大值见表 7-1。

(a)HXB4000 型沥青拌和站

(b)乳化沥青喷洒车

(c)ABG8620 型履带式沥青混凝土摊铺机

(d)13 t 双钢轮双振压路机

(e)26 t 胶轮压路机

(f)3 t 双钢轮双振压路机

图 7-2　现场施工机械

(a)构造物附近

(b)路肩外侧

图　7-3

(c)纵向接缝

(d)线间洒水情况

图 7-3　现场实施情况

表 7-1　各工点脱轨系数、减载率和轮轴横向力最大值

序号	工　　点	底座厚度/mm	最高速度/(km·h^{-1})	脱轨系数	减载率	轮轴横向力/kN
A	典型路基	300	386.4	0.24	0.32	6.77
B	全断面铺厚度 60 mm 沥青混凝土	240	383.0	0.16	0.22	12.0

注：A—混凝土底座厚 30 cm；B—混凝土底座 24 cm+沥青混凝土 60 mm。

2016 年 4 月郑徐客运专线开展联调联试工作，对轨道、路基动力性能进行了实时监测，如图 7-4 和图 7-5 所示。试验段与典型路基区段各参数相当，均满足列车运行稳定性指标。

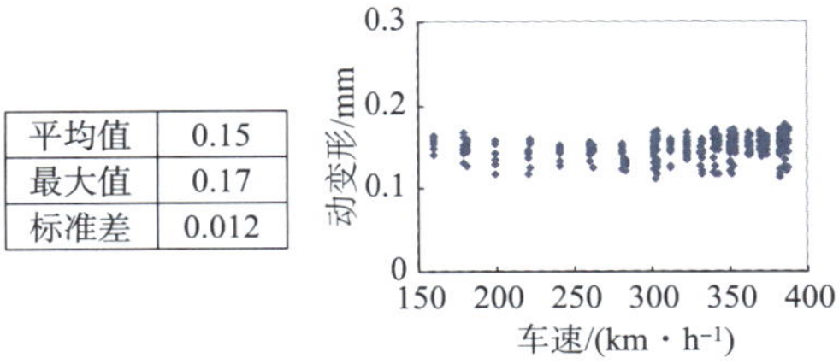

(a)K498+500，路基表面

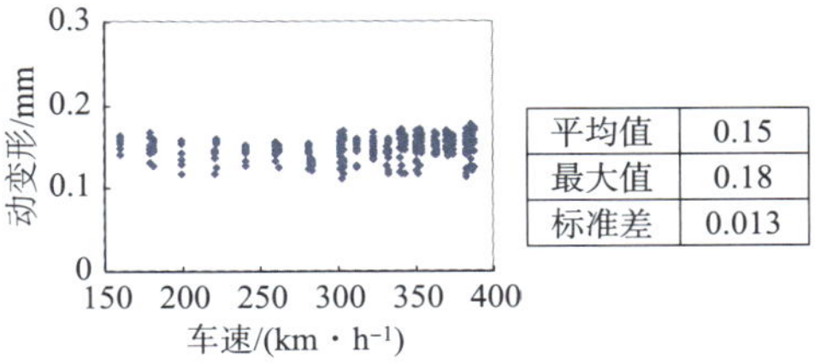

(b)K498+503，路基表面

图 7-4　实测路堤动变形

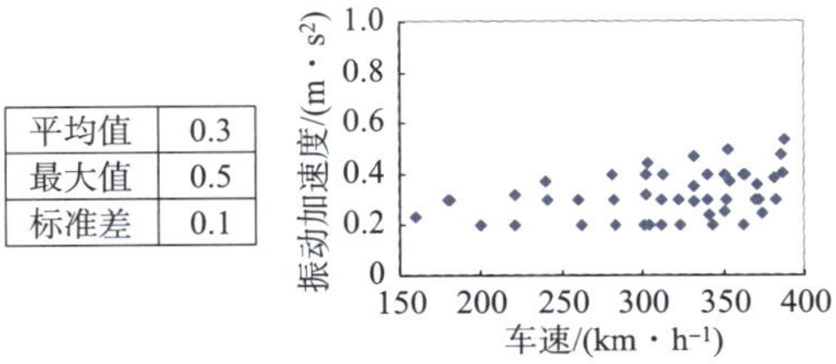

(a)K498+500，路基表面

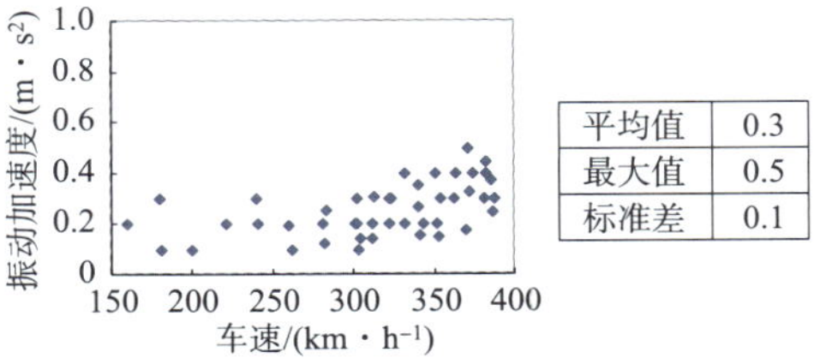

(b)K498+503，路基表面

图 7-5　实测路堤振动加速度

2016年4月9日至4月17日和2017年7月6日至7月9日，先后两次对郑徐客运专线全断面碾压密实沥青混凝土防水封闭结构试验段进行跟踪调查。试验段总体情况良好，无剥落、松散、坑槽和剥落等病害；沥青混凝土与混凝土底座和沿线构造物的接缝良好，未发现接缝开裂情况；表面密实完整，防水效果好，无基床软化、翻浆冒泥等病害出现，如图7-6所示。

（a）路肩　　（b）线间

图7-6　沥青混凝土试验段整体状况（摄于2017年7月7日）

7.1.2　武冈城际铁路全断面碾压密实沥青混凝土防水封闭结构

武冈城际铁路为全断面碾压密实沥青混凝土防水封闭结构首次在有砟轨道区段进行应用。针对膨胀性填充料地段，在基床表层顶面全断面设置0.10 m厚碾压密实沥青混凝土防水封闭结构。施工区段涉及直线段和曲线段，其中，曲线段通过道砟设置超高，基床表层仍按照三角形设置，由线路中心向两侧设置4%横向排水坡。现场按照透层沥青洒布、沥青混凝土拌和、运输、摊铺、压实、养护等工序进行施工。现场摊铺压实情况及实施效果如图7-7和图7-8所示。

图7-7　现场摊铺压实情况

图 7-8　实施效果

7.1.3　京张高速铁路全断面碾压密实沥青混凝土防水封闭结构

京张高速铁路系首次采用全断面碾压密实沥青混凝土防水封闭结构解决路基潜在冻胀问题的示范项目，且在有砟轨道和无砟轨道均有应用，如图 7-9 和图 7-10 所示。有砟轨道沥青混凝土防水封闭结构位于董家庄隧道出口至董家庄大桥区段，总长约 420 m，沥青混凝土设计厚度为 10 cm。2017 年 10 月 15 日完成了沥青混凝土防水封闭结构的铺筑工作。无砟轨道沥青混凝土防水封闭结构位于怀来县沙城镇附近，总长约 996 m，沥青混凝土设计厚度为 8 cm。2018 年 6～7 月完成了沥青混凝土防水封闭结构的全部施工任务。

图 7-9　京张高速铁路（有砟轨道，2017 年 10 月）

图 7-10　京张高速铁路（无砟轨道，2018 年 07 月）

2019 年 9 月 30 日至 2019 年 11 月 5 日开展实车试验测试，采用 CRH380AJ-0203 综合检测列车对轨道、路基的受力、变形以及振动特性进行测试，各项参数均在相应评判标准限值内，见表 7-2～表 7-5。沥青混凝土段的列车运行稳定性、轨道结构振动特性等均优于空白段。

表 7-2　无砟轨道范围列车运行参数(地面测试)

测试参数		沥青混凝土段最大值	空白段最大值
列车运行稳定性指标	脱轨系数	0.12	0.16
	轮重减载率	0.26	0.18
	轮轴横向力/kN	11.1	7.3
轨道结构刚度参数	轮轨垂向力/kN	84.2	75.8
	钢轨垂向位移/mm	0.85	0.50
轨道结构横向稳定性参数	钢轨横向位移/mm	0.53	0.30
	动态轨距变化量/mm	0.63	0.33
轨道结构振动参数	钢轨振动加速度/$(m\cdot s^{-2})$	1 592.0	1 627.6
	道床板振动加速度/$(m\cdot s^{-2})$	9.5	9.4

表 7-3　有砟轨道范围列车运行参数(地面测试)

测试参数		沥青混凝土段最大值	空白段最大值
列车运行稳定性指标	脱轨系数	0.09	0.25
	轮重减载率	0.13	0.58
	轮轴横向力/kN	6.2	20.4
轨道结构刚度参数	轮轨垂向力/kN	68.8	133.8(整治后 72.2)
	钢轨垂向位移/mm	0.60	0.62
	轨枕垂向位移/mm	0.44	0.34
轨道结构横向稳定性参数	钢轨横向位移/mm	0.25	0.47
	动态轨距变化量/mm	0.22	0.85
轨道结构振动参数	钢轨振动加速度/$(m\cdot s^{-2})$	1 486.8	1 650.2
	轨枕振动加速度/$(m\cdot s^{-2})$	131.4	352.6

表 7-4　无砟轨道动变形

测点位置	平均值/mm	最大值/mm	标准差/mm
沥青混凝土段 1	0.02	0.05	0.008
沥青混凝土段 2	0.03	0.04	0.004
空白段 1	0.02	0.03	0.003
空白段 2	0.02	0.03	0.003

表 7-5　有砟轨道动变形统计表

测点位置	平均值/mm	最大值/mm	标准差/mm
沥青混凝土段 1	0.07	0.09	0.01
沥青混凝土段 2	0.07	0.09	0.01
空白段 1	0.14	0.16	0.01
空白段 2	0.14	0.16	0.01

7.1.4　郑万高速铁路全断面碾压密实沥青混凝土防水封闭结构

郑万高速铁路河南段大部分地基属中等～强膨胀性土，路基存在上拱风险。原设计路基基床表层采用级配碎石填筑，路基面采用普通沥青混凝土局部封闭。为提高路基防排水能力，降低膨胀土路基上拱风险，针对膨胀土水害敏感地段，设置基床表层沥青混凝土防水封闭结构，替换原基床表层对应部分填充料，并取消路基面普通沥青混凝土的局部封闭，提高路基面的封闭及防排水效果。郑万高速铁路系首次采用全断面碾压密实沥青混凝土防水封闭结构解决膨胀土路基防水封闭问题的示范项目，且系首次在站场路基中应用。

郑万高速铁路河南段碾压密实沥青混凝土防水封闭结构先期工程试验段，设计厚度为 10 cm，位于平顶山西站内，2017 年 11 月，完成了碾压密实沥青混凝土防水封闭结构工程试验段的施工任务。其余段落主要集中在平顶山西站、方城站站场路基以及社旗县曲线超高段路基，上述段落设计厚度为 8 cm，并于 2018 年 10 月完成了全部碾压密实沥青混凝土防水封闭结构的铺筑工作，如图 7-11 和图 7-12 所示。

图 7-11　郑万高速铁路(无砟，2017.11)

图 7-12　郑万高速铁路(无砟，2018.09)

通过现场实车测试，轨道、路基各项参数均在相应评判标准限值内，见表 7-6 和表 7-7。由于设置碾压密实沥青混凝土防水封闭结构，沥青混凝土段内的各项检测参数均小于空白段，说明沥青混凝土段的轨道结构刚度、轨道结构横向稳定性、轨道结构振动特性等均优于空白段。这主要是因为碾压密实沥青混凝土防水封闭结构等厚度替代基床表层级配碎石，其模量强于基床表层，可为轨道结构提供更好的支撑。

表 7-6　无砟轨道范围列车运行参数(地面测试)统计表

测试参数		沥青混凝土段最大值	空白段最大值
列车运行稳定性指标	脱轨系数	0.52	0.08
	轮重减载率	0.43	0.30
	轮轴横向力/kN	27.7	6.0
轨道结构刚度参数	轮轨垂向力/kN	101.8	84.3
	钢轨垂向位移/mm	0.77	1.01
轨道结构横向稳定性参数	钢轨横向位移/mm	0.31	0.41
	动态轨距变化量/mm	0.42	0.54
轨道结构振动参数	钢轨振动加速度/($m \cdot s^{-2}$)	1 825.2	1 935.2
	道床板振动加速度/($m \cdot s^{-2}$)	16.7	20.1

表 7-7　无砟轨道动变形统计表　　mm

测点位置	平均值	最大值	标准差
沥青混凝土段 1	0.04	0.06	0.01
沥青混凝土段 2	0.04	0.05	0.01
空白段 1	0.04	0.09	0.02
空白段 2	0.04	0.08	0.02

7.1.5　牡佳客运专线全断面碾压密实沥青混凝土防水封闭结构

牡佳客运专线碾压密实沥青混凝土防水封闭结构工程试验段位于黑龙江省双鸭山市集贤县。年均气温 4.6 ℃,最冷月 1 月,平均气温−16.8 ℃,极端最低气温为−35.6 ℃,最热月 7 月平均气温为 22.7 ℃,极端最高温度为 38.1 ℃。

牡佳客运专线有砟轨道碾压密实沥青混凝土防水封闭结构全断面设置于级配碎石层上,形状设计为三角形,两侧横向排水坡度不宜小于 4%,共设置 3 种工况,见表 7-8。牡佳高速铁路系首次在严寒地区采用全断面碾压密实沥青混凝土防水封闭结构的示范项目,且首次对路基结构进行了优化。

表 7-8　结构组合方案　　m

编号	里　程	长度	沥青混凝土厚度	级配碎石类型	基床底层厚度	基床总厚度
A	DK318+180～DK318+290	110	0.12	级配碎石	2.50	3.00
B	DK318+290～DK318+400	110	0.12	掺 5%水泥级配碎石	2.50	3.00
C	DK318+400～DK318+680	280	0.10	掺 5%水泥级配碎石	2.30	3.00

牡佳客运专线碾压密实沥青混凝土防水封闭结构的主要施工工序同样包括:洒布透层、黏

层沥青，测量放线，沥青混凝土的拌和、运输、摊铺、压实、养护等工序。重点工序如图 7-13 所示。施工严格按照相关技术标准要求，并分别开展了施工过程质量检验和实体工程验收。经检测，牡佳客运专线全断面碾压密实沥青混凝土防水封闭结构的透层沥青洒布量、油石比偏差、矿料级配偏差、施工各阶段温度等施工过程检验项目，以及渗水系数、压实度、平整度、压实厚度等实体工程验收项目均满足技术要求中的相关规定。

(a)透层沥青洒布

(b)摊铺与压实情况

图 7-13　关键工序

7.2　局部自密实沥青混凝土结构

哈齐客运专线是局部自密实沥青混凝土防水封闭结构的首次应用。哈齐客运专线局部自密实沥青混凝土防水封闭结构试验段位于黑龙江省肇东市宋站镇，总长 200 m，局部自密实沥青混凝土防水封闭结构的设计厚度为 5 cm，试验段基床表层采用 0.4 m 厚的渗透性级配碎石，基床底层采用 2.0 m A、B 组非冻胀土＋0.3 m A、B 组土，横断面如图 7-14 所示。试验段于 2014 年 9 月上旬完成施工，2015 年 8 月 17 日正式开通运营。

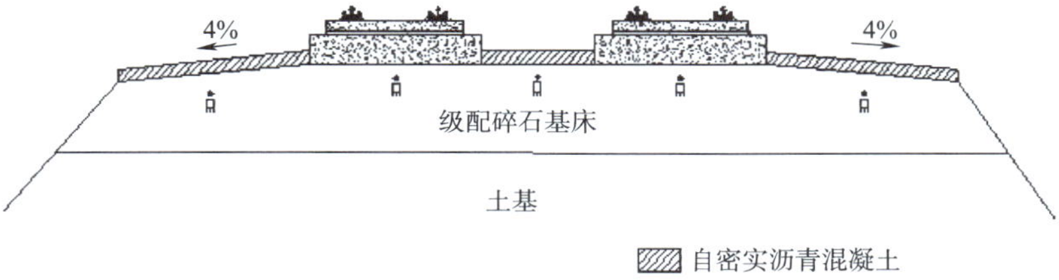

图 7-14　局部自密实沥青混凝土防水封闭结构横断面示意

采用“之”形布料，通过其自流动性成型。对于厚度不均匀部分，采用铁锹布料或取料，并用刮板整平。与构造物衔接处，采用木镘刀进行揉搓，保证黏结牢固。现场摊铺的主要工序如图 7-15 所示。

(a)布料

(b)局部整平

(c)收光

图 7-15 主要施工工序

2015 年 2 月 8 日、2015 年 5 月 9 日、2015 年 11 月 6 日分别对局部自密实沥青混凝土防水封闭结构试验段进行现场调查,如图 7-16 所示。自密实沥青混凝土表面均密实平整、整体性好,未见松散、剥落、掉块或粉化等病害,总体情况优良。

(a)2015 年 2 月 8 日

(b)2015 年 5 月 9 日

图 7-16

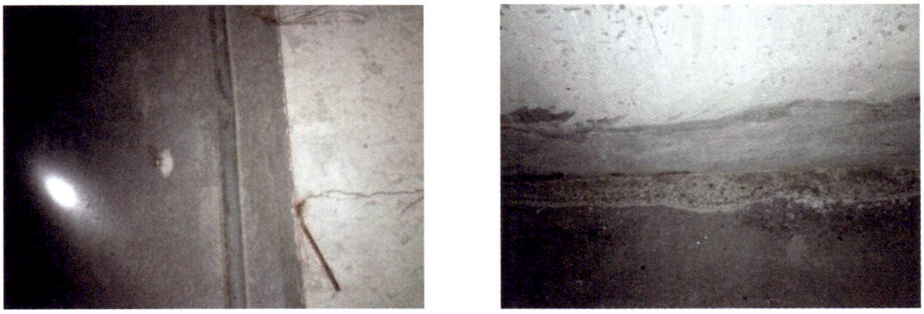

(c)2015 年 11 月 6 日

图 7-16　不同时间自密实沥青混凝土防水封闭结构的状况

参考文献

[1] 方明镜，魏永幸，邱延峻．客运专线无砟轨道路基面防水设计方案[J]. 路基工程，2008(5)：20-21.

[2] 方明镜．高速铁路沥青混凝土轨下基础结构行为与材料设计[D]. 成都：西南交通大学，2012.

[3] 石越峰，蔡德钩，闫宏业，等．高速铁路路基沥青混凝土防水封闭层技术综述[J]. 铁道建筑，2018，58(1)：33-36.

[4] 仲新华，蔡德钩，李享涛，等．我国铁路沥青混凝土技术研究进展[J]. 铁道建筑，2018，58(2)：1-4，31.

[5] 日本国有铁道．土工结构物设计标准和解说[M]. 陈耀荣等，译. 北京：中国铁道出版社，1982.

[6] 日本铁道建设工团. 日本高速铁路路基设计及施工控制技术参考资料[Z]. 日本铁道建设工团，1998：280-291.

[7] MOMOYA Y，SEKINE E. Performance-based design method for railway asphalt roadbed[J]. Doboku Gakkai Ronbunshuu E，2007，63(4)：608-619.

[8] ROSE J G，TEIXEIRA P F，VEIT P. International design practices，applications，and performances of asphalt bituminous railway trackbeds[C]// 2011 Joint Rail Conference. Colorado：ASME，2011：1-23.

[9] ROSE J G. Selected in-track applications and performances of hot-mix asphalt trackbeds[C]// Proceedings of 2013 Joint Rail Conference. Knoxville，Tennessee，USA，2013.

[10] ROSE J G，TEIXEIRA P F，RIDGWAY N E. Utilization of asphalt/bituminous layers and coatings in railway trackbeds：a compendium of international applications[C]// Proceedings of 2010 Joint Rail Conference. Urbana，Illinois，USA，2010：239-255.

[11] European Asphalt Pavement Association. Asphalt in railway tracks[R]. Brussels：European Asphalt Pavement Association，2014：35-48.

[12] TEIXEIRA P F. State of the art on the use of bituminous subballast on european high-speed rail line [C]// International Conference on Bearing Capacity of Roads，Railways and Airfields. Illinois：Academic Press，2009：37-44.

[13] BUONNANO A. The use of bituminous mix subballast in the italian state railways[C]// EAPA. 2nd Eurasphalt & Eurobitume Congress. Barcelona：EAPA，2000：1001-1011.

[14] TEIXEIRA P F，LÓPEZ PITA A，FERREIRA P A. New possibilities to reduce track costs on high-speed lines using a bituminous sub-ballast layer[J]. International Journal of Pavement Engineering，2010，11(4)：301-307.

[15] TEIXEIRA P F，FERREIRA P，PITA A L，et al. The use of bituminous subballast on future high-speed lines in spain[J]. International Journal of Railway，2009，2：1-7.

[16] ESVELD C. Developments in high-speed track design[J]. Iabse Symposium Report，2003，87(12)：1-9.

[17] 方明镜,艾长发,邱延峻,等. 砂粒式防水沥青混合料低温弯曲蠕变试验分析[J]. 中国铁道科学,2010,31(2):12-17.

[18] 方明镜,潘程睿,邱延峻,等. 无砟轨道路基面防水层沥青混合料空隙率标准研究[J]. 铁道技术监督,2009,37(4):36-39.

[19] 邱延峻,魏永幸. 客运专线无砟轨道路基面防水型沥青混合料指标体系与配制技术[J]. 铁道学报,2008,30(5):85-91.

[20] 潘程睿. 无砟轨道路基面防水沥青混合料试验研究[D]. 成都:西南交通大学,2008.

[21] 铁道部科学技术司. 客运专线铁路无砟轨道路基面防水层沥青混合料暂行技术条件(科技基〔2008〕74 号)[S]. 北京:中国铁道出版社,2008.

[22] 朱海洋. 预拌自密实沥青混凝土性能研究[D]. 南京:东南大学,2016.

[23] YE Y S,XU G,LOU L W,et al. Evolution of rheological behaviors of styrene-butadiene-styrene/crumb rubber composite modified bitumen after different long-term aging processes[J]. Materials (Basel,Switzerland),2019,12(15):2345.

[24] 楼梁伟. 有砟轨道沥青级配碎石基床复合改性沥青性能研究[J]. 铁道建筑,2020,60(4):127-132.

[25] MOMOYA Y. New railway roadbed design[J]. Railway Technology Avalanche,2007(20):118.

[26] Asphalt Institute. Hot mix asphalt for quality railroad and transit trackbeds information[M]. New York:Amer Soc Mechanical Engineers,1998.

[27] 闫宏业,蔡德钩,吕宋,等. 列车荷载下高速铁路路基沥青混凝土层力学特性研究[J]. 铁道建筑,2019,59(7):82-87.

[28] 刘嵩,陈先华,杨军,等. 沥青混凝土底砟层的工程应用及其设计方法[J]. 铁道科学与工程学报,2019,16(12):2934-2941.

[29] 吕宋. 高铁无砟轨道下沥青混凝土层服役性能及开裂机理研究[D]. 北京:北京交通大学,2019.

[30] ROSE J G,LIU S S,SOULEYRETTE R R. KENTRACK 4.0:a railway trackbed structural design program[C]// 2014 Joint Rail Conference. Colorado Springs,Colorado,USA. American Society of Mechanical Engineers,2014:1-10.

[31] RAMIREZ CARDONA D,DI BENEDETTO H,SAUZEAT C,et al. Designs,application and performances of asphalt/bituminous trackbeds in European,Asian,and African Countries[J]. Transportation Research Record:Journal of the Transportation Research Board,2020,2674(11):245-262.

[32] 李泰灃,蔡德钩,闫宏业,等. 严寒地区高速铁路全断面沥青混凝土防水封闭结构温度效应研究[J]. 铁道建筑,2018,58(10):63-68.

[33] 吕宋,肖宏,蔡德钩. 无砟轨道下沥青混凝土层与支承层层间关系研究[J]. 中国安全科学学报,2019,29(增刊 1):126-133.

[34] 张新冈,蔡德钩,闫宏业,等. 高寒地区高速铁路全断面沥青混凝土防水封闭层抗裂措施研究[J]. 铁道建筑,2019,59(4):87-89,98.

[35] ROSE J G. Long-term performance of asphalt underlayment trackbeds for special trackbed applications[C]//2006 Annual Conference and Exposition. Kentucky:AREM,2006,1-27.

[36] HOLZFEIND J，HUMMITZSCH R. Quality behavior of track-interrelations between parameters and degradation behavior[J]. Zev Rail，2009，2009(6)：6-7.

[37] LIU S，YANG J，CHEN X H，et al. Application of mastic asphalt waterproofing layer in high-speed railway track in cold regions[J]. Applied Sciences，2018，8(5)：667.

[38] 楼梁伟，蔡德钩，石越峰，等．路基沥青混凝土防水封闭结构施工质量控制技术[J]. 铁道建筑，2019，59(2)：18-21.

[39] 石越峰，蔡德钩，楼梁伟，等．铁路沥青混凝土温度离析控制技术研究[J]. 铁道建筑，2019，59(1)：67-70，80.

[40] 徐琪烽．有砟轨道沥青混凝土底砟层动力特性及其应用的研究[D]. 南京：东南大学，2018.

[41] 陈先华，马丽莉，蔡德钩．含薄层沥青混凝土的 CRTSⅢ型轨道结构温度场特性研究[J]. 铁道学报，2019，41(12)：89-95.

[42] 陈先华，马丽莉，杨国涛，等．寒区高铁沥青混凝土基床表层的温度场特性[J]. 西南交通大学学报，2019，54(6)：1196-1202.

[43] 叶阳升，蔡德钩，魏少伟，等．高速铁路无砟轨道路基动应力分布特征及解析算法[J]. 中国铁道科学，2020，41(6)：1-9.

[44] 蔡德钩，石越峰，楼梁伟，等．有砟轨道沥青混凝土面路基结构温度场特性研究[J]. 铁道学报，2022，44(2)：64-71.

高速铁路基础研究与技术创新丛书

第一期(16 册)

(一)基础理论与基础技术系列

高速铁路散体道床宏细观力学行为　　赵春发　翟婉明　张　徐　著

ISBN 978-7-113-28857-0

高速铁路线路系统动力学　　龙许友　时　瑾　王英杰　编著

ISBN 978-7-113-28997-3

高速铁路弓网关系研究　　韩通新　著

ISBN 978-7-113-28941-6

(二)动车组系列

高速列车轻量化设计　　李　明　伊召锋　米莉艳　等编著

ISBN 978-7-113-28972-0

(三)供电系列

高速铁路受电弓　　韩通新　编著

ISBN 978-7-113-28975-1

高速铁路接触网检测技术　　韩通新　著

ISBN 978-7-113-28961-4

(四)工程设计系列

高速铁路桥梁抗震设计　　陈兴冲　张永亮　编著

ISBN 978-7-113-28964-5

高速铁路轨道工程 BIM 正向设计软件开发及实践　姚　力　刘大园　董凤翔　等编著

ISBN 978-7-113-28934-8

(五)工程施工与组织系列

高速铁路桥梁 BIM 技术研究与实践　　盛黎明　苏　伟　刘延宏　宋树峰　编著

ISBN 978-7-113-28938-6

高速铁路岩溶路基边坡变形与稳定　　白明洲　师　海　田　岗　等编著

ISBN 978-7-113-28880-8

高速铁路工程地质灾害超前预报图形判别和解译 李 忠 郝娜娜 等编著

ISBN 978-7-113-28935-5

（六）通信与列控系列

高速铁路宽带无线信道测量与建模技术 周 涛 何睿斯 艾 渤 编著

ISBN 978-7-113-28930-0

（七）测量与检测系列

（八）高铁运营与经济系列

高速铁路社会效益研究——基于时空经济分析 李红昌 夏璇璇 著

ISBN 978-7-113-28942-3

（九）现代信息技术系列

高速铁路物联网技术 史天运 孙 鹏 张惟皎 陈瑞凤 编著

ISBN 978-7-113-29029-0

（十）安全·健康·维护系列

高速铁路道砟飞溅机理及防治 高 亮 石顺伟 殷 浩 著

ISBN 978-7-113-28906-5

高速列车多目标均衡综合节能技术 张 雷 李 明 司志强 等编著

ISBN 978-7-113-28976-8

第二期(23 册)

（一）基础理论与基础技术系列

高速列车空气动力学数值模拟——基于 STAR-CCM+软件

李 明 李 田 戴志远 等编著

ISBN 978-7-113-30059-3

高速铁路沿线地面沉降研究与防治 李国和 黄大中 尚海敏 王少林 编著

ISBN 978-7-113-30176-7

高速铁路路基智能填筑技术 王同军 闫宏业 杨 斌 尧俊凯 等著

ISBN 978-7-113-30047-0

季冻区高速铁路路基服役性能与孕灾风险研究

叶阳升 蔡德钩 毕宗琦 李善珍 等著

ISBN 978-7-113-29934-7

高速铁路隧道内附属设施气动效应及安全性研究

彭立敏　杨伟超　施成华　雷明锋　著

ISBN 978-7-113-30104-0

高速铁路钢轨打磨理论与技术　王文健　郭　俊　周　坤　著

ISBN 978-7-113-30061-6

高速列车动态性能正向设计　周劲松　宫　岛　孙文静　著

ISBN 978-7-113-30050-0

高速列车自动驾驶控制理论　宿　帅　李开成　唐　涛　袁　磊　等编著

ISBN 978-7-113-30147-7

高速铁路行车调度与控制一体化　唐　涛　宿　帅　孟令云　阴佳腾　编著

ISBN 978-7-113-30112-5

高速铁路无砟轨道结构水泥基材料理论与技术

龙广成　曾晓辉　马昆林　谢友均　著

ISBN 978-7-113-30056-2

(二)动车组系列

高速列车空气动力学设计技术　丁叁叁　著

ISBN 978-7-113-30055-5

(三)供电系列

高速铁路电力牵引供电工程智能建造技术

胡志华　陈建明　奚全柱　吴命利　等编著

ISBN 978-7-113-30205-4

(四)工程设计系列

现代铁路枢纽规划设计　许佑顶　高丰农　吴学全　李传勇　等编著

ISBN 978-7-113-27468-9

高速铁路隧道底部结构动力响应特性及设计方法

彭立敏　施成华　黄　娟　丁祖德　著

ISBN 978-7-113-30133-0

(五)工程施工与组织系列

高速铁路工程勘察技术创新与实践　陈则连　著

ISBN 978-7-113-30189-7

高速铁路工程质量系统管理(第 2 版) 卢春房 等著

ISBN 978-7-113-30108-8

高速铁路路基沉降分析与控制技术 宋绪国 郭帅杰 编著

ISBN 978-7-113-30154-5

深埋高速铁路地下车站施工关键技术 杨新安 马明杰 李路恒 罗 驰 编著

ISBN 978-7-113-30001-2

高速铁路施工组织创新与实践 魏 强 编著

ISBN 978-7-113-30136-1

高速铁路路基沥青混凝土防水封闭结构 蔡德钩 闫宏业 楼梁伟 石越峰 等著

ISBN 978-7-113-30033-3

(六)通信与列控系列

高速铁路信号系统雷电防护技术研究 向念文 徐宗奇 阳 晋 编著

ISBN 978-7-113-30135-4

(七)测量与检测系列

(八)高铁运营与经济系列

(九)现代信息技术系列

智能高速铁路图像大数据分析技术及应用 李 平 李 瑞 赵 冰 编著

ISBN 978-7-113-30134-7

(十)安全·健康·维护系列

高速列车横风效应及气动安全控制动力学 毛 军 柳润东 郗艳红 著

ISBN 978-7-113-30028-9